藏诵读版

蒙学经典全鉴

东篱子◎编译

扫一扫
免费赠送3种国学音频！

国家一级出版社 中国纺织出版社 全国百佳图书出版单位

内 容 提 要

所谓蒙学，即中国传统文化的启蒙教育。对比儒家正统经典，蒙学读物更直接、更具体、更真切地体现了中国传统文化的精髓。《蒙学经典全鉴》收录的《三字经》《百家姓》《千字文》《龙文鞭影》，均被誉为蒙学中的经典，书中许多名言警句脍炙人口、代代相传。重温传统蒙学经典，对于积累文化、启迪智慧、规范言行和培养良好人格有着极大的益处。与经典同行，与圣贤为友，必将终生受益！

图书在版编目（CIP）数据

蒙学经典全鉴：典藏诵读版 / 东篱子编译. —北京：中国纺织出版社，2019.5

ISBN 978-7-5180-6106-8

Ⅰ.①蒙… Ⅱ.①东… Ⅲ.①古汉语—启蒙读物 Ⅳ.① H194.1

中国版本图书馆 CIP 数据核字（2019）第 067542 号

策划编辑：陈希尔　　责任校对：王花妮　　责任印制：储志伟

中国纺织出版社出版发行

地址：北京市朝阳区百子湾东里A407号楼　邮政编码：100124

邮购电话：010—67004422　传真：010—87155801

http://www.c-textilep.com

E-mail:faxing@c-textilep.com

中国纺织出版社天猫旗舰店

官方微博 http://weibo.com/2119887771

北京佳诚信缘彩印有限公司印刷　各地新华书店经销

2019年5月第1版第1次印刷

开本：710×1000　1/16　印张：20

字数：388千字　定价：49.80元

前言

蒙学，顾名思义，就是启蒙学习，泛指启蒙教育。古代蒙学读物以其丰富的知识内涵、朗朗上口的语言形式、事理并举的育人方法，在历史上流传久远，深入人心。对比儒家正统经典，蒙学读物更直接、更具体、更真切地体现了中国传统文化的精髓，重温古代蒙学经典，对于积累文化、启迪智慧、规范言行及培养良好人格有着极大的益处。

《蒙学经典全鉴》一书，荟萃了如下经典读物，旨在培养人们优雅的性情、敦厚的性格，并开启人生的智慧。

《三字经》是中华民族珍贵的文化遗产，它短小精悍、琅琅上口，千百年来，家喻户晓。其内容涵盖了历史、天文、地理、道德以及一些民间传说，核心思想包括了“仁，义，诚，敬，孝”。所谓“熟读《三字经》，可知千古事”。

《百家姓》是一篇关于中华姓氏的文章。采用四言体例，对姓氏进行了排列，而且句句押韵。虽然它的内容没有文理，但对于中国姓氏文化的传承、中国文字的认识等方面都起到了巨大作用，这也是能够流传千百年的一个重要因素。

《千字文》由南北朝梁周兴嗣编著，采用四言韵语，以“天地玄黄，宇宙洪荒”开头，依次叙述有关天文、博物、历史、人伦、教育、生活等方面的知识。顾炎武在《吕氏千字文序》中说《千字文》：“不独以文传，而又以其巧传”。

《龙文鞭影》最初由萧良编撰，后经杨臣诤的修改增订，成为著名的儿童启蒙读物之一。龙文，古时千里马的名称，这种马一看到鞭子的影子就会快速奔驰。《龙文鞭影》作者的用意是，每一个孩子都是潜在的千里马。《龙文鞭影》一书包含了很多中国历史人物典故和轶事传说，四字一句，琅琅上口。

上述著作都是蒙学中的经典，这些经典已成为唤醒人性的著作，它们能够触发一个人心灵的最深处，开启人生的智慧。

《蒙学经典全鉴》一书在忠实于原著的基础上力求注释精准、译文生动、图文并茂，以帮助读者更深刻地领悟蒙学精髓。

与经典同行，与圣贤为友，必将终生受益！

本书将纸质图书和配乐诵读音频完美结合，以二维码的方式在内文和封面等相应位置呈现，读者扫一扫即可欣赏、诵读经典片段。诵读音频由中国国际广播电台、中央人民广播电台专业播音员，以及中国传媒大学等知名高校播音系教师构成的实力精英团队录制完成，朗读中融进了对传统文化的理解，声音感染力极强。

解译者

2019 年 4 月

目录

《三字经》

《三字经》自南宋以来，已有七百多年历史，是学习中华传统文化不可多得的儿童启蒙读物，共一千多字，可谓家喻户晓，脍炙人口。三字一句的韵文极易成诵，内容包括了中国传统的教育、历史、天文、地理、伦理道德以及一些民间传说，广泛生动而又言简意赅。

【原文】

人之初，性本善，性相近，习相远。
苟不教，性乃迁，教之道，贵以专。

【译文】

人在刚刚出生的时候，本性是善良的。而且在这个时候，人的本性都是相近似的。但是人在长大以后，他们的习惯会相差很远，这是由于环境对他们产生了影响。如果不进行良好的教育，孩子们的天性就会改变。所以，对孩子的教育很重要，正确的教育方式更重要，其核心内容只有一个字——专。专注、专心是教学中的重中之重。

【原文】

昔孟母，择邻处，子不学，断机杼。
窦燕山，有义方，教五子，名俱扬。

【译文】

从前，孟子的母亲为了能够很好地培养孟子，曾经搬过三次家，就是为了寻找一个良好的学习环境。一次，孟子逃学回家，他的母亲剪断织好的布，并教育儿子，做事不能半途而废。五代后周时期，有一个被叫做窦燕山的人，制订了良好有效的家庭教育方法，他培养的五个儿子都成就卓著，名扬天下。

【原文】

养不教，父之过，教不严，师之惰。
子不学，非所宜，幼不学，老何为？

【译文】

只管养育孩子，从不管教孩子，是父亲的过错。教导学生不严格，则是老师的失职。

小孩子不学习是不对的，小时候不努力，长大以后能做什么？

【原文】

玉不琢，不成器，人不学，不知义。
为人子，方少时，亲师友，习礼仪。

【译文】

玉石不经雕琢加工，就不可能成为有用的工具和器皿。人不学习，就不会懂得做人的基本道理和基本规范。

作为一个正在少年阶段的孩子，需要经常接近老师，结交有益的朋友，并认真学习礼仪，学会怎样有礼貌地与他人相处。

【原文】

香九龄，能温席，孝于亲，所当执。
融四岁，能让梨，弟于长，宜先知。

【译文】

黄香九岁的时候就知道为父亲温暖床铺，孝顺父母的行为，是每个子女应尽的义务。

孔融四岁的时候就懂得把大梨让给哥哥们，兄弟友爱敬重兄长，这个道理要从小就要知道。

【原文】

首孝悌，次见闻，知某数，识某文。
一而十，十而百，百而千，千而万。

【译文】

在人的一生中，首先是要孝顺父母、敬爱兄长；其次是增加自己的见识，多听多看，积累知识与经验；第三是要学习算术，知道如何计算数字，并能读懂文章。

十个一加起来是十，十个十加起来是一百，十个一百加起来是一千，十个一千加起来是一万。

【原文】

三才者，天地人，三光者，日月星。
三纲者，君臣义，父子亲，夫妇顺。

【译文】

三才是指“天”“地”“人”三样事物，三光是指“日”“月”“星”发出的三种光。

在社会中，最基本的三种道德行为规范是指以下三种关系：上级对待下级有礼貌，下级对上级尽心尽力；父亲与儿子之间感情亲密；夫妻之间和睦相处。

【原文】

曰春夏，曰秋冬，此四时，运不穷。
曰南北，曰西东，此四方，应乎中。

【译文】

说到春夏秋冬这四个季节，它们是一年四季反复运行，不会停止的。

还有东西南北这四个方向，它们都是以中央为标准，相互对应的。

【原文】

曰水火，木金土，此五行，本乎数。
曰仁义，礼智信，此五常，不容紊。

【译文】

据说，金木水火土是构成万物的五种要素，它们被称为“五行”，是命运的本源。

人们认为，仁义礼智信是五项最基本的常规准则，并且，它们的重要性按顺序排列，不容许改变它们的前后位置。

【原文】

稻粱菽，麦黍稷，此六谷，人所食。
马牛羊，鸡犬豕，此六畜，人所饲。

【译文】

水稻、小米、大豆、小麦、大黄米、高粱，被人们叫做“六谷”，是人类最基本的粮食。

马、牛、羊、鸡、狗、猪，被人们称为“六畜”，是人们通常喂养的六种动物。

【原文】

曰喜怒，曰哀惧，爱恶欲，七情具。
匏土革，木石金，丝与竹，乃八音。

【译文】

人们说，欢喜、愤怒、哀伤、恐惧、情爱、欲望、贪婪，这七种感情是人天生就拥有的。

而用葫芦、陶土、皮革、木材、灵璧石、金属、丝线、竹子这八种不同材质所制作的乐器被称为八音。

【原文】

高曾祖，父而身，身而子，子而孙。
自子孙，至玄曾，乃九族，人之伦。

【译文】

一个人的九族，辈分从高到低排列是：高祖、曾祖、祖父、父亲、自己、儿子、孙子、曾孙、玄孙。九族的次序，是人伦的表现。

【原文】

父子恩，夫妇从，兄则友，弟则恭；长幼序，
友与朋，君则敬，臣则忠。此十义，人所同。

【译文】

父子之间要注重恩情，夫妇之间要注意和谐，做兄长的对弟弟要友爱，弟弟对自己的兄长要恭敬；年长的人与年幼的人之间要讲究先后次序，拥有相同志向的人要把他当作好友，拥有相同道德行为的人要把他当作良朋，君主对待大臣要尊重，大臣对待君主要忠诚。

父子、夫妇、兄弟（长幼）、朋友、君臣之间的这十种道德伦理关系被称为“十义”，是人们要共同遵守的。

【原文】

凡训蒙，须讲究，详训诂，明句读。
为学者，必有初，小学终，至四书。

【译文】

凡是对没有上过学的幼童进行启蒙教育，做老师的讲课必须详细清楚、简单明白，做学生的必须完全掌握知识，有打破砂锅问到底的精神。老师要仔细讲解生字、词组的意思，又要让学生明白应该在哪里断句。

凡是学知识的人，必定有刚刚开始学习的一个阶段。这个阶段是最重要的基础阶段，没有这个阶段的学习，就无法进行下一阶段的教育。古人编写了一本叫做《小学》的书，就是给刚上学的幼童使用的。读完《小学》之后，才能学“四书”，“四书”是指《论语》《孟子》《大学》《中庸》。

【原文】

论语者，二十篇，群弟子，记善言。
孟子者，七篇止，讲道德，说仁义。

【译文】

《论语》一书，一共有二十篇，是在孔子去世以后由孔子的弟子们写的一本书。这本书记录了孔子教育他的学生们说过的一些话，这

些话都是对人进行教育、对人有帮助的话。

《孟子》只有七篇，全书的重点是在讲“道德”与“仁义”。

【原文】

作中庸，子思笔，中不偏，庸不易。
作大学，乃曾子，自修齐，至平治。

【译文】

《中庸》这本书是由孔子的孙子子思写的，“中庸”的“中”是不偏不倚，不偏向任何一方的意思。“中庸”的“庸”是平常、经常、不轻易改变的意思。

孔子的学生曾子写了一本书，叫《大学》，主张做人要先加强自身修养，而后管理好家庭，才能治理好诸侯国，最后达到平定天下的目标。

【原文】

孝经通，四书熟，如六经，始可读。
诗书易，礼春秋，号六经，当讲求。

【译文】

把《孝经》学会、理解之后，要把“四书”熟读、背熟，并做到理解。这样，才能够开始学习《六经》。

六经包括《诗经》《尚书》《周易》《礼经》《乐经》《春秋》(其中《乐经》已失传，所以通常称“五经”)，在读这几本经书的时候，要好好学习。

【原文】

有连山，有归藏，有周易，三易详。
有典谟，有训诰，有誓命，书之奥。

【译文】

易书包括有《连山易》《归藏易》《周易》三部，掌握了这三本书就可以详尽地知道宇宙的秘密。

《尚书》里面用典、谟、训、诰、誓、命这六种形式记载了上古的历史，只是《尚书》写得十分深奥，让人难以理解。

【原文】

我周公，作周礼，著六官，存治体。
大小戴，注礼记，述圣言，礼乐备。

【译文】

周朝的周公姬旦写了《周礼》这本书，书中描述了六种官职，这六种官职的设置成为日后各个朝代管理国家的模范样本。

戴德与戴圣各写了一本《礼记》，里面叙述了圣贤的言论，并且把当时的礼乐制度记录得很完备、齐全。

【原文】

曰国风，曰雅颂，号四诗，当讽咏。
诗既亡，春秋作，寓褒贬，别善恶。

【译文】

国风、大雅、小雅、颂被称为《诗经》里的“四诗”，应当好好地朗读并背诵下来。

《诗经》的劝说意义已经被人们遗忘，孔子又写了《春秋》，文字里隐含着赞扬与批判的情感，是为了让人们分辨善与恶的行为。

【原文】

三传者，有公羊，有左氏，有谷梁。经既明，方读子，
撮其要，记其事。五子者，有荀扬，文中子，及老庄。

【译文】

后人又根据自己的理解对《春秋》进行解释，写了三本书，分别是《春秋公羊传》《春秋左氏传》《春秋谷梁传》。

经书读熟了之后，才可以读诸子百家的文章。诸子百家内容繁杂，必须选择比较重要的来读，并要学会总结其要点，记住每件事的本末因果。

在诸子里面，作为代表的有五个人：荀况、扬雄、王通、老聃、庄周。他们的文章要好好学习。

【原文】

经子通，读诸史，考世系，知终始。
自羲农，至黄帝，号三皇，居上世。

【译文】

经书、诸子的文章读熟后，再接着读史书。读史书时要了解考究历代帝王的朝代传承，知道每一个王朝兴衰的原因，从历史中记取教训。

我国的历史大致上是从伏羲、神农、黄帝的时代开始的，他们被称为“三皇”，生活在上古时代。

【原文】

唐有虞，号二帝，相揖逊，称盛世。
夏有禹，商有汤，周文武，称三王。

【译文】

唐尧曾经有虞舜辅佐，他们被后人称为主宰天下的王者。后来，尧把王位让给了自己手下的大臣舜，这一段时间被后人称为盛世。

夏朝的禹，商朝的汤，与周朝的周文王和周武王，被称为三个朝代的贤王。

【原文】

夏传子，家天下，四百载，迁夏社。
汤伐夏，国号商，六百载，至纣亡。

【译文】

夏朝的禹把王位传给了自己的儿子，天下从此成为王室家族的财产。夏朝建国四百年后，国家政权有了变动。

汤王带兵攻打夏朝，建立新的国家，国号为“商”。商朝持续六百年，到了纣王这一代终于灭亡。

【原文】

周武王，始诛纣，八百载，最长久。
周辙东，王纲坠，逞干戈，尚游说。

【译文】

周武王带兵征讨纣王是周朝的开始，周王朝可分为西周、东周两朝，加起来一共八百年，是历代王朝中持续时间最长的。

在周王朝的政权向东转移之后，周王的统治力减弱了，周朝开始衰落。各地的诸侯在炫耀武力，谋士们游说诸侯成为风尚。

【原文】

始春秋，终战国，五霸强，七雄出。
嬴秦氏，始兼并，传二世，楚汉争。

【译文】

东周开始于春秋时期，灭亡于战国时期。

春秋时期的五个强国被称为“春秋五霸”，到了战国时期出现的七个国家被称为“战国七雄”。

当时的秦国王室以嬴（yíng）为姓，以秦为氏，历代君王不断开拓疆土，直到秦始皇这一代完成了吞并六国的雄图霸业。可惜秦王朝只传了两代就灭亡了，由西楚霸王项羽和汉王刘邦争夺天下。

【原文】

高祖兴，汉业建，至孝平，王莽篡。
光武兴，为东汉，四百年，终于献。

【译文】

汉高祖刘邦的事业开始发展，终于创建了汉王朝。一直到了西汉孝平帝在位时，当时的大将军王莽害死汉平帝，夺取政权。

汉王朝的皇室成员刘秀打败王莽，成为东汉光武帝，使得汉王朝中兴，他所建立的王朝被称作东汉。东汉历经四百年，灭亡于汉献帝时期。

【原文】

魏蜀吴，争汉鼎，号三国，迄两晋。
宋齐继，梁陈承，为南朝，都金陵。

【译文】

魏国、蜀国、吴国开始争夺东汉王朝的政权，这段时间被称为三国时期。三国之间的争斗一直延续到两晋，西晋灭亡，东晋在长江以南建国。

宋、齐两朝继承东晋的霸业，梁陈两代延续前朝宏图，这四个朝代在历史上被称为南朝，都在金陵城建都。

【原文】

北元魏，分东西，宇文周，与高齐。
迨至隋，一土宇，不再传，失统绪。

【译文】

统治长江以北的元魏政权在孝明帝这一代终结了，分裂为东魏、西魏两个朝廷，大将军高欢掌控东魏，大将宇文泰掌控西魏。宇文泰的后代取代了西魏，建立北周，高欢的后代取代东魏，建立北齐，后来被北周所灭。至此，北魏、东魏、西魏、北齐、北周史称北朝。

到了北周末年，大臣杨坚取代皇位，建立隋朝，统一天下之后，政权不再传续，王位失去继承。

【原文】

唐高祖，起义师，除隋乱，创国基。
二十传，三百载，梁灭之，国乃改。

【译文】

唐高祖李渊兴仁义之师，带领精兵良将消灭隋朝末年的动乱，创建大唐的开国基业。

唐朝的帝位传承经历了二十代君王，持续三百多年的时间，直到后梁朱温篡位，建立梁朝，唐朝灭亡。历史上称朱温建立的梁为后梁。

【原文】

梁唐晋，及汉周，称五代，皆有由。
炎宋兴，受周禅，十八传，南北混。

【译文】

梁、唐、晋、汉、周在历史上被称为五代，他们的兴衰更替是有缘由的。

尊崇火德的宋朝兴起，是因为接受后周的禅让。宋朝历经十八代帝王，后来国都被金兵攻陷，在长江以南建立南宋，之前的王朝称为北宋。

【原文】

辽与金，帝号纷，迨灭辽，宋犹存。
至元兴，金绪歇，有宋世，一同灭。

【译文】

辽国与金国纷纷称帝，等到金国灭辽之后，南宋还依然存在。

到了元朝兴起的时候，金国的力量才被渐渐削弱，直到与南宋一起被元朝灭掉。

【原文】

并中国，兼戎狄，九十年，国祚废。明太祖，久亲师，
传建文，方四祀。迁北京，永乐嗣，迨崇祯，煤山逝。

【译文】

元朝在灭掉金国、南宋之后统一了中国，在统一中国之前，元朝灭掉不少中原之外的其他小国。九十年后，元朝失去了统治中原的帝位。

明太祖朱元璋，长久以来亲自带兵征讨四方，终于建立了明朝。他把皇位传给了自己的孙子建文帝，刚刚过去四年，就发生了动乱。

国都由南京迁往北京，明成祖朱棣夺取侄儿建文帝的帝位，定年号为永乐。到了明思宗崇祯年间，李自成带兵起义，攻进北京城，崇祯皇帝在煤山自尽。

【原文】

清太祖，膺景命，靖四方，克大定。
至世祖，乃大同，十二世，清祚终。

【译文】

清太祖承受天命，平定女真族四方部落，统一了全族。

到了清世祖这一代，终于一统天下，建立盛世。十二代帝王之后，清朝的国祚终结。

【原文】

读史者，考实录，通古今，若亲目。
口而诵，心而惟，朝于斯，夕于斯。

【译文】

读史书的人要注重考查真实的记录，这样一来，读者就会把古代到现今发生的事融会贯通，仿佛是亲眼看见的一样。

在学习时还要做到嘴里在诵读，心里也要仔细思索，从早到晚，坚持不断，有恒心、有毅力，这样才会学好。

【原文】

昔仲尼，师项橐，古圣贤，尚勤学。
赵中令，读鲁论，彼既仕，学且勤。

【译文】

从前，孔子曾经把七岁的神童项橐当作老师，向他学习音乐知识。从这里可以看出，即使是古代的圣贤，也崇尚勤奋好学。

北宋年间的宰相赵普，在担任中书令一职时，仍然刻苦攻读鲁人传下的《论语》。他虽然已当上高官，依旧勤奋好学。

【原文】

披蒲编，削竹简，彼无书，且知勉。
头悬梁，锥刺股，彼不教，自勤苦。

【译文】

西汉时，一个叫路温舒的人把蒲草劈成条编织成“纸张”，另一个叫公孙弘的人将竹子削成片串成可以写字的竹简，他们两人都是家中贫困买不起纸张的人，但是，无论条件如何艰苦，他们都在勤勉学习。

东汉时，一个叫孙敬的人为了避免读书时打瞌睡，将自己的头发用绳子系在房梁上；战国时，苏秦为了驱赶疲倦，用锥子扎自己的大腿。他们根本不需要别人的说教，自己知道刻苦勤学。

【原文】

如囊萤，如映雪，家虽贫，学不辍。
如负薪，如挂角，身虽劳，犹苦卓。

【译文】

要学习像车胤捉萤火虫聚光夜读、孙康借着雪光映照夜读这种刻苦学习的精神，家里再穷再困难也不能放弃。

要学习像买臣负薪、李密挂角一般的精神，身体虽然劳累不堪，却依然不忘勤学自强。

【原文】

苏老泉，二十七，始发愤，读书籍。
彼既老，犹悔迟，尔小生，宜早思。

【译文】

苏洵，号老泉，在二十七岁那年才开始发奋读书。

虽然他在后来取得了成就，但仍然后悔立志学习的时间太晚了。而像你们这样的少年人，更应该早些考虑这个问题，趁着年少早早立志，不要老了再感到懊悔。

【原文】

若梁灏，八十二，对大廷，魁多士。
彼既成，众称异，尔小生，宜立志。

【译文】

像梁灏那样，八十二岁依旧能够中状元，在金銮殿上面对皇帝对答如流，在众多的名士中间堪称魁首。

梁灏这样的高龄还能学有所成，众人里面没有不感到奇异、惊讶的。你们这样的少年人，更应该坚定自己的志向。

【原文】

莹八岁，能咏诗，泌七岁，能赋棋。
彼颖悟，人称奇，尔幼学，当效之。

【译文】

8 岁的祖莹能够朗读背诵《诗经》《尚书》等文章，七岁的李泌已经能够作诗吟赋。

他们聪明出众、理解力强，人人称赞他们的神奇。你们同样是年幼的学生，应该向他们学习。

【原文】

蔡文姬，能辨琴，谢道韫，能咏吟。
彼女子，且聪敏，尔男子，当自警。

【译文】

蔡文姬六岁的时候就能够辨别琴音，谢道韫小时候就能够作出咏雪的诗。

她们都是女子，尚且如此聪慧灵敏，你们作为男子，应当用这些故事警醒自己。

【原文】

唐刘晏，方七岁，举神童，作正字。彼虽幼，
身已仕，尔幼学，勉而致。有为者，亦若是。

【译文】

唐朝的刘晏刚刚七岁，就被众人推举公认为神童，八岁时被授予“秘书省太子正字”的官职。

他虽然年幼，但却能够成为官员，走入仕途。要想成为一个有用的人，只要勤奋好学，也可以和刘晏一样名扬后世。

【原文】

犬守夜；鸡司晨，苟不学，曷为人？
蚕吐丝，蜂酿蜜，人不学，不如物。

【译文】

在夜晚守护宅院的安全是狗的职责，在清晨负责报时、报晓是鸡的任务。如果连好好学习这一责任都做不到，又怎么能称为人呢？

蚕能吐丝，蜂能酿蜜，人要是不学习，还不如动物们有能力。

【原文】

幼而学，壮而行，上致君，下泽民。
扬名声，显父母，光于前，裕于后。

【译文】

小时候好好学习，长大以后就可以使用学到的知识，对上能辅佐君王，对下能惠及百姓。

如果你为人民做出贡献，人民就会赞扬你，父母也会得到你的荣耀，也会光耀自己的祖先，给后代留下好的榜样。

【原文】

人遗子，金满籝，我教子，惟一经。
勤有功，戏无益，戒之哉，宜勉力。

【译文】

有的人留给子孙后代的是金银钱财，我并没有像他们一样，我只希望我的子孙后代能精于读书学习，这样长大后才能做个有作为的人。

勤奋刻苦的学习必定有收益，总想着嬉戏玩耍是肯定没好处的，要以这句话来勉励自己。

《百家姓》

《百家姓》是一篇关于中华姓氏的文章。成文于北宋初。原收集姓氏411个，后增补到568个，其中单姓444个，复姓124个。行文采用四言体例，且句句押韵，对于中国姓氏文化的传承，以及童蒙教育等都有着巨大的意义。

赵钱孙李

赵

【姓氏起源】

最早姓赵的人是颛顼（zhuān xū）帝的子孙造父。造父是个赶马车的行家，因在一次战争中救驾有功，周天子把赵城赏赐给他做封地。此后，造父的子孙便以封地为姓，都姓赵。

【历史名人】

胡服骑射的赵武灵王赵雍，元代画家赵孟頫。

钱

【姓氏起源】

颛顼帝有一个叫孚（fú）的子孙，在周王朝担任“钱府上士”这个官职。钱府上士是一个专门管理国家钱币与财务的职位，孚就用这个官名做了自己的姓。

【历史名人】

唐朝大诗人钱起，北宋著名医学家钱乙。

孙

【姓氏起源】

按周朝的风俗，孙子辈的人大多数是不能跟他们的祖父用一个姓的，只能在祖父的名字里挑一个字做自己的姓。东周初期，卫国君主的儿子名叫姬惠孙。姬惠孙的孙子，就用他祖父名字里的“孙”字做自己的姓。

【历史名人】

春秋战国时期兵圣孙武，三国东吴大帝孙权。

李

【姓氏起源】

商代有一个大臣叫理徵，因为得罪了商王而被处死。他的妻子带着儿子逃难，在路上缺衣少食，靠着李子野果才活了下来。理徵的后代为了纪念逃亡的经历，改姓为“李”。

【历史名人】

道家始祖老子李耳，唐朝大诗人李白。

周吴郑王

周

【姓氏起源】

建立了周王朝的姬发是黄帝的后代。大约八百年之后，周被秦国灭亡，周朝的王室都成了平民百姓。他们的族人中有一支不再姓“姬”，就以“周”作为自己的姓氏。

【历史名人】

西汉名将周亚夫，三国时期名将周瑜。

吴

【姓氏起源】

吴姓源于西周王室的祖先亶（dǎn）父，亶父的长子、次子南下，建立了吴国。后来吴国被越国所灭，吴国的王族子孙四散逃亡，为了纪念故国而改姓吴。

【历史名人】

唐代画圣吴道子，明代小说家吴承恩。

郑

【姓氏起源】

周宣王把弟弟姬友封到郑地，史称郑桓公。郑桓公的儿子郑武公继承爵位，使郑国一度成为最强的诸侯国。直到战国时期，郑国灭亡，郑国的王族子孙以原国名为姓氏。

【历史名人】

明朝七下西洋的郑和，明末清初的民族英雄郑成功。

王

【姓氏起源】

东周灵王执政时，有一年洛阳水灾泛滥，灵王打算堵住洛水。而太子姬晋认为这样会危及农耕，极力劝阻灵王，因此触怒灵王，被废为平民。姬晋是王族，后代便以“王”为姓。

【历史名人】

西汉与匈奴和亲的王昭君，东晋书圣王羲之。

冯陈褚卫

冯

【姓氏起源】

冯姓的祖先是周文王的第十五个儿子毕公姬高。毕公姬高有个名叫毕万的后代，而毕万的孙子被封在冯城。于是，这一支子孙就以冯城的地名为姓，以后统统都姓冯了。

【历史名人】

西汉女使节冯夫人冯嫽（liáo）。

陈

【姓氏起源】

在西周初期，周武王找到上古贤者虞舜的后人妫（guī）满，并封他为陈国诸侯。因此妫满的子孙以国号为氏，姓陈。

【历史名人】

汉初开国谋士陈平，唐代文学家陈子昂。

褚

【姓氏起源】

春秋时期，宋共公的儿子被封在褚（zhǔ）地，他品德高尚，可以作为世人的老师，所以人们都称他为“褚师”。于是他的后代便以褚为姓。

【历史名人】

唐初书法家褚遂良。

卫

【姓氏起源】

周文王的第九个儿子名为康叔。康叔被封于卫国，专门管理监视前朝商的七族遗民。到春秋战国时，卫国被秦国灭亡，卫康叔的后代就以国号为姓，世代相传姓卫。

【历史名人】

西汉名将卫青。

蒋沈韩杨

蒋

【姓氏起源】

西周初期，周成王年幼，便由他叔叔周公辅政。周公的第三个儿子伯龄被封于蒋地，人称蒋伯。春秋时期，蒋国被楚国所灭，蒋伯的子孙便以国名为姓。

【历史名人】

三国时蜀汉大将军蒋琬。

沈

【姓氏起源】

周公辅政时期，商朝纣王之子与东夷部落联合叛乱，被周公平定，周文王的第十个儿子季载因平叛有功，被分封在沈国。季载的子孙就把国名作为姓氏，称沈氏。

【历史名人】

北宋科学家沈括。

韩

【姓氏起源】

黄帝娶了嫘（léi）祖，生了青阳和昌意。昌意在若水，有了儿子韩流。而身为五帝之一的颛顼，就是韩流的儿子。颛顼的后代参胡曾住在韩地，其子孙便以韩为姓。

【历史名人】

战国时期法家的代表韩非，唐代文学家韩愈。

杨

【姓氏起源】

周成王的三弟名叫叔虞，被封到唐地为唐侯。叔虞的一个后人被封在杨国，后来，这一支族人以杨为姓。

【历史名人】

东汉末期文学家杨修，唐贵妃杨玉环。

朱秦尤许

朱

【姓氏起源】

相传，颛顼帝有个孙子叫吴回，吴回有个叫曹安的孙子。周武王灭商后把曹安的后裔封在邾（zhū）国。后来，邾国被楚国所灭，国人把“邾”简化为“朱”作为姓氏。

【历史名人】

南宋著名理学家朱熹，明朝开国皇帝朱元璋。

秦

【姓氏起源】

秦姓源自嬴姓。秦始皇的祖先，名叫非子，因善于驯马，被周孝王封为秦地首领。后来，秦终于统一六国，建立了秦朝。秦亡后，秦国的王族子孙都以国名为姓。

【历史名人】

唐代名将秦琼，宋代词人秦观。

尤

【姓氏起源】

周文王第十个儿子名叫季载，被封在沈地，建立了沈国。后世子孙以沈为姓。五代时期，闽国国君名叫王审知，为了避讳国君的名字，沈姓都去掉水字旁，改姓为尤。

【历史名人】

宋代名士尤时秦，明末将领尤世功。

许

【姓氏起源】

尧舜时期的贤士许由是颛顼帝的后代，尧帝想把帝位让给他却被拒绝了。许由的后人为了纪念祖先，以许为姓。

【历史名人】

东汉著名文学家许慎。

何吕施张

何

【姓氏起源】

何姓源于音讹，也就是“韩”的误读。韩姓的先祖因被分封于韩地而得姓氏。到了战国时期，这一支族人迁到南方，当地人“韩”“何”不分，从此，这一族的人以何为姓。

【历史名人】

东汉金文经学家何休，魏晋玄学创始者何晏。

吕

【姓氏起源】

炎帝的后裔、共工氏的子孙伯夷是颛顼帝的老师。在禹执政时，伯夷尽心辅佐。为奖励伯夷，舜帝晚年赐伯夷姓姜，赐氏为吕，并封他为吕侯，这样形成了吕氏部族。

【历史名人】

秦朝宰相吕不韦。

施

【姓氏起源】

夏朝时，有一个诸侯名叫有施氏，封国为施国。国亡以后，其王公贵族子孙就以国名为氏，世代相传姓施。

【历史名人】

元末明初文学家施耐庵，清初著名将领施琅。

张

【姓氏起源】

黄帝的孙子姬挥职务为弓正，专门负责制作弓箭，他的子孙被赐姓张氏。“弓”与“长”合起来为“张”。

【历史名人】

汉初杰出军事家张良。

孔曹严华

孔

【姓氏起源】

宋微子是商朝王室后代，子姓，被封在宋地。他的后世子孙中有一支姓孔。孔氏族人取商朝始祖的姓“子”，再取开国君主汤的字“天乙”，子与乙合为“孔”。

【历史名人】

古代思想家、教育家孔丘（孔子）。

曹

【姓氏起源】

西周时期，周武王实行分封制，他将邾国分封给颛顼帝的后代曹挟。到了战国时期，邾国被楚宣王所灭，邾国人有的以国为氏，称邾氏（后改为朱姓）；有的以祖先之名为氏，称曹氏。

【历史名人】

东汉末年著名的军事家曹操。

严

【姓氏起源】

东汉时，庄姓为避明帝刘庄的名讳，改姓严。魏晋时期，姓严的人中有一部分又恢复了原来的庄姓。这样就出现了“庄、严本一宗，同姓不可婚”之说。

【历史名人】

宋代文学理论家严羽，清代启蒙思想家严复。

华

【姓氏起源】

战国末期，秦惠王的一个儿子名叫华，人称公子华。公子华是当时秦国大将，立下不少功劳，他的后世子孙为了纪念先祖，有的就以先祖的名字为姓氏，称为华氏。

【历史名人】

东汉神医华佗，三国时期魏国大臣华歆（xīn）。

金魏陶姜

金

【姓氏起源】

黄帝的儿子少昊死后被尊为西方大帝，而在五行学说中金是西方的征兆，少昊就有了金天氏之称，其后世以金为氏。

【历史名人】

明末清初著名文学家金圣叹。

魏

【姓氏起源】

周文王第十五个儿子毕公姬高受封于毕国，其孙毕万在毕国被西戎攻灭后投奔到晋国，成为大夫，被赐魏地为封邑，毕万的后代子孙以邑为氏，称为魏氏。

【历史名人】

战国时期魏国著名军事家、信陵君魏无忌。

陶

【姓氏起源】

最早从事制陶的平民有的以“陶”为姓。尧帝曾被封于陶地，官至陶正（管理陶器制作的官职），后改封于唐地，其后代子孙便以陶为氏。

【历史名人】

东晋诗人陶渊明。

姜

【姓氏起源】

姜姓源于炎帝。炎帝出生于姜水河畔，便以姜为姓，炎帝的出生地也就成了姜氏的发源地。

【历史名人】

周朝政治家姜子牙。

戚谢邹喻

戚

【姓氏起源】

春秋时期卫武公有个儿子叫惠孙，惠孙的后代以祖先的字为姓氏，称孙氏。孙氏的后代孙林父在卫殇公时被分封在戚邑。孙林父的子孙就以封邑名为姓，形成戚氏。

【历史名人】

明代抗倭名将戚继光。

谢

【姓氏起源】

姜太公因辅佐周武王被封在齐国，姜太公的小儿子被分封于“申”地，称申伯。后来申伯又被周宣王分封于“谢”地。谢国灭亡后，姜姓子孙以故国名为氏，称谢氏。

【历史名人】

东晋名臣谢安。

邹

【姓氏起源】

颛顼帝的后代曹挟被分封在邾娄国，简称为邾国。战国时期，邾国改称为邹国。后来，邹国被楚国所灭，邹国的后人改姓邹氏。

【历史名人】

战国时期齐国大臣邹忌。

喻

【姓氏起源】

宋高宗时期，俞姓一族有个叫俞樗（chū）的考中进士，因为博学多识，宋高宗就把“佯佯知喻”里的“喻”字赐给他为姓氏，世代相传至今。

【历史名人】

北宋建筑家喻皓。

柏水窦章

柏

【姓氏起源】

远古时期，东方有柏皇氏部落，部落首领名叫芝。因为这个部落以柏木为图腾，所以首领被称为柏芝。柏芝的子孙就沿用了祖先的姓氏，姓柏。

【历史名人】

明代上书朝廷建议筑淮堤的柏丛桂。

水

【姓氏起源】

大禹姓姒，在治水时，他的族人很多都当上了水工。水工就是治水的工程人员，于是大禹的族人索性以水为姓，他们的子孙就世代相传姓水，称为水氏。

【历史名人】

明代官员水苏民。

窦

【姓氏起源】

夏后氏帝相失国，他的妃子藏身于窦（洞的意思）中。后来这个妃子生下皇子，名为少康。少康长大后为父复仇，成为夏王。他为了记住这段经历，给他的两个儿子赐姓为窦。

【历史名人】

东汉名将窦固、窦宪。

章

【姓氏起源】

西周初，姜子牙封于齐国。在齐附近的鄣国被齐收为附属国，后来鄣国又被分封给齐王庶子。春秋时期鄣国被齐灭掉，鄣国的后人以国名“鄣”为姓，后来“鄣”逐渐简化为“章”。

【历史名人】

著有《编年通载》的北宋章衡。

云苏潘葛

云

【姓氏起源】

黄帝以“云”命名官职，春官为青云，夏官为缙云，秋官为白云，冬官为黑云，中官为黄云。夏官的后代以先祖的官名“缙云”作为自己的姓氏，后来又把缙字省去，单姓云。

【历史名人】

倡导破除迷信的清代名士云崇维。

苏

【姓氏起源】

有苏氏是夏、商、周时期古老的部落，商末，纣王发兵征服了有苏氏，有苏氏献出牛羊、马匹、美女，还有自己的女儿苏妲己。此后，有苏氏便以苏为姓。

【历史名人】

西汉使节苏武，宋代文学家苏氏三父子苏洵、苏轼、苏辙。

潘

【姓氏起源】

楚成王立长子商臣为太子，派名臣潘崇作太子老师。太子登基后封潘崇为太师，从此，潘氏成为楚国最有势力的家族。潘崇子孙便以潘当作氏。

【历史名人】

三国时东吴名将潘璋。

葛

【姓氏起源】

黄帝的后代曾被封于葛地，其子孙在葛地繁衍生息，以封地名为氏，称葛氏。

【历史名人】

东晋医学家葛洪。

奚范彭郎

奚

【姓氏起源】

黄帝的后裔中有个名为“仲”的，据说是马车的发明者，在夏朝做车正，为夏王管理车辆。他后来被夏王封于奚地，史称奚仲，奚仲的子孙后代就以封邑名“奚”为姓。

【历史名人】

唐朝制墨专家奚鼐，徽墨创始人奚超。

范

【姓氏起源】

帝尧后裔刘累之后，在周为唐杜氏，西周时期被周宣王所灭，族人温叔逃到晋地。温叔之子士会被封于范地，称范氏。

【历史名人】

春秋时期越国政治家范蠡，南朝齐梁时期哲学家范增。

彭

【姓氏起源】

颛顼帝有玄孙陆终，陆终的第三子姓篯（jiǎn）名铿（kēng），被封于彭地，建立大彭国。因为篯铿活到了一百四十六岁，世人称他为彭祖，他的子孙以国号为姓，称为彭氏。

【历史名人】

战国时齐国隐士彭蒙，西汉初将领彭越。

郎

【姓氏起源】

春秋初年，鲁懿公的孙子费伯在鲁国为大夫，私自占据了郎城，他的子孙以邑名为氏而姓郎。

【历史名人】

唐代诗人郎士元。

鲁韦昌马

鲁

【姓氏起源】

周武王把他的弟弟周公旦封到鲁地，周公旦为第一任鲁公，他派遣自己的儿子伯禽管理鲁国。鲁国在春秋以后逐渐衰落，最后被楚国灭掉。其后代子孙便以国名为姓，称为鲁氏。

【历史名人】

三国东吴名将鲁肃。

韦

【姓氏起源】

夏朝中期，夏王封颛顼帝的子孙彭氏一族于豕（shǐ）韦一地，建立豕韦国，又称为韦国。周襄王时期彭氏儿孙亡国，迁居彭城，其子孙便以国名韦为姓，称为韦氏。

【历史名人】

唐代诗人韦应物。

昌

【姓氏起源】

黄帝有二十五个儿子，分别继承了十二个姓氏。其中有一个姓氏为妊，妊氏的后代里有姓昌的，从而形成了昌姓。

【历史名人】

三国魏徐州太守昌豨。

马

【姓氏起源】

战国时赵国大将赵奢在秦赵之战中大败秦军，赵王因此把马服一地封给赵奢，并赐他称号为“马服君”。赵奢的子孙后代便以“马服”为姓，后来又改为单姓“马”。

【历史名人】

元曲四大家之一马致远。

苗凤花方

苗

【姓氏起源】

春秋时楚国君王楚若敖的孙儿名为伯棼（fén），担任大夫一职，后来伯棼获罪被杀，他的儿子贲（bì）皇逃到晋国，受封于苗邑，贲皇的后人以祖先封邑为氏。

【历史名人】

唐代大臣苗晋卿。

凤

【姓氏起源】

东夷部落的首领少昊以鸟名来命名官职。凤鸟氏为历正，专管历法天文，负责指导人们按照季节时令耕田种地和收获作物。历正的子孙便以凤为姓，世代相传，称为凤氏。

【历史名人】

明末官员凤翕如。

花

【姓氏起源】

上古时期是没有“花”字的，表示花朵的字通通写作“华”。直到南北朝之后，人们专门造出“花”来表示花草之花，“花”字才渐渐被使用。故华姓也有改为花姓的人。

【历史名人】

明初将领花云。

方

【姓氏起源】

神农氏后世子孙有一个名叫雷，在黄帝攻打蚩尤时，雷因功被封于方山。所以他们一族被称作方雷氏。雷子孙以先祖之名、以分封之地为姓氏，分为雷姓和方姓。

【历史名人】

唐代诗人方干，北宋末年农民起义领袖方腊。

俞任袁柳

俞

【姓氏起源】

黄帝时期有一位叫做跗（fū）的人医术高明，精于脉经，人称腧跗。在古代，“俞”字与“腧”字相通，俞又与痊愈之愈同音，故称俞跗，其后人为光大先人医术，称为俞氏。

【历史名人】

明代抗倭名将俞大猷。

任

【姓氏起源】

黄帝有二十五子，分别继承了十二个姓氏，其中的“任”姓赐予黄帝的小儿子禹阳。他的后代就以任为姓。

【历史名人】

孔子门下七十二贤之一任不齐。

袁

【姓氏起源】

黄帝公孙氏的族人善于制作车辕。平日里可以驾车游历天下，作战时把战车与军帐组合起来搭建军营，这样布置的军营被称为“行辕”。黄帝的后代以辕为氏，后来又简化为袁。

【历史名人】

东汉末年群雄之一袁绍，唐初天文学家袁天罡。

柳

【姓氏起源】

周公的后世子孙鲁孝公有个儿子叫做展，展的孙子以祖父的字为姓，称为展氏。春秋时期，展氏后人展禽被封于柳下这个地方，他的后代儿孙就以柳为姓，世称柳氏。

【历史名人】

唐朝书法家柳公权、文学家柳宗元。

酆鲍史唐

酆

【姓氏起源】

周武王攻克商朝都城后，封自己的弟弟子于到酆（fēng）邑建立侯国，世人称子于为酆侯。到了周成王时，酆侯被废，酆侯的后人都以原来的封邑名为姓，自称酆氏。

【历史名人】

明初隐士酆寅初。

鲍

【姓氏起源】

大禹的后代里有个姓姒名为敬叔的人，又被称为杞公子。他在齐国担任官职，被封在鲍这个地方，他的儿子叔牙就以父亲的封邑为姓氏，世代相称为鲍。

【历史名人】

西汉谏臣鲍宣，南朝宋诗人鲍照。

史

【姓氏起源】

黄帝的大臣仓颉发明文字，被尊称为“史皇”。仓颉后代以他的名字、称号为姓，产生了仓氏、史氏等。其中，称史氏的后人是因为仓颉是史官，便以官名为氏。

【历史名人】

明末政治家史可法。

唐

【姓氏起源】

相传唐地最早是尧的封地，后来又被封给尧的儿子丹朱。到西周时期，唐地叛乱，周成王平乱后就把它封给了自己的弟弟虞，也就是史书上的唐叔虞，他的后人便以唐为姓。

【历史名人】

南宋才女唐婉，明代书画家唐寅。

费廉岑薛

费

【姓氏起源】

黄帝的玄孙伯益曾协助大禹治水，赐姓嬴，受封于费地，因此伯益又被称为大费，伯益有两个儿子，其中次子取父亲的名字为姓氏，其后代相传姓费。

【历史名人】

西汉易学名家费直，蜀汉四相中的费祎。

廉

【姓氏起源】

颛顼帝的孙子名为大廉。大廉的子孙中有人用他的名字为姓，这一支便是廉氏的由来。

【历史名人】

战国时期赵将廉颇。

岑

【姓氏起源】

姬渠是周文王的侄子、周武王的堂弟。西周建立后，周武王把姬渠封到岑地，建立岑国。于是，姬渠的后代儿孙就以国名“岑”为姓。

【历史名人】

唐代诗人岑参。

薛

【姓氏起源】

孟尝君是“战国四公子”之一，他的父亲田婴因为功劳卓著，被齐王封于薛地。田婴死后，孟尝君继承薛地。后来，他的后人把封邑名作为姓氏，称薛氏。

【历史名人】

唐代名将薛礼、女诗人薛涛。

雷贺倪汤

雷

【姓氏起源】

相传，方雷氏是神农氏的后世子孙，他辅佐黄帝征战四方，因为战功被封于方山，建立诸侯国。他的子孙以国名为氏，复姓方雷，后来姓氏简化为方、雷两个姓氏。

【历史名人】

东汉名臣雷义，晋代天文学家雷焕。

贺

【姓氏起源】

春秋时期，齐桓公的重孙子庆封以父亲的名字为姓氏，自称庆氏。在东汉时期，汉安帝的父亲名叫刘庆，庆氏一族为了避讳，把“庆”姓改为意义相同的“贺”姓。

【历史名人】

唐代著名诗人贺知章。

倪

【姓氏起源】

周代邾国的第七代君主是邾武公，邾武公将次子封于郳（ní）地，建立郳国，自称为郳氏。战国时期郳国被楚国所灭，郳国王室子弟将“郳”去掉“阝”加“亻”旁改为倪姓。

【历史名人】

战国时期宋国哲学家倪说，唐代名臣倪若水。

汤

【姓氏起源】

黄帝有个曾孙名叫帝喾（kù），帝喾的儿子叫契，汤是契的第十四世孙。汤在灭掉夏朝后建立商朝，死后被谥为成汤。成汤的子孙中有一支以祖先的谥号为姓，称为汤氏。

【历史名人】

明代戏曲家汤显祖。

滕殷罗毕

滕

【姓氏起源】

西周初年，周武王分封自己的弟弟错叔绣于滕（téng）地，建立了滕国。战国时期滕国被宋国所灭，原来滕国的王族就以国名为姓，称为滕姓。

【历史名人】

北宋诗人滕宗谅。

殷

【姓氏起源】

因为商朝的都城坐落在“殷”地，于是，商朝又被后人称为殷商。周武王伐纣，封殷商宗室微子启于宋地，建立宋国。微子启的子孙中有的以故国为姓，称为殷氏。

【历史名人】

东晋太守殷羡，玄学名士殷仲堪。

罗

【姓氏起源】

祝融是帝喾（kù）时期的官员，被后人尊为“火神”。西周初期，祝融的子孙被封在宜城，建立罗国。后来，罗国被楚国所灭，祝融的子孙遂以国名“罗”为氏。

【历史名人】

元末小说家罗贯中。

毕

【姓氏起源】

毕这个地方又被称为毕陌、毕原或咸阳原，是周文王、周武王和周公的陵墓所在之地。周文王第十五子姬高，封于毕，史书上称之为毕公高。毕公高的儿孙便以毕为姓。

【历史名人】

北宋发明家毕昇。

郝邬安常

郝

【姓氏起源】

郝氏出自子姓，契为子姓始祖。传说他的母亲因为吞下玄鸟卵而生下他，所以被赐姓为子。契的十四代孙汤建立了商朝，商王帝乙在位时，将他的儿子子期封于郝地，形成郝氏。

【历史名人】

元代学者郝经。

邬

【姓氏起源】

上古时代颛顼帝的曾孙为吴回，吴回的儿子为陆终，陆终共有六子。在春秋时期，陆终第四子的子孙受封于邬地，逐渐形成邬氏。

【历史名人】

孔门七十二弟子之一郐单，宋代易学家郐克诚。

安

【姓氏起源】

上古时期，黄帝与嫘祖生了两个儿子，长子叫玄嚣（xiāo），次子叫昌意。昌意也有两个儿子，长子叫颛顼，次子叫安，其子孙以先祖的名字为姓氏，自称安氏。

【历史名人】

唐代太常寺乐工安金藏。

常

【姓氏起源】

武王灭商后，把他的弟弟姬封封于康邑，世人称姬封为康叔封。后来康叔把他的儿子封在常地，于是康叔这一支子孙就以常为姓。

【历史名人】

明初将领常遇春。

乐于时傅

乐

【姓氏起源】

西周时期，有负责排演宫廷礼乐的大乐正，有负责教授歌舞和指挥乐工的小乐正，都通称为乐正。在历代乐正的后代中，有把先祖官职当作姓氏的称乐正氏，后简化为乐氏。

【历史名人】

战国时期燕国将领乐毅。

于

【姓氏起源】

西周初年，周武王封他的二儿子到邘（yú）邑为公侯，人称之为邘叔。后来，邗叔的子孙就以国名为氏，姓邗，后“邗”姓又被简化为“于”姓。

【历史名人】

明代大臣于谦。

时

【姓氏起源】

春秋时期宋国有大夫名为来，他被封在“时”这个地方，所以人称时来，时来的子孙以封邑名为氏，形成时氏。

【历史名人】

宋代画家时光，明朝制陶专家时大彬。

傅

【姓氏起源】

商王武丁在位时，国势衰微，于傅岩找到一个名为说的人，让说辅佐武丁兴国安邦，使天下大治，说的后裔以先祖故乡为姓，形成傅氏。

【历史名人】

东汉文学家傅毅，汉初开国功臣傅宽。

皮卞齐康

皮

【姓氏起源】

春秋时期，鲁献公次子仲山浦曾辅佐周宣王中兴，受封于“樊”地，于是仲山浦的后人以樊为姓。到了樊仲皮这一代，他的子孙以父名为姓，形成皮氏。

【历史名人】

唐代文学家皮日休。

卞

【姓氏起源】

西周时期，周武王姬发封自己的弟弟叔振铎于曹地。后来叔振铎的子孙中有个勇士名庄，在鲁国做官，又被封于卞邑，卞庄子的后代就以封地“卞”为姓。

【历史名人】

清代女画家卞敏。

齐

【姓氏起源】

炎帝的后裔，姜太公姜子牙被封于营丘，建立齐国。到了春秋末年，齐国国势衰弱，君权逐渐被大臣田氏所取代。田氏篡位后，姜姓的后代中有的以国名为氏，称为齐氏。

【历史名人】

西汉将军齐盖，宋朝学者齐天觉。

康

【姓氏起源】

周武王灭商后，把年幼的弟弟姬叔封在康，世人称他为康叔。后来，周王改封康叔为卫君，建立卫国，故又称为卫康叔，他死后的谥号是“康”，他的后代便以康为姓氏。

【历史名人】

明代大儒康大和。

伍余元卜

伍

【姓氏起源】

出自芈（mǐ）姓，为黄帝时大臣伍胥之后。黄帝为部落首领时，其下有大臣名伍胥，其后代以祖名为姓，形成伍氏。

【历史名人】

隋朝大将伍建章，宋代名将伍隆起。

余

【姓氏起源】

春秋时，秦国有个大臣叫由余，他的祖先是晋人，避乱来到秦国并受到秦穆公赏识，就留在秦国为臣。由余为秦穆公谋划征伐西戎，使秦国成为西方霸主。

他的后代子孙以祖先名字为姓，有的姓由，有的姓余。

【历史名人】

北宋谏臣余靖，清代著名书画家余重谟。

元

【姓氏起源】

南北朝时期，北魏王朝的帝王是鲜卑族人，本姓拓跋（tuò bá）氏。孝文帝崇尚汉族文化，下令族人穿汉服、说汉文，也将姓氏拓跋氏改为了汉姓元氏。

【历史名人】

唐代诗人元稹，金代诗人元好问。

卜

【姓氏起源】

在夏代，大凡出猎、征战、风雨、年成、祭祀、婚丧等，人们都想预知吉凶，便采用龟甲和兽骨来进行占卜。这种专门从事占卜的官员叫卜人。夏王太康的弟弟曾任占卜之官，他的后代大都以祖先的官职为氏，称为卜氏。

【历史名人】

孔子门下七十二贤之一卜商，清代医学家卜祖学。

顾孟平黄

顾

【姓氏起源】

夏朝时，昆吾氏的子孙受封于诸侯国顾国。夏朝灭亡后，顾国同样被商汤灭掉，亡国后的顾国王族子孙散居全国各地，以国名为姓氏，从此中国开始有顾姓。

【历史名人】

东晋画家顾恺之，清初思想家顾炎武。

孟

【姓氏起源】

春秋时期，鲁桓公的儿子庆父祸乱鲁国，杀害了国君后畏罪出逃。因庆父在庶子中排行老大，而“孟”字在兄弟排行次序里代表庶长子。庆父的后裔又为避讳弑君之罪，就改称孟孙氏。后来，孟孙氏又简化为孟氏。

【历史名人】

唐代诗人孟浩然、孟郊。

平

【姓氏起源】

西周时期有平贾人这一官职，亦简称贾人。这类官员负责监督并管理市场、平抑物价。平贾人的后代以祖先官职称呼为姓氏，形成平贾氏，后来简化为平氏、贾氏。

【历史名人】

汉丞相平当，元朝名臣平从龙。

黄

【姓氏起源】

台骀（dài）是上古时期少昊金天氏的后裔，世代为水官，在颛顼时期被封于汾川，后人将他尊为汾水之神。春秋时期，台骀的后人曾建立沈国、姒国、黄国等，后来都被晋国灭掉。其中黄国的亡国子孙以国为姓，成为黄姓。

【历史名人】

北宋书法家黄庭坚。

和穆萧尹

和

【姓氏起源】

和氏源于官位，出自周朝军制官吏“和令”（西周初期在军队中设置的旗令官）与内廷官吏“受和”（周代设置的掌管宫廷膳食的官吏），属于以官职称谓为氏，后简化为单姓和氏。

【历史名人】

西晋大臣和峤，五代宰相和凝。

穆

【姓氏起源】

春秋时期的宋穆公是贤王，所以后来的宋君给他加封的谥号是“穆”，有恭敬温和的意思。宋穆公的子孙有的以先祖谥号为姓氏，称穆氏。

【历史名人】

唐朝诗画家穆修己，明代理学家穆孔晖。

萧

【姓氏起源】

萧氏出自伯益后裔。伯益曾为舜时的火正，曾协助大禹治水。伯益的巨大功绩使他的子孙孟亏得到封赏，封于萧地，建立了萧国，并以国为氏。

【历史名人】

汉初三杰之一萧何，南朝梁文学家萧统。

尹

【姓氏起源】

尹姓有三个起源：一是出自少昊的后代，少昊之子被封于尹城，其子孙便以封邑名“尹”作为姓氏；二是以官名命名；三是明清时白族、傣族的汉化改姓。

【历史名人】

战国哲学家尹文，宋初文学家尹洙。

姚邵湛汪

姚

【姓氏起源】

舜帝因为生在姚墟，他的后代子孙有的便以祖先出生地的地名为姓氏，称为姚氏。

【历史名人】

唐玄宗时期的宰相姚崇。

邵

【姓氏起源】

周初大臣召康公被赐予食邑于召（shào）地，因而被称为召公或召伯。他后来还被封于燕国，由自己的儿子管理，自己则留在镐京任太保。后来，燕国被秦国所灭，召公的子孙便以原封地“召”为姓，称召氏，后改为邵姓。

【历史名人】

东汉大臣邵信臣，北宋易学家邵雍。

湛

【姓氏起源】

夏朝时，大禹的氏族中的一支建立了斟灌氏国。太康失国后，东夷族人寒浞代羿称王，率兵灭斟灌氏国。原斟灌氏族人为避难，便把原国姓斟灌二字合并，各取一半，合成一个湛字，就形成湛氏。

【历史名人】

明代著名的学者湛若水。

汪

【姓氏起源】

汪氏最早源自商代汪芒氏之后。汪芒氏又称汪罔氏，由防风氏（夏朝诸侯之一）改姓而成。当初，夏朝国君禹召集群雄到会稽山朝拜，防风氏因为晚到而被禹杀头。因此，防风氏族人就改了姓。进入商朝，防风氏的后代就改为单字汪氏。

【历史名人】

南宋文学家汪藻，清代医学家汪昂。

祁毛禹狄

祁

【姓氏起源】

祁氏出自姬姓，黄帝有二十五子，其中十四人得姓，黄帝赐姓为十二种，就含有祁姓。

【历史名人】

宋代画家祁序，明代司法官员祁敕。

毛

【姓氏起源】

周文王姬昌的儿子伯聃受封于毛邑，爵位为伯，故世人称他为毛伯聃。伯聃当时在周王室任司空之职，负责土木工程等建筑事务，他的后世子孙以其封地命姓，遂成毛氏。

【历史名人】

战国时期平原君门客毛遂。

禹

【姓氏起源】

禹氏源于姒姓，出自大禹。禹为中国古代部落联盟领袖，其后代子孙多以祖上的名字为姓氏，称禹氏，世代相传。

【历史名人】

明代清官禹祥，清代画家禹之鼎。

狄

【姓氏起源】

狄氏源于媿姓，出自商末周初北方民族狄族。尧封黄帝之后媿姓氏族为狄氏、翟氏，世代居于北地，其后世的子孙中有取族名的谐音汉字为姓氏者，称狄氏，世代相传。

【历史名人】

唐代宰相狄仁杰，宋朝大将军狄青。

米贝明臧

米

【姓氏起源】

米氏源于官位，出自两周时期官吏舍人。舍人，当时亦称米史、粟史，为西周初年设置的掌管国库谷米出入的官员。舍人的后裔子孙有以先祖官职名称为姓氏者，称米氏、粟氏。

【历史名人】

北宋书法家米芾。

贝

【姓氏起源】

召公在辅佐周武王灭了殷商之后，被封于燕国。燕国传至召公的后裔康，康的支庶子孙有一个被封于浿水地区，他们又建立了郥国，其后代称郥氏，后来简化为贝氏。

【历史名人】

南朝梁书法家贝义渊，唐朝画家贝俊。

明

【姓氏起源】

秦国丞相百里奚的儿子名为视，字为孟明，是秦国大将。孟明死后，他的后代就用他的名字“孟明”作为姓氏，后来改姓明，成为明氏的一支。

【历史名人】

南齐隐士明僧绍，隋代学者明克让。

臧

【姓氏起源】

春秋时鲁国国君鲁孝公的儿子名彄（kōu），字子臧，被封在臧地，建立臧国，他的后代就以“臧”为姓。

【历史名人】

南朝齐史学家臧荣绪，清代文学家臧琳。

计伏成戴

计

【姓氏起源】

辛研是春秋晚期著名的战略家、思想家和经济学家。由于他善于计算运筹，后人尊称其为“计然”“计研”。在计然的后裔子孙中，有以其尊号为姓氏者，称计氏。

【历史名人】

宋代名臣计衡。

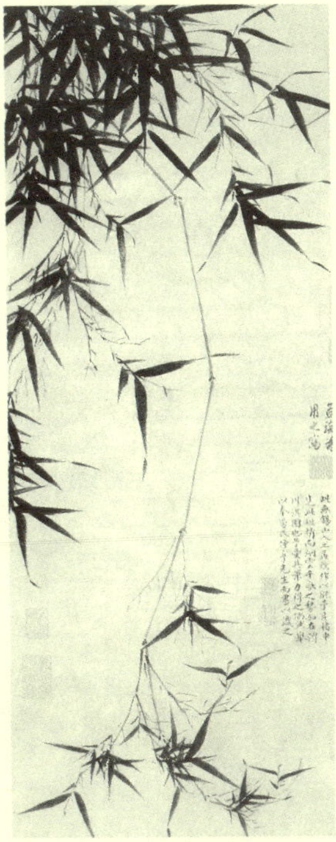

伏

【姓氏起源】

伏氏出自风姓，是上古太昊伏羲氏的后裔。伏羲氏苗裔，有的用“伏”作为自己的姓氏，形成伏姓。

【历史名人】

汉代“五经博士”伏胜，南朝宋齐两代大儒伏曼容。

成

【姓氏起源】

周武王封其五弟叔武于郕，建立郕国。其后代以国名郕为姓，后有的改为成姓；周武王将王族中另一个名叫季戴的人，分封在另一个也称为郕邑的地方。季戴也在郕邑建立了郕国，其后代也以国名郕为姓，后改郕为成。

【历史名人】

春秋时期著名琴师成连，金代医学家成无己。

戴

【姓氏起源】

起源有二：一是以谥号为氏，出自子姓，为商汤的后裔；二是以国为氏，出自姬姓。

【历史名人】

唐代诗人戴叔伦。

谈宋茅庞

谈

【姓氏起源】

相传少昊后裔的封地在郯国，战国初期，郯国被越国所灭，少昊的后代遂以郯为姓。因为当时“谈”与“郯”同音通用，所以有了谈姓。

【历史名人】

元代诗人谈文理，清代天文历算学家谈泰。

宋

【姓氏起源】

宋姓渊源有二：一是源自轩辕黄帝直系后裔；二是以国名为氏。周武王封殷王帝乙长子微子启于宋。宋传国三十六世，后为齐、魏、楚三国灭而分之，子孙以故国宋为氏。

【历史名人】

唐代贤相宋璟，宋代法医学家宋慈，明末科学家宋应星。

茅

【姓氏起源】

茅姓起源有四：一是来自周朝茅叔的后代；二是来自春秋时期先茅的后代；三是来自春秋时期茅夷的后代；四是来自战国末期茅焦的后代。

【历史名人】

秦国上卿茅焦，明代散文家茅坤。

庞

【姓氏起源】

周文王之子名为毕公高，毕公高的后代中旁系子孙被封于庞地，就以邑名为氏。

【历史名人】

战国时期魏国将领庞涓，三国时期蜀国谋士庞统。

熊纪舒屈

熊

【姓氏起源】

熊氏出自黄帝后裔。黄帝七世孙季连为芈姓，其后裔有名为鬻（yù）熊的人，曾是周文王的老师，鬻熊的曾孙熊绎建立楚国，并以先祖的字为氏。

【历史名人】

北朝经学家熊安生，元朝文学家、音乐家熊朋来。

纪

【姓氏起源】

纪氏出自姜姓。西周初年，周王封炎帝的后代于纪，建立了纪国。春秋时，纪国被齐国所灭，纪国王族子孙就以国名为姓，世代相传姓纪。

【历史名人】

清代名臣纪昀。

舒

【姓氏起源】

西周初年周武王所封的群舒国的后代，属于以国名为氏。春秋时期，在江淮一带有舒鸠、舒、舒庸、舒龚、舒蓼、舒鲍、舒龙等小国，史称“群舒”。

【历史名人】

唐代御史舒元舆，明代廉吏舒清。

屈

【姓氏起源】

屈氏源于姬姓，出自远古黄帝后裔狂屈竖，属于以先祖名字为氏。狂屈竖是黄帝属下武将，在平定蚩尤之乱时立有大功。狂屈竖的后代沿用其名字为屈姓。

【历史名人】

战国时期的楚国爱国诗人屈原。

项祝董梁

项

【姓氏起源】

项氏出自芈姓，为楚国王族后裔。春秋时期，楚国公子燕受封于项城，后来建立了项国。等到项国被齐国灭王后，其子孙遂以国名“项”命氏姓，称项氏。

【历史名人】

西楚霸王项羽。

祝

【姓氏起源】

远古时期，巫师被称为巫史或是祝史，官职很高，而且受人敬重。当时有以官职为姓的习惯，祝史的后代往往继承官职，并世代姓祝。

【历史名人】

明代文学家祝允明。

董

【姓氏起源】

出自己姓：颛顼后裔董父善于喂养龙兽，很得帝舜的赏识，因此舜赐给董父姓氏为董，其后代亦以赐姓董为氏；出自官名：周朝有一位名为辛有的大夫，他的两个儿子都在晋国任职太史，董督晋国典籍史册，子孙世袭这一官职，并以官为姓氏，称为董氏。

【历史名人】

西汉大儒董仲舒，明代画家董其昌。

梁

【姓氏起源】

梁氏出自嬴姓。伯益因辅佐大禹治水有功，便为嬴姓各族的首领。西周时，因其后裔秦仲父子征战西戎有功，周宣王封秦仲次子康于梁山，建立梁国，人称梁康伯。后来，秦穆公灭梁国，亡国后的梁国子孙大都逃到晋国，以原国名为氏，就是梁氏。

【历史名人】

东汉时期外戚权臣梁冀，明代戏剧家梁辰鱼。

杜阮蓝闵

杜

【姓氏起源】

唐尧的后裔在周武王初定天下时仍是一个独立的国家，王室称为唐杜氏。周成王时唐国被灭，其后代又被改封到杜地。后来，杜国灭，杜姓子孙出逃，杜姓自此形成。

【历史名人】

初唐宰相杜如晦，唐代诗人杜甫。

阮

【姓氏起源】

商末，西岐西伯侯姬昌灭亡了阮国，原阮国王族以国名为姓氏，称阮氏。

【历史名人】

魏晋时期“竹林七贤”之一阮籍。

蓝

【姓氏起源】

其一，蓝氏出自嬴姓。梁惠王年间，秦子向被封于蓝地，被称为蓝君，他的子孙以封地为氏；其二，中山大夫蓝诸的先祖曾经采食于蓝田，因此得到姓氏。其三，蓝氏出自芈姓。楚国的公族曾采食邑于蓝邑，公族子孙就以邑名为氏。

【历史名人】

唐末逸士蓝采和，清代武林画派创始人蓝瑛。

闵

【姓氏起源】

周公因摄朝辅政，是以封地鲁国。到了鲁庄公的儿子公子启即位的第二年，公子启为庆父所弑，年仅十岁。因为按谥号惯例，凡是夭折而死于不道的君王，都谥为闵，故公子启谥号为闵公。闵公的族人以其谥号为氏。

【历史名人】

晋代文士闵鸿。

席季麻强

席

【姓氏起源】

尧为部落首领的时候，遇到一个自称为席氏的老人家，击壤而歌。尧听了以后便拜他为师，敬称为席师，他的后人便以“席”作为他们的姓氏。

【历史名人】

宋代大学士席旦，清朝女诗人席佩兰。

季

【姓氏起源】

季氏源于姬姓，出自春秋时期吴国公族季札。姬季札为吴王姬寿梦的第四子，受封于延陵、州来两地，史称为“延陵季子”“延州来季子”。季札贤明仁德，后世子孙以其排行次第为姓氏以区别他族，称季氏。

【历史名人】

明代学者季本。

麻

【姓氏起源】

春秋时期，名为婴的齐国大夫被封在麻邑，其后代子孙以先祖封邑名称为姓氏，称麻氏。

【历史名人】

宋代博学者麻九筹，唐代画家麻居礼。

强

【姓氏起源】

黄帝的玄孙叫禺疆，他的后代以“疆”为姓，在古代“疆”与“强”音相同，意相通，所以后来改疆姓为强姓。

【历史名人】

北宋学者强至，清代医学家强行健。

贾路娄危

贾

【姓氏起源】

西周时，周成王的弟弟叔虞被封于唐。唐叔虞的小儿子公明又被周成王之子康王封于贾地，号称贾伯。春秋时，贾国为晋所灭，贾伯公明的后裔以国为氏，称贾氏。

【历史名人】

西汉文学家贾谊，唐代诗人贾岛。

路

【姓氏起源】

黄帝的曾孙帝喾有一个名叫玄元的孙子，玄元因为立下了功勋受封于路中，他的子孙们以国名为氏，称路姓。

【历史名人】

西汉文士路温舒，唐代大臣路嗣恭。

娄

【姓氏起源】

娄姓源出有二：一是以国名为氏。春秋时有邾娄国，子孙有的以娄为氏，是娄氏的一支；二是出自古代鲜卑族复姓所改。南北朝时，北魏鲜卑族有匹娄氏、伊娄氏、盖娄氏、乙那娄氏，入中原后一并改为娄姓，为娄姓的另一支。

【历史名人】

唐朝名臣娄师德，元代画家娄仲英。

危

【姓氏起源】

是来自两汉之际大司空甄丰之子甄寻根据避难地方的名字而起的姓氏。

【历史名人】

元代骨伤科医学家危亦林，明代书法家危进。

江童颜郭

江

【姓氏起源】

颛顼的玄孙伯益是舜时东夷部落的首领，他的后代在西周初期受封建立江国，后来被楚国灭掉。江国灭亡后，其子孙流落各地，并以国为氏将江姓世代承袭了下来。

【历史名人】

西晋文学家江统，南朝文学家江淹。

童

【姓氏起源】

童姓源自上古，是黄帝的后代。黄帝的孙子颛顼有个儿子叫老童，老童的后世子孙就以祖上名字中的“童”字命姓，称童姓。

【历史名人】

东汉名臣童恢，清代画家童昌龄。

颜

【姓氏起源】

颜氏出自曹姓陆终之后。陆终生有六子，第五子名为安，姓曹。曹安孙儿名为挟，周武王时被封于郳，建立郳国。郳挟的一个后代名为夷父，字颜，又称郳颜公。郳国被楚国灭掉后，颜公的支系子孙中有人以祖父的字为姓，称颜姓。

【历史名人】

春秋时鲁国贤人颜回，唐代书法家颜真卿。

郭

【姓氏起源】

起源于大禹的两个名叫郭哀和郭支的护卫；出自姜姓，以居处为氏。郭字义为外城，一般住在外城的人以郭为氏；出自姬姓，古代“郭”与“虢”两字相通，郭氏即为虢氏。

【历史名人】

唐代军事家郭子仪，元代天文学家郭守敬。

梅盛林刁

梅

【姓氏起源】

殷商时，商君太丁封其弟于梅，为伯爵，世称梅伯。至商纣时，梅伯见纣王荒淫无道，几次冒死直言，纣王非但不听反而将其杀害，其后世子孙遂以祖先的封邑为氏，称梅姓。

【历史名人】

北宋文学家梅尧臣，清朝天文学家梅文鼎。

盛

【姓氏起源】

盛国在周穆王时期成为封国，到了春秋时期，盛国不断受到鲁、齐、卫等强国的侵袭，最终被齐国所灭。亡国后的盛国公族为纪念故国，遂以国名为姓。

【历史名人】

东汉贤臣盛吉，宋代文学家盛度。

林

【姓氏起源】

殷商太师比干被纣王所害，比干的正夫人妫氏刚怀有三个月的身孕，连忙逃出朝歌，在长林（今河南卫辉、淇县一带）石室之中生下男婴，起名为泉，字长恩。周武王灭商建周后对比干的忠烈十分敬仰，便赐其后裔林姓。

【历史名人】

民族英雄林则徐。

刁

【姓氏起源】

在汉代，善于雕刻的能工巧匠的后代以雕为姓，后简化改为刁姓。

【历史名人】

西汉巨商刁闲，唐代画家刁光胤。

钟徐邱骆

钟

【姓氏起源】

周初，纣王的兄长微子被封到宋地。至宋桓公时，王室后裔州犁逃到楚国，任楚国太宰，食邑封于钟离，他的后人于是以地名为氏或单称钟氏，代代相传。

【历史名人】

三国时期曹魏书法家钟繇。

徐

【姓氏起源】

伯益（颛顼的后代）曾协助大禹治水，舜封他的儿子若木于徐地，建立徐国，至徐偃王时期被周所灭。于是，周王封徐偃王的族人子宗为徐王，直到春秋末期徐国为吴所灭，其王公子孙以国为氏。

【历史名人】

秦著名方士徐福，明代画家徐渭。

邱

【姓氏起源】

本为丘姓，因避讳孔子的名号，清雍正帝下令改为“邱”姓。丘姓源出有四：一是出自姜姓，为姜太公的后裔；二是出自姒姓，夏帝少康的后裔；三是出自妫姓，以地为氏；四是出自他族改姓。

【历史名人】

宋代名儒邱葵。

骆

【姓氏起源】

西周初年，姜尚因辅佐武王灭商有功，被封于齐国。姜太公的后人有名叫公子骆的子孙，公子骆的后裔以祖上的名号为氏，称骆氏。

【历史名人】

唐代诗人骆宾王。

高夏蔡田

高

【姓氏起源】

姜太公辅佐周文王、武王灭商立周，受封于齐国。齐国传至齐文公姜赤，文公次子受封于高邑，称公子高。公子高的后裔以高为姓，称为高氏。

【历史名人】

唐代边塞诗人高适。

夏

【姓氏起源】

帝尧时期，鲧的妻子有莘氏之女，因为梦里吃了薏苡而生禹，是以帝尧便赐禹以姒为姓。后来，禹治理了水患，为了表彰他的功绩，舜封他于夏。夏禹死后，其子启继位，建立了夏朝。夏朝被推翻后，夏王族便以国为氏，称为夏氏。

【历史名人】

东汉易学家夏恭，南宋画家夏圭。

蔡

【姓氏起源】

起源有三：一是出自姞姓，为黄帝支裔；二是出自姬姓，为周文王后裔，以国为氏；三是少数民族改姓而来，女真族乌林答氏、满族蔡佳氏改为汉姓蔡。

【历史名人】

东汉文学家蔡邕，北宋书法家蔡襄。

田

【姓氏起源】

田姓源出有二：一是出自陈氏，为陈胡公陈满之后。陈厉公陈佗之子陈完因陈国内乱，到齐国后改称田氏；二是出自黄姓所改。明初黄子澄辅佐惠帝，却因上书表明削藩而激怒诸侯被杀。其子黄子经为避祸改为田终，后世子孙也以田为姓。

【历史名人】

战国时期齐国名将田单。

樊胡凌霍

樊

【姓氏起源】

周文王的儿子虞仲有孙子名为仲山甫，辅佐周宣王南征北战。由于仲山甫的功勋，宣王封他为樊侯，他的子孙即以樊为姓。

【历史名人】

汉初将领樊哙。

胡

【姓氏起源】

胡公满本姓妫，名满，乃是他在西周时期被封的谥号。胡公满的后裔以谥号胡为姓。

【历史名人】

清末红顶商人胡雪岩。

凌

【姓氏起源】

凌氏源于文王的第九个儿子康叔，他被封在卫并建立了卫国。康叔的儿子有的在周朝做官，官职为凌人，负责保存、贮藏冰块，他的后人就以他的官职作为姓氏，于是产生了凌氏。

【历史名人】

三国时期吴国将领凌统，明代文学家凌濛初。

霍

【姓氏起源】

叔处是周武王的同母兄弟，被武王封于霍并建立了霍国，人称霍叔。到周成王时，霍叔同管叔、蔡叔勾结商王室后裔武庚叛乱，失败后被废为庶人，由他的儿子继任霍君。到了春秋时期，霍国被晋献公所灭。霍君的后人遂以原国名为姓，称霍姓。

【历史名人】

西汉大将霍去病。

虞万支柯

虞

【姓氏起源】

舜帝有一个称号叫有虞氏，所以舜帝又被称为虞舜。虞舜就是虞氏的始祖。大禹治水有功，于是舜帝将帝位禅让给大禹，大禹就把舜帝的儿子封在虞这个地方，并且建立了虞国，他的子孙就将虞作为自己的姓，称为虞姓。

【历史名人】

唐代书法家虞世南。

万

【姓氏起源】

春秋时期，芮国传至国君芮伯万，因为昏庸便被母亲芮姜赶出国去，住在魏。其子孙以祖父的字“万”为氏。

【历史名人】

隋代音乐家万宝常。

支

【姓氏起源】

支姓源出有四：一是尧舜时有个叫支父的人，他的后世子孙便以支为姓；二是出自周朝的后代姓支的氏族；三是出自姬姓，为后稷后代；四是古代西域部族月支人入中原定居，以支为氏。

【历史名人】

明朝文人支可大。

柯

【姓氏起源】

周文王祖父檀父生有三子，幼子为帝，长子、次子双双迁至南方荆蛮之地，建立了吴国。第五代吴王叫相，因与诸侯会盟柯山，故号柯相。他的后人便以柯为姓。

【历史名人】

明朝历史学家柯维骐。

昝管卢莫

昝

【姓氏起源】

昝（zǎn）姓在商代时由咎（jiù）姓变化来。上古时，咎是个多义字，后来被专用来指灾祸、灾殃。这样，人们认为姓咎不吉利，于是在咎字的下面中加一横，便成了昝姓。

【历史名人】

唐妇产科医学家昝殷，明学者昝如心。

管

【姓氏起源】

管姓有三个来源：出自姬姓，为周文王之后，以国名为氏；出自姬姓，为周穆王之后，以邑为氏；出自他族改姓，锡伯族瓜尔佳氏，汉姓为管。

【历史名人】

春秋时期齐国政治家管仲，三国时期学者管宁。

卢

【姓氏起源】

西周时，姜子牙因辅佐周武王有功而被封于齐地。姜太公的十一世裔孙名为高傒，担任齐国正卿，因为屡次建立功劳，被封于卢地。他的子孙从此以卢为姓。

【历史名人】

唐代诗人卢纶和卢照邻。

莫

【姓氏起源】

起源一，出自高阳氏，是颛顼之后。颛顼建鄚阳城，他的支庶子孙有定居鄚阳城的，去掉阝，留下莫，以地名为姓。起源二，出自芈姓，以官名为姓。春秋时，楚国有官职为莫敖，他的后世子孙就以官职命氏，称莫姓。

【历史名人】

宋代学者莫蒙，明代书画家莫胜。

经房裘缪

经

【姓氏起源】

东汉时期，光武帝刘氏族父的字为经孙，他的后人便以经孙作为自己的姓，后来随着历史的演变简化为经姓。

【历史名人】

明朝文士经承辅，清朝将领经文岱。

房

【姓氏起源】

尧的儿子开始被封于丹水，史称丹朱。舜继位以后，改封丹朱于房，为房邑侯。丹朱的儿子名为陵，以封地为姓，史称房陵，后代遂为房姓。

【历史名人】

初唐名相房玄龄。

裘

【姓氏起源】

起源一，裘氏出自姬姓。春秋时期卫国有个大夫被分封在裘邑，他的后人于是用裘作为自己的姓氏；起源二，裘氏来源于官职名。相传周朝有官名为裘官，负责制作皮质，他的后代便以官名作为姓氏。

【历史名人】

宋朝大臣裘万顷，清代戏曲家裘琏。

缪

【姓氏起源】

商朝末年，纣王残暴无道，在朝廷做官的缪姓、颜姓弃官隐居在山谷中，并改姓为廖。商朝灭亡后，廖姓的其中一部分人恢复了缪姓和颜姓，而另外一部分人则保留了廖姓。

【历史名人】

三国时期魏国文学家缪袭，明代医药学者缪希雍。

干解应宗

干

【姓氏起源】

干姓出自周武王之子邗叔之后，本作邗，后来经过简化改为干姓。

【历史名人】

东晋文人干宝。

解

【姓氏起源】

解姓出自姬姓，以采食之地邑名为姓。西周初期，周武王的儿子唐叔虞之子良受封于解邑，所以称为良解。他的子孙后代于是以良解的采食之地作为姓氏，成为解氏。

【历史名人】

明代大学士解缙。

应

【姓氏起源】

应氏源于官位，出自西周时期应乐史，属于以官职称谓为氏。应乐史，亦称应人、应师，是在王族宫廷乐队中专门负责演奏应鼓的，隶属于春官府司管辖。

【历史名人】

汉初隐士应曜，魏晋“建安七子”之一应玚。

宗

【姓氏起源】

宗氏是四岳大臣的后人。四岳，尧帝时期的官名，管理四时、山岳。周朝时，四岳的后裔中有人当上了“宗伯”，掌握邦国祭祀典礼，其世代承袭宗伯一职的子孙便以宗职命姓。

【历史名人】

宋代抗金将领宗泽。

丁宣贲邓

丁

【姓氏起源】

起源一，出自姜姓，姜太公的儿子伋谥号为齐丁公，他的子孙以其谥号为氏；起源二，出自殷商时期诸侯丁侯的后裔；起源三，周朝封商朝遗民微子启于宋国，宋丁公的子孙以其字号为氏；起源四，出自他姓所改或其他少数民族改姓、赐姓。

【历史名人】

汉代大儒丁恭，北宋文字训诂学家丁度。

宣

【姓氏起源】

姬静是西周厉王之子，周厉王逝世后，周公、召公扶持姬静继位。姬静逝世后，庙号为宣，史称周宣王，其支庶后裔子孙中有的以先祖庙号为姓氏，称宣氏。

【历史名人】

唐朝状元宣珍之。

贲

【姓氏起源】

贲（bì），在两周时期专指勇士，包括军旅勇士、家豢死士和职业刺客，是对那些不顾自身安危的勇士的尊称。贲的后裔子孙中有的以先祖称号为姓，称贲氏。

【历史名人】

汉代将军贲赫，西汉星象学家贲丽。

邓

【姓氏起源】

出自子姓。商王武丁封他的叔父于邓国曼城，人称曼侯，改姓曼氏，后来曼氏又改封邓国。春秋时期邓国被楚国灭掉，邓侯子孙为纪念故国，便纷纷改姓邓。

【历史名人】

西汉文帝宠臣邓通，清末海军名将邓世昌。

郁单杭洪

郁

【姓氏起源】

上古时期，有一位名为鬱（yù）华的贤者，大禹敬佩他学识渊博，便拜他为师。因为在古代“鬱”与“郁”相同，所以鬱华的后人姓鬱者都改为郁氏。

【历史名人】

清代女诗人郁贞明，清代画家郁文名。

单

【姓氏起源】

起源一，周成王封小儿子姬臻（zhēn）于单邑，称单伯，他的后裔以封邑“单（shàn）”为氏；起源二，南北朝时，北魏鲜卑族有复姓可单氏、阿单氏、渴单氏，入中原后一并改为单姓。

【历史名人】

唐代名将单雄信。

杭

【姓氏起源】

夏禹治水后，把九州内所有的船只全都交给庶子管理，在浙江建立封国名为余航。他的后世子孙将“航”的“舟”字边去掉，加上“木”字，从此便以“杭”为姓。

【历史名人】

东汉名士杭徐，明朝诗人杭淮。

洪

【姓氏起源】

一是出自炎帝之后，共工的后代；二是西周的共国（故城在今河南省辉县）之后所改；三是周时扬侯国因建都洪洞，又称洪洞国，子孙以国为氏；四是为宏（弘）氏因避讳而改。

【历史名人】

太平天国领导人洪秀全。

包诸左石

包

【姓氏起源】

包氏出自风姓，为上古传说中伏羲的后代。伏羲创制八卦，教民捕鱼、畜牧，以充庖厨，故又名庖牺或庖羲，后改为包姓。

【历史名人】

宋代名臣包拯。

诸

【姓氏起源】

西汉初期，有人名为无诸，是战国时期越王勾践的后代。秦朝末期，无诸帮助刘邦打败项羽，汉朝建立以后，无诸被刘邦封为闽越王，他的后代以其名字作为姓氏，形成诸姓。

【历史名人】

清代诗人诸祖潜。

左

【姓氏起源】

出自姜姓，为春秋时齐国公族之后。春秋时齐国公族有左、右公子之分，后来左公子的后代便以左字为姓，形成左氏。

【历史名人】

春秋时期鲁国史学家左丘明，西晋文学家左思。

石

【姓氏起源】

出自子姓，为石碏后裔。春秋时期，康叔的裔孙卫靖伯有个孙子叫公孙碏，字石，人称石碏，是卫国的贤臣。他的后裔以先祖的字为氏。

【历史名人】

战国时期天文学家石申，北宋将领石守信。

崔吉钮龚

崔

【姓氏起源】

姜子牙辅佐武王建立周朝后被封于齐国，他的儿子叫丁公佶，丁公佶的大儿子叫季子，本来应该继承君位，但却让位给弟弟，自己则常驻崔邑，他的后人便以崔为姓。

【历史名人】

唐代诗人崔颢。

吉

【姓氏起源】

出自姞姓。黄帝有个裔孙叫伯儵（shū），受封于南燕国，赐姓姞。后来他的子孙省去女字旁，演变成吉氏，世代相传姓吉。

【历史名人】

唐代才子吉中孚。

钮

【姓氏起源】

春秋战国时期，吴王夫差第八宫后妃的父亲是吴王的从卫骑都尉，因为功勋卓著被封为宣义公，吴王赐其姓“纽”。后来，经过不断演变，“纽”姓变成了“钮”姓。

【历史名人】

元代清官钮克让，明代藏书家钮纬。

龚

【姓氏起源】

黄帝之臣共工氏在黄帝时为水官，因治水有功，被奉为社神。其后有一支开始以单字“共”为整个家族的姓氏。其后裔又再加龙字改成“龚”氏。

【历史名人】

西汉画家龚宽。

程嵇邢滑

程

【姓氏起源】

重、黎是古史传说中“五帝”时期的人物。他们的后裔伯符在西周前期被封在程地，建立了程国。程国的居民以国名为氏，于是就产生了程氏。

【历史名人】

春秋时期忠义之士程婴，唐朝开国名将程知节。

嵇

【姓氏起源】

上古时期，会稽曾是大禹召集天下诸侯开会的地方，大禹死后也埋葬在会稽山。夏朝君主少康将王子季抒封于会稽，形成会稽氏，逐渐演化为稽姓。到汉朝初年，稽姓后裔迁到嵇山，便又改为嵇姓。

【历史名人】

魏晋时期“竹林七贤”之一嵇康。

邢

【姓氏起源】

出自制礼作乐的周公姬旦的后裔。周公第四子被封于邢，春秋时期邢国被卫国所灭，周公的这一支子孙纷纷以国为氏而有邢姓。

【历史名人】

北朝北齐文学家邢劭，明代医药学家邢增捷。

滑

【姓氏起源】

西周时有一个滑国，是周朝分封的姬姓小国，国君与周朝王室是同族。后来，滑国被晋国所灭。亡国后，滑国的子孙便以国名作为自己的姓氏，这样就有了滑姓。

【历史名人】

元朝末年医学家滑寿。

裴陆荣翁

裴

【姓氏起源】

伯益的后裔有个叫飞廉的，他的裔孙的封地名为非，古代写做上“非”下“邑”，称非氏。至六世孙时，他被周僖王封为解邑君，全族迁往解邑。于是他就去掉邑字，留下非字，再加上衣字，改为“裴”，称为裴氏。

【历史名人】

晋代地图学家裴秀，唐代名将裴行俭。

陆

【姓氏起源】

相传吴回在帝尧时任火神祝融，他的儿子名终。因为在陆乡一带，所以叫陆终。陆终的后世有的就以陆为姓，称陆氏。

【历史名人】

宋代诗人陆游。

荣

【姓氏起源】

黄帝时代，有个音乐家叫荣援，受黄帝任命，与伶伦共同铸造了 12 个铜钟，以和五音。荣援的后人为了纪念他，以荣为姓。

【历史名人】

汉代学者荣广。

翁

【姓氏起源】

源于姒姓。启为夏朝君王的时期，有个贵族叫翁难乙，他的后人以翁为姓氏，属于以先祖名字为氏。

【历史名人】

清朝太师翁同龢（hé）。

荀羊於惠

荀

【姓氏起源】

周文王的第十七个儿子被封于古郇国，建立姬姓郇国，为伯爵，史称郇伯，又称郇叔。春秋时郇国被晋国所灭，其后代子孙遂以国名“郇”为氏，后来改为荀姓。

【历史名人】

战国时期思想家荀况。

羊

【姓氏起源】

起源一，周代有官职为羊人，其子孙以官职为姓，遂为羊氏，属以官为氏；起源二，出自祁氏，为春秋时晋国大夫祁盈之后，因始封于羊舌故为羊舌氏，后去舌为羊氏。

【历史名人】

南朝宋著名书法家羊欣。

於

【姓氏起源】

黄帝时有个臣子发明了用麻编织的鞋子履，结束了古人光着脚的历史，因功大被封于於，称为於则。於则的子孙后代以封地为姓，称为於氏。

【历史名人】

南宋画家於清言。

惠

【姓氏起源】

远古时期，黄帝之孙叫颛顼，颛顼之孙叫吴回，吴回有个儿子叫陆终，陆终的第二子叫惠连。在惠连的后裔子孙中，有以祖上的名字为姓氏者，称惠氏。

【历史名人】

战国时期名家代表人物惠施，后魏高僧惠生。

甄麴家封

甄

【姓氏起源】

上古舜帝时期，东夷部落掌握了烧陶的先进技术，成了著名的陶器产地——甄城。舜的子孙有的留在甄城做甄官，掌管制陶业。后来甄官的后代便以这一官名为姓，称为甄姓。

【历史名人】

北周数学家甄鸾，隋唐时期医学家甄权。

麴

【姓氏起源】

麴（qū）姓是源于酿酒、制酱的发酵物——酒母，酒母又被称作酒曲、麯、麴。古代专职负责酿造的官员的后代便以麴为姓。

【历史名人】

东汉末年将领麴义，西晋末年官员麴允。

家

【姓氏起源】

周孝王的一个儿子的字是“家父”，他在朝中做官，人称周大夫。“家父”看到周幽王残暴无道，就作了一首诗讽谏他，希望周幽王改过自新。正是由于“家父”忠诚正直，其后世子孙以他为荣，就取家字为姓，世代相传。

【历史名人】

北宋文学家家定国，南宋学者家铉翁。

封

【姓氏起源】

炎帝裔孙名钜，曾为黄帝之师。夏朝时，封钜的后代于封父，建立封父国。周代，封父国灭亡，其国人分为两姓，一为封父姓，一为封姓，称为封氏，世代相传。

【历史名人】

三国时魏国道士封衡，后魏谋士封隆之。

芮羿储靳

芮

【姓氏起源】

周武王时，封有同姓芮（ruì）国，芮伯在周成王时任司徒，子孙世袭周朝卿士。芮国在春秋时被秦穆公所灭，芮伯的子孙便以封地为姓，称芮氏。

【历史名人】

唐代太学生芮挺章，清朝学者芮城。

羿

【姓氏起源】

羿氏出自夏代有穷国的后羿，他出生于射正官（其职责为执掌弓箭、训练射手）的家庭，所以他自小练得箭法如神。后来，后羿的子孙都以他的名为姓，称为羿氏，世代相传。

【历史名人】

明代名臣羿忠。

储

【姓氏起源】

春秋时期，齐国有大夫字储子，曾与孟子相交。储子的后代很昌盛，其支孙以祖字“储”为氏。

【历史名人】

宋代学者储用，清朝文人储欣。

靳

【姓氏起源】

战国时期，楚国有个大夫名尚，因为为人随和，深得楚怀王的宠爱。后来尚被分封到靳（jìn），采食于靳水，称为靳尚。靳尚死后，他的后代以封地作为姓氏，称作靳氏，世代相传。

【历史名人】

明朝文士靳贵，清代水利专家靳辅。

汲邴糜松

汲

【姓氏起源】

来源有二：出自姬姓，为黄帝之后，周文王姬昌的后裔，以地名为姓；出自姜姓，源于春秋，以封地为姓，为齐宣公的后代。

【历史名人】

汉代名臣汲黯（àn）。

邴

【姓氏起源】

邴（bǐng）是春秋时的一个城邑，晋国大夫邴豫的封地就在那里。他的后代遂用祖先的封地“邴”作为自己的姓氏。后来简化了姓氏，以“丙”为姓。

【历史名人】

战国时期著名建筑学家邴辅，西汉名士邴汉。

糜

【姓氏起源】

古糜子国擅长种植豆、黍之类的农作物，这在当时是很先进的生产活动。因为每年都有可靠的收成，所以种糜的族人富裕而昌盛，国人以其职业为姓氏，世代称糜氏。

【历史名人】

东汉末期商人糜竺，三国时期经学家糜信。

松

【姓氏起源】

秦始皇到泰山祭天，在下山途中遭遇倾盆大雨，幸得山上五棵枝叶繁茂的大松树为其挡雨，秦始皇当场赏封五棵松树为“五大夫松”。居于泰山的人便以“松”字为姓氏。

【历史名人】

明朝清官松冕，清代大臣松筠。

井段富巫

井

【姓氏起源】

始于春秋，是以封地名作为姓氏的。春秋时，虞国有个大夫被封到井邑，称为井伯。他的后代就用封邑名“井”作为自己的姓氏。

【历史名人】

清代官员井在、书画家井玉树。

段

【姓氏起源】

周宣王继位后把弟弟姬友分封到了郑地。姬友有两个孙子，一个是后来的郑庄公，另一个是与兄长争夺王位的弟弟共叔段。共叔段争王位失败，家人逃到国外，遇到赦免又回到郑国。共叔段的子孙始称“公孙段氏”，再后来又简化为段氏。

【历史名人】

唐代文学家段成式。

富

【姓氏起源】

春秋时期，大夫姬辰因是周天子的亲戚，故在朝中身居高位。他直言敢谏，不避贵胄，为人称道。姬辰的封地在富邑，所以世人称其为富辰。在富辰的后裔子孙中，多以先祖封邑名称为姓氏。

【历史名人】

五代画家富玖（jiǔ），元代诗人富恕。

巫

【姓氏起源】

夏朝和商朝时，巫又被分别称为巫祝和巫臣。商代时就有巫臣巫咸和他的儿子巫贤，是当时的占星家。巫人的后代中有以官职为姓氏的，称为巫氏，是今天巫姓的主要来源。

【历史名人】

上古时期著名医师与占卜师巫妨，明代将军巫凯。

乌焦巴弓

乌

【姓氏起源】

少昊作东夷部族首领时，以鸟名任命官职，有乌鸟一职。族人乌鸟氏，负责掌管高山丘陵，其后人便去鸟字姓乌，称乌氏。

【历史名人】

战国时秦国勇士乌获，元代学者乌本良。

焦

【姓氏起源】

西周初周武王立国之后封神农氏后代于焦，建立焦国。春秋时，焦国被晋国所灭，其后代以国为姓，遂为焦氏。

【历史名人】

汉代学者焦延寿，唐代名士焦遂。

巴

【姓氏起源】

起源一，以水为姓，伏羲氏一个名叫后照的后裔定居于巴水，他的子孙就以巴水为姓，称巴氏；起源二，以国为姓，出自姬姓；起源三，出自北方少数民族（主要指满族、蒙古族）改姓；起源四，出自巴克尔家族（唐宋时来中国的阿拉伯和波斯的穆斯林在中国定居的后裔）。

【历史名人】

东汉名士巴肃，清代书画家巴慰祖。

弓

【姓氏起源】

起源一，出自姬姓，以王父字为氏；起源二，以官职名称为姓，黄帝后裔；起源三，起源于春秋时期，出自公孙氏。

【历史名人】

明代名臣弓元。

牧隗山谷

牧

【姓氏起源】

源于春秋，以封地为姓。春秋时期，周武王的同母少弟、卫国大夫康叔被封于牧（今河南省淇县南部），他的子孙后代就以封地地名作为姓氏，称为牧氏。

【历史名人】

春秋时期鲁国有名的贤人牧仲。

隗

【姓氏起源】

汤灭夏桀后，建立商朝，封夏朝王族的后代到隗（kuí）邑作首领，并让他们建立了姒姓隗国。隗国一直延续到春秋时期，后来被楚所灭。其后世子孙以原国名为氏，称为隗姓。

【历史名人】

秦朝丞相隗林。

山

【姓氏起源】

起源一，出自姜姓，为烈山氏之后；起源二，源于以官为姓氏；起源三，出自以祖名为氏；起源四，出自他族改姓；起源五，出自回族中有山姓。

【历史名人】

晋代“竹林七贤”之一山涛。

谷

【姓氏起源】

出自嬴姓，与赵、秦同一个源流，是黄帝的后裔，舜在位时被赐姓为嬴。嬴氏的后代中有一个叫非子的人被周王封于秦谷，后来成为秦国和谷国（今湖北谷城），秦为公爵，谷是伯爵。春秋时谷国的后代开始以谷为氏。

【历史名人】

唐代文学家谷倚，清代史学家谷应泰。

车侯宓蓬

车

【姓氏起源】

相传，黄帝时有位大臣名叫车区，是个有名的占星家，车区的后代便以车为氏。

【历史名人】

宋代学者车若水，明代大臣车宁。

侯

【姓氏起源】

仓颉，姓侯冈氏，名为颉，黄帝时期的史官，汉字的创始者。他的后代继承了先祖的姓氏，其中一支后人将复姓侯冈改为单姓侯。

【历史名人】

唐初名将侯君集，清代著名女文学家侯芝。

宓

【姓氏起源】

宓（mì）姓出自上古的伏羲氏，在古代，“宓”与“伏”相通用，伏姓也叫宓姓。后世，宓才有了现在这个读音。

【历史名人】

孔子门下七十二贤之一宓不齐。

蓬

【姓氏起源】

起源一：源于姬姓，出自周天子封赐给支子的地名，属于以封邑名称为氏；起源二：源于植物名称，出自汉朝时期传说人物蓬球，属于以居邑特征为氏。

【历史名人】

后汉崂山隐士蓬萌。

全郗班仰

全

【姓氏起源】

全姓出自泉姓，西周时有泉府之官，掌管货币交流和集市贸易。古称钱币为泉，泉府官的后人以官职为姓，遂为泉姓。后来因为同音而通全，故有的改泉为全，称全氏。

【历史名人】

南朝时医学家全元起，明代学者全整。

郗

【姓氏起源】

郗（xī）氏出自姬姓，是黄帝的后裔，以邑名为氏。黄帝有个儿子叫玄嚣，玄嚣的后代有个叫苏忿生的，他在周武王时期官任司寇，负责诉讼事宜。苏忿生的旁系庶子被分封于郗邑，其后人遂以封邑命姓，称为郗姓。

【历史名人】

晋代名士郗鉴。

班

【姓氏起源】

一是源于芈姓，出自春秋时期楚国若敖的后代斗班，属于以传说为氏；二是源于子姓，出自春秋时期宋国大夫彨班，属于以先祖名字为氏；三是源于芈姓，出自春秋时期楚国令尹阙班，属于以先祖名字为氏；四是源于姬姓，出自春秋时期鲁国的公输班，属于以先祖名字为氏；五是源于回族，出自明朝时期古里国回回舍班，属于以先祖名字为氏。

【历史名人】

西汉历史学家班固，我国第一位女历史学家班昭。

仰

【姓氏起源】

起源一，出自上古虞舜为帝时的大臣仰延之后。仰延精通音乐，将当时的瑟改造为二十五弦，后人为了纪念他便以其字为姓。起源二，出自嬴姓，为秦惠帝之子公子印之后。印，古为仰字的右半部，其支庶子孙以祖字为姓，加一人字旁，遂成仰姓。

【历史名人】

宋代孝子仰忻、廉吏仰仁谦。

秋仲伊宫

秋

【姓氏起源】

少昊后裔在春秋时期，有个名叫仲孙湫的在鲁国为大夫，他的子孙有个名叫胡的世称湫胡，在陈国当卿士，湫胡的支系庶子以祖父的字去掉水字旁作为自己的姓氏，称为秋氏。

【历史名人】

春秋时陈国官员秋胡，清末女革命家秋瑾。

仲

【姓氏起源】

出自上古高辛氏。高辛氏是黄帝的曾孙，有“八才子”，又叫做“八元”。其中，仲堪、仲熊两兄弟的后代子孙以祖上的名字中的“仲”字为姓，遂成仲氏。

【历史名人】

东汉哲学家仲长统，北宋画家仲仁。

伊

【姓氏起源】

伊氏起源有三,一是尧帝后人，唐尧出生后寄养于伊侯长孺家，他的后代便以伊为姓；二是伊尹后人，商朝大臣伊尹因曾居伊川，其后世子孙便以地名“伊”为姓；三是鲜卑族人，由后魏鲜卑族可汗拓跋邻的六弟姓伊娄氏分化而来。

【历史名人】

清代书法家伊秉绶。

宫

【姓氏起源】

周武王建立周朝，封一位姬姓的侄子仲为虞君，人称虞仲，接着又封虞仲之子为郜（tóng）国国君。春秋时期，郜国为晋国所灭，国内王室以“郜”为姓，后又简化为宫。

【历史名人】

清代官员宫梦仁。

宁仇栾暴

宁

【姓氏起源】

春秋时期，秦国国君秦襄公的一位曾孙去世，他的谥号是“宁”。于是，秦襄公这位曾孙的后代就以祖先谥号为姓，世代相传姓宁。

【历史名人】

春秋时期齐国名相宁戚，唐代史学家宁原悌。

仇

【姓氏起源】

起源一，出自殷末三公之一的九吾氏；起源二，出自仇牧姓氏。仇姓为春秋时宋国大夫仇牧之后。仇牧为在蒙泽被杀的宋缗公报仇而讨伐宋万，仇牧的后代便以他的名字仇为姓，称仇氏。

【历史名人】

明朝画家仇英。

栾

【姓氏起源】

西周的时候，周武王的儿子唐叔虞被封在晋，建立晋国，他有一个名叫宾的后代，被封于栾邑，世称栾宾。栾宾的后代便以先祖的封号为姓氏，称栾（luán）氏。

【历史名人】

后魏时期著名宿儒栾文博。

暴

【姓氏起源】

暴姓出自姬姓，以国名为氏。殷朝天子的名下有许多割据一方的诸侯，其中有一位叫暴辛公的，他的子孙就以暴为姓。

【历史名人】

南北朝时期北齐大将军暴显。

甘钭历戎

甘

【姓氏起源】

商朝时，王子武丁曾经向甘盘求学，后来武丁即位为商王后，立刻起用甘盘为丞相。甘盘的后代子孙为了纪念先祖，以祖上的名字为姓，形成甘姓。

【历史名人】

战国时期天文学家甘德。

钭

【姓氏起源】

战国时期，田氏取代姜氏成为齐王，原来齐国国君康公被放逐到海上，生活十分艰苦，居洞穴、食野菜，把青铜酒器——钭当作饭锅，用来烹煮食物。因此，其后代以钭（tǒu）为姓。

【历史名人】

北宋初期名臣钭滔。

厉

【姓氏起源】

出自姜姓，源于西周，以谥号为氏。周宣王姬静执政时，齐国君主姜无忌去世，谥号为“厉”，史称齐厉公。齐厉公的直庶子孙以谥号为姓。

【历史名人】

唐代诗人厉玄，宋代地理学家厉伯韶。

戎

【姓氏起源】

戎姓源出有四：一是出自姜姓，以封国国名为氏；二是以官职为氏；三是出自宋微子之后，其子孙以戎为姓；四是出自少数民族，殷、商、春秋时都有戎族。

【历史名人】

辅助汉高祖刘邦开创天下的功臣戎赐。

祖武符刘

祖

【姓氏起源】

起源一，出自子姓。为商代王族后裔，属于以先祖名字为氏；起源二，源于蒙古族，属于汉化改姓为氏；起源三，源于满族，属于汉化改姓为氏；起源四，源于其他少数民族，属于汉化改姓为氏。

【历史名人】

东晋初期北伐将领祖逖，南北朝时期科学家祖冲之。

武

【姓氏起源】

东周的第一任君王周平王的小儿子刚一出生手掌上就有“武”字形的掌纹，因此被平王赐姓为武氏。长大后担任周朝大夫，后来他的子孙便以武为氏。

【历史名人】

唐朝女皇武则天。

符

【姓氏起源】

符是古代朝中传达命令、调遣兵将所用的凭证，多用金、玉、铜、竹或木制成，从中间剖成两半，君王的使者和被调遣者各持一半，传令时相合，以检验真假。战国时期，鲁倾公有个孙子叫公雅，后来在秦国担任保管符玺的官员，他的后人便以符为姓。

【历史名人】

汉代方士符乾仁。

刘

【姓氏起源】

源于姬姓，属于以封邑名称为氏。周定王姬瑜八年前后，周定王将刘邑封给他的弟弟姬季子做领地。其后裔以邑为氏，世代相传，形成刘氏。

【历史名人】

魏晋时期数学家刘徽，唐代诗人刘禹锡。

景詹束龙

景

【姓氏起源】

在周朝，谥号是一种地位与荣誉的象征，因此亡故贵族的谥号也会成为他们后代的姓氏。春秋时期，齐君杵臼的谥号为“景”，其子孙便以“景”为姓。

【历史名人】

东汉经学家景鸾。

詹

【姓氏起源】

出自姬姓，为周文王之后。周宣王封庶子于詹，建立詹国，为侯爵，史称詹文侯，詹文侯子孙以国或封地命氏，称为“詹氏”。

【历史名人】

元末明初文学家詹凤翔。

束

【姓氏起源】

战国时期，齐国田氏一族中，有姓疏的改姓为疎（shū）。西汉末年，疎氏孟达为避王莽之乱迁居沙鹿山（今河北省大名县境内），并去掉姓氏的左半部分，改疎氏为束氏。

【历史名人】

西晋文学家束皙，元代诗人束从周。

龙

【姓氏起源】

出自舜时纳言龙之后。舜帝时期，纳言是当时一种专门负责向下下达皇帝命令、向上传达大臣意见的官职。纳言龙氏是舜的大臣，他的子孙以先祖名为氏。

【历史名人】

清代著名戏曲家龙燮（xiè）。

叶幸司韶

叶

【姓氏起源】

楚庄王的曾孙尹戌为人正直，疾恶如仇，深得楚国人民的敬重。后来，他在与吴国交战时英勇战死，楚昭王便封他的儿子于叶邑，这一支族人从此姓“叶”。

【历史名人】

汉代大夫叶望，南宋时期著名思想家叶适。

幸

【姓氏起源】

周武王之弟姬偃因为镇守朔北雁门有功，被周成王赐予“幸”姓，并世代相传。

【历史名人】

晋代术士幸灵，南宋学者幸思顺。

司

【姓氏起源】

起源一，神农为上古部落首领时，有一位专事占卜的大臣名司怪，其后代子孙以司为姓；起源二，春秋时期，郑国有大夫名司成，其子孙以祖字为姓；起源三，春秋时期，晋国大夫叔虎的手下有卿士司臣，其后世子孙把“司”作为自己的姓氏。

【历史名人】

元代学者司良辅，清代名士司昌龄。

韶

【姓氏起源】

出自有虞氏，以乐曲名为氏。舜的乐官作了一首名叫《韶》的曲子，优美动听，乐官的后代子孙便以祖上所作曲名为姓。

【历史名人】

明朝官员韶护。

郜黎蓟薄

郜

【姓氏起源】

周文王的第十一个儿子受封于郜（gào），称郜侯，建立郜国。春秋时郜国被宋国所灭，郜君的后世子孙就以原来的国名为姓，称郜氏。郜氏又写作“告”。

【历史名人】

明代大臣郜光先。

黎

【姓氏起源】

商时有诸侯国名为黎国，一个在今山西长治县西南，商末被周文王所灭；另一个在今山东郓城县西。这两个黎国的子孙后来以国为氏，姓黎。这两个黎国均为古部落“九黎之后”。

【历史名人】

宋代义士黎宿，明朝大臣黎淳。

蓟

【姓氏起源】

周武王灭了商后建立周朝，因而分封各路诸侯。武王景仰上古时候的氏族首领黄帝，把黄帝的后代分封在蓟（jì）（今北京市西南一带）这个地方做诸侯，建立了蓟国。蓟国王族的后代就以封地名作为姓氏，世代相传，称为蓟氏。

【历史名人】

汉代建安年间名士蓟子训。

薄

【姓氏起源】

出自姜姓，以国名为氏。薄姓是姜姓的后代，上古时有薄国，相传是炎帝后裔的封国，薄国的后代子孙以国名为姓，称薄姓。

【历史名人】

南朝宋书法家薄绍之，明代兵器制作专家薄珏。

印宿白怀

印

【姓氏起源】

周代，郑穆公有儿子名睔，字子印，他的子孙在郑国为卿大夫，以祖字为姓，为印氏。

【历史名人】

宋代抗元名将印应雷。

宿

【姓氏起源】

周武王灭商建立周朝后，追封前代圣王的后人，其中远古伏羲氏的后人被封于宿，并建立宿国。其公族后代遂以国名为姓，称宿姓。

【历史名人】

孔子门下七十二贤之一宿伯。

白

【姓氏起源】

起源有四：一是出自芈姓，颛顼帝的裔孙白公胜之后，以封邑名为氏；二是出自部落，我国北部姜姓部落首领炎帝时一名叫白阜的大臣之后；三是出自以地名为氏，唐置白州（今广西壮族自治区博白县一带），国人以地为氏，称为白姓；四是出自他族改姓。

【历史名人】

战国时期秦国将军白起，唐代诗人白居易。

怀

【姓氏起源】

起源一，出自子姓，以邑名为氏；起源二，出自姬姓，是周文王姬昌的后代，以邑名为氏；起源三，出自芈姓，战国时楚怀王的后人有怀氏。

【历史名人】

清代文人怀应聘。

蒲部从鄂

蒲

【姓氏起源】

蒲姓起源众多，有以下几种情况：来源于封邑名，出自夏王朝时期舜帝裔孙的封地；源于妫姓，出自舜帝之师蒲衣；源于高阳氏，出自帝少昊后代的封地；源于嬴姓，出自东晋时期氐羌西戎酋长苻洪；源于蒙古族、女真族、满族，属于汉化改姓为氏；出自中东人后裔。

【历史名人】

清代小说家蒲松龄。

邰

【姓氏起源】

源于姜姓，是周部族始祖弃的后代。弃的母亲姜嫄姓有邰（tái）氏，后帝尧封弃为邰的国君。弃的后代就用国名邰作为自己的姓氏。

【历史名人】

明代著名孝子邰茂质。

从

【姓氏起源】

从氏出自姬姓，是姬姓始祖后稷的后代，因为从氏的祖先叫姬从和，他的子孙便以先祖的名字为氏。

【历史名人】

北宋大学士从嵩。

鄂

【姓氏起源】

周夷王时，楚君熊渠自称楚王，并封三个儿子为王，其中二儿子熊挚红被封于鄂国，称鄂王。他的后代子孙遂以鄂为姓，称鄂姓。

【历史名人】

汉朝开国功臣鄂千秋。

索咸籍赖

索

【姓氏起源】

商朝的大贵族有七支，商末周初，周武王把商朝七姓贵族中的六族迁徙到鲁国，让弟弟周公进行监督。这六姓贵族里就有索姓。

【历史名人】

西晋书法家索靖。

咸

【姓氏起源】

出自黄帝曾孙高辛氏帝喾。帝喾为部落首领时，部落有臣子咸丘黑，因为佐助帝喾而传之史志，被咸姓后代尊为咸姓始祖。

【历史名人】

唐代学者咸冀。

籍

【姓氏起源】

出自姬姓，以官职为氏。春秋时期，晋襄公的孙子伯厣（yǎn）学问很好，专门负责管理晋国典籍的事情，他的后代中有的用籍作为姓氏。

【历史名人】

春秋时期晋国大夫籍淡，西汉大臣籍孺。

赖

【姓氏起源】

炎帝后裔有四支，其中一支是烈山氏。古时“烈”与“厉”字相通，发音为赖。所以烈山氏又可写作厉山氏、赖山氏。烈山氏一支在商代时期建立赖国，国人以赖为姓。

【历史名人】

明代书画家赖镜、大臣赖先。

卓蔺屠蒙

卓

【姓氏起源】

出自芈姓。楚威王熊商的次子为公子卓，他的子孙以祖之名为姓，叫卓滑，担任楚国大夫，是为卓姓之起源。

【历史名人】

西汉才女卓文君，明代文学理论家卓人月。

蔺

【姓氏起源】

春秋时，晋献公的少子成师被封于韩，他的后代子孙以韩为姓。传到韩厥时，他的玄孙叫韩康，在赵国为官，得到蔺作为封邑，他的后代子孙遂以封邑名为姓，称蔺（lìn）姓。

【历史名人】

战国时期赵国名相蔺相如。

屠

【姓氏起源】

出自子姓，是商朝王族的后裔。商朝建立之后，分封同姓诸侯，其中一支封于弦国。弦国灭亡后，其族人遂以国名命姓，为弦姓，后来又去邑为屠，称屠氏。

【历史名人】

明朝文学家屠隆。

蒙

【姓氏起源】

周朝时期，有官职名为东蒙主，职责是管理、主持祭祀蒙山。这位官吏的后代也世世代代居住在蒙山，并且以山名为姓，形成蒙姓。

【历史名人】

秦朝将领蒙恬。

池乔阴郁

池

【姓氏起源】

出自嬴姓。战国时，秦国有个王族名叫公子池，他是秦国的大司马，家族甚是繁盛，他的后代就以他的名字为姓，遂成池姓。

【历史名人】

明朝清官池裕得，清朝官吏池生春。

乔

【姓氏起源】

黄帝死后葬于桥山，留在桥山守陵的子孙中有的就以山为姓，称为桥氏。南北朝时，桥勤随北魏孝武帝投奔西魏的宇文泰，宇文泰叫桥勤改姓乔。桥勤不敢不从，从此改桥为乔。

【历史名人】

元代散曲家乔吉。

阴

【姓氏起源】

春秋初年，齐国丞相管仲的七世孙名修，为齐卿田氏所排挤，自齐国逃到了楚国，被封为阴邑大夫，故又被称为阴大夫、阴修。他的后世子孙便以封邑为姓，称阴氏。

【历史名人】

南朝陈文学家阴铿，明朝大学问家阴秉衡。

郁

【姓氏起源】

上古时候，有一位叫郁华的人，学识渊博，很有才能，大禹便拜他为师，向他学习，这位郁华就是郁氏的先祖。其后裔子孙以其名字为姓氏，称郁氏。

【历史名人】

宋代名医郁继善，明代画家郁勋。

胥能苍双

胥

【姓氏起源】

出自炎帝部落。炎帝是著名的氏族首领，他的部落中有一支族人叫赫胥氏或是华胥氏，其后代以“胥”作为姓氏，世代相传。

【历史名人】

金朝重臣胥鼎，明朝文官胥必彰。

能

【姓氏起源】

周成王把大臣熊绎封到楚地，建立楚国。熊绎的儿子熊挚由于身有残疾，不能立为王，于是就把他封在夔，为附庸国，称为夔子。春秋时期，楚国以夔国不祭祀祖先为理由，灭掉了夔国。这一国的人本来姓熊，为了避免被株连，于是去掉四点，改为能姓。

【历史名人】

宋代神医国手能自宣。

苍

【姓氏起源】

仓颉，为黄帝时期的史官，复姓侯刚，名仓颉，一名苍颉，是汉字的发明和创始人。仓颉的后裔子孙以先祖名字为姓氏，称仓颉氏、苍颉氏，后省文简化为单姓仓氏、苍氏。

【历史名人】

汉代江夏太守苍英。

双

【姓氏起源】

远古夏朝时期，颛顼帝的裔孙受封于双蒙城，其后代有的以双为姓，形成双姓；有的以蒙为姓，形成蒙姓。

【历史名人】

唐代名吏双子符，南宋廉吏双渐。

闻莘党翟

闻

【姓氏起源】

起源一，出自复姓闻人氏，是春秋时期少正卯的后代；起源二，出自文姓，文天祥的后人为了避难，改“文”姓为“闻”姓。

【历史名人】

清藏书家闻珽。

莘

【姓氏起源】

夏朝初期，夏王启封高辛氏的儿子挚于莘（shēn），建立了莘国，它的望地在今天的陕西省合阳县东南，后来莘国灭亡以后，他的后代就以国名作为自己的姓氏，称作莘氏。

【历史名人】

宋代官吏莘融，清代书画家莘开。

党

【姓氏起源】

出自姬姓，是以地名命名的姓。春秋时期，晋国公族大夫封邑于上党（今山西省境内），于是他的子孙后代就以党作为自己的姓氏。

【历史名人】

北宋军事将领党进，金代文学家党怀英。

翟

【姓氏起源】

翟（zhái）氏出自祁姓，是黄帝轩辕氏的后代。古时候，轩辕氏的后裔远走他乡，来到北方，并建立了翟国。传到古代春秋时，翟国灭于晋国，翟国人都以原国名为姓，逃奔、迁居各地。

【历史名人】

隋末农民起义军瓦岗军首领翟让。

谭贡劳逄

谭

【姓氏起源】

鲧是尧帝时的水官，他的妻子梦到吃薏苡（yì yǐ），醒来后有了身孕，生下了禹。舜帝赐禹姒（sì）姓。周初，姒姓的一支被封于谭地，在春秋初期，谭国国灭。谭国故国的子孙就以国为氏，称谭氏。

【历史名人】

清代思想家谭嗣同。

贡

【姓氏起源】

子贡本名端木赐，字子贡，是孔子的弟子。他曾经担任过鲁国的宰相，善于辞令，精明能干。子贡九世孙端木武为避焚书坑儒之祸，改姓贡，世代相传。

【历史名人】

西汉博士贡禹，元代文学家贡师泰。

劳

【姓氏起源】

劳氏起源于汉代，是一个以山为氏的姓。崂山在古代的时候称为劳山，居住在崂山的人一直自为体系，很少与外界的人交往。直到西汉，汉王赐他们劳姓，世代相传。

【历史名人】

唐代贤士劳夷，宋代良臣劳因。

逄

【姓氏起源】

出自姜姓，上古炎帝的后裔，以国名为氏。炎帝有个儿子名叫陵，商初受封于逄（páng），建立了逄国，也称为逄伯陵。到了西周武王的时候，逄国灭亡，改其地为齐，改封给姜太公，逄国的后人以原来的国名作为姓氏，成为逄氏。

【历史名人】

东汉时期大司马逄安。

姬申扶堵

姬

【姓氏起源】

黄帝一族生活在姬水流域，按照传统取地名为姓，这就是姬氏的由来。到了唐玄宗时期，因为“姬”与“基”同音，为避皇帝李隆基名讳，姬氏部分族人改为周姓。

【历史名人】

南北朝后魏将军姬澹，明朝数学家姬敏。

申

【姓氏起源】

出自姜氏，以国名为氏。商末时，原姜姓封国在今河北省卢龙一带的孤竹国君之子伯夷、叔齐，在周灭商后“不食周粟”，饿死首阳山（今山西省永济境），后人居住在大河一带。周宣王时，其族一部分被封于谢（今河南省南阳），建立申国，春秋初为楚国所灭，后人以国名为氏，是为申氏。

【历史名人】

战国时思想家申不害，明代清官申泰。

扶

【姓氏起源】

起源一，源于姒姓，出自上古时候大禹之臣扶登，属于以先祖名字为氏；起源二，源于改姓，出自汉朝巫嘉的后代，属于以帝王赐名为氏。

【历史名人】

汉代学者扶卿、扶少明。

堵

【姓氏起源】

春秋时期郑国有大夫洩寇，是执政大臣之一，与叔詹、师叔一起被称为“三良”。因他被封于堵邑，所以他的后代子孙就以封邑名“堵”为姓。

【历史名人】

元代诗人、画家堵简，清代女书画家堵霞。

冉宰郦雍

冉

【姓氏起源】

起源一，出自姬姓。周文王第十子季载，封于冉，春秋时灭于郑，子孙以国为氏。起源二，相传高辛氏即帝喾的后裔中有冉姓。

【历史名人】

明代官吏冉实。

宰

【姓氏起源】

春秋时期，周公的后裔中有个名为“孔”的人在朝堂担任太宰，故被称为宰孔、宰周公。他的后代以祖上的官职作为姓氏，称宰氏。

【历史名人】

孔门七十二贤之一宰予。

郦

【姓氏起源】

夏朝建立后，夏王封黄帝后人涓于郦邑，建立郦国。春秋中期，郦国被晋国攻灭，族人又被周天子封于陈留，遂以原国名命姓，称为郦姓。

【历史名人】

南北朝时期北魏地理学家郦道元。

雍

【姓氏起源】

起源一，出自姬姓，以国名为氏；起源二，出自姞姓，以邑名为氏；起源三，出自满族、藏族等少数民族。

【历史名人】

宋朝画家雍献，唐代“山水诗人”雍陶。

郤璩桑桂

郤

【姓氏起源】

春秋时期，晋献公征伐翟人，姬姓的王室子弟叔虎奋勇当先，带领晋军攻破翟人营垒，打败了翟人。得胜后晋献公把郤（xì）邑封给他，叔虎的后代遂以封地为姓，称郤氏。

【历史名人】

三国时期蜀汉太守郤正。

璩

【姓氏起源】

古代“璩”（qú）和“鐻”（jù）通，指一种金、银制成的耳环，此物创始人的后代子孙遂以“璩”为姓，称璩姓。

【历史名人】

明代学者璩伯昆。

桑

【姓氏起源】

起源一，出自穷桑氏，是少昊的后代；起源二，出自嬴姓，以祖字为氏。

【历史名人】

西汉名臣桑弘羊，三国时期曹魏音乐家桑馥。

桂

【姓氏起源】

出自姬姓，是周王胄的后裔。东周灭亡后，原王族周王的后裔姬季桢曾经任过秦国的博士。秦始皇焚书坑儒的时候，姬季桢被杀害了。姬季桢的弟弟姬季眭（guì）为了逃避株连的命运，将兄长姬季桢长子改姓为桂，其余三子改姓为昋、炅、炔，都读“guì”。

【历史名人】

清朝文字训诂学家桂馥。

濮牛寿通

濮

【姓氏起源】

起源一，出自有虞姓，是舜的后代，以地名为氏；起源二，出自高阳氏，是颛顼的后代；起源三，出自姬姓，是卫国康叔的后代，以邑名为氏；起源四，出自熊姓，以国名为姓。

【历史名人】

明末清初金陵派竹刻艺术创始人濮（pú）澄。

牛

【姓氏起源】

商纣王的兄长微子启看到纣王无道，便离开朝廷隐居在外。周武王敬重微子启的品行，便把他封于宋地。微子启的一个叫做牛父的孙儿，为了保卫宋国而死，牛父的子嗣便以先祖的字为氏，称牛氏。

【历史名人】

唐代宰相牛僧孺，明末李自成义军的军师牛金星。

寿

【姓氏起源】

周武王灭商以后，封周太王子仲雍的曾孙周章于吴，建立吴国，为周朝附庸。传至周章十四世孙寿梦时国势强大，称吴王，与楚国抗争，故春秋时吴国自寿梦开始。寿梦的支庶子孙，有的以祖先名字为姓，形成寿姓。

【历史名人】

汉代方士寿光侯，元代高僧寿宁。

通

【姓氏起源】

起源一，出自御姓，因避帝讳改姓；起源二，出自巴县，春秋时期，巴国有大夫受封于通川（今四川达川），他的后裔就以封地名为氏。

【历史名人】

元朝时期高僧通辨。

边扈燕冀

边

【姓氏起源】

起源一，商代有诸侯国边国，为伯爵，称边伯，其后以边为氏；起源二，周朝时，宋平公之子御戎，字子边，其后世子孙便以边为姓；起源三，出自满族老姓汉化，这些满族老姓包括：边佳氏、博尔济氏、沙拉氏、额尔吉氏等。

【历史名人】

唐朝画家边鸾，明代文学家边贡。

扈

【姓氏起源】

大禹死后，其子启继承了王位并建立了夏朝。这种破坏禅让制度的做法引起了一些诸侯国的不满，其中包括诸侯国有扈氏。有扈氏也是大禹的后人，受封于扈（今陕西省扈县一带），建立扈国。后来夏启灭掉了扈国，有扈氏族人的后代便以原国名为姓氏，称有扈氏，后简化为单姓扈氏、有氏。

【历史名人】

宋代抗金名将扈再兴。

燕

【姓氏起源】

周武王灭商后，封召公奭（shì）于燕，建立燕国。召公派大儿子去管理燕国的国政，自己留在国都镐京辅政。后燕国被秦国所灭，燕国公族子孙遂以原国名为姓，称燕姓。

【历史名人】

孔子门下七十二贤之一燕伋，北宋画家燕文贵。

冀

【姓氏起源】

唐尧的后代在西周时有被封在冀国的，后来，冀国被虞国所灭，冀国的公族后代遂以原国名命姓，称冀姓。

【历史名人】

北周骠骑大将军冀俊。

郏浦尚农

郏

【姓氏起源】

周成王姬诵一开始在郏鄏（jiá rù）这个地方建都城，后来他的子孙中有迁往这个地方居住的，于是改为郏姓。原来住在这个地方的人也有改姓为郏的。

【历史名人】

北宋著名水利学家郏亶。

浦

【姓氏起源】

相传，舜帝的裔孙被封在蒲坂，因当地盛产蒲草而得名。在其后裔子孙中，有以封邑名称为姓氏者，称蒲氏，其后人中有因避难而去“艹”部首改称浦（pǔ）氏，世代相传至今。

【历史名人】

三国时期魏国学者浦仁裕，明代画家浦源。

尚

【姓氏起源】

出自姜姓。是姜尚的后裔，以祖名为氏。姜尚辅佐周武王推翻了商王朝，被封于齐。姜尚在周朝为太师，故又称太师尚父，简称为师尚父或尚父。他的后代子孙便以他名字为姓，称为尚姓。

【历史名人】

汉代名士尚长，元代大臣尚野。

农

【姓氏起源】

西周初年，周武王封神农氏后人入朝为农正官，掌管农业生产和祈祷丰年等事务。任此官职的人，其后代有的以官名中的“农”字为姓，称农氏。

【历史名人】

明代名儒农益、农志科。

温别庄晏

温

【姓氏起源】

少康在消灭了有穷王寒浞后才恢复了夏王朝政权。在这一过程中，有一个叫“平”（己姓昆吾氏）的人因功劳很大被少康帝封到了一个富庶之地，为夏的附属国。该国因境内有温泉而称温国。温国立国者己平就以国为氏，称温平，是为温氏的始祖。

【历史名人】

唐代诗人温庭筠。

别

【姓氏起源】

古代封建宗法制度中次子的子孙称为小宗，小宗里的次子称之为别子。古时别子不得以祖上姓氏为姓，而另为一族，以祖父字、官、封邑、爵、谥号为姓，其中有的以自己在宗法制度中嫡庶方面的地位为姓，遂有别姓。

【历史名人】

唐代武将别惨，宋代兵部尚书别之杰。

庄

【姓氏起源】

楚国君王芈旅去世后，谥号为“庄”，即历史上的楚庄王。楚庄王的支庶子孙以祖上谥号为姓，成为庄氏。

【历史名人】

清代著名女琴师庄臻（zhēn）凤。

晏

【姓氏起源】

传说中的古帝颛顼的第五个儿子叫做晏安，他的后代便以晏作为姓氏，并且在春秋时期与高、国、鲍一起成为齐国的四大望族，世代在齐国做官。

【历史名人】

北宋著名父子词人晏殊和晏几道。

柴瞿阎充

柴

【姓氏起源】

柴氏，是齐文公的后裔。他的后代中名为傒的，取祖父名字“子高”中的“高”为氏。高傒的十世孙高柴，是孔子的弟子。高柴的孙子名为举，又以祖父的字为姓，称柴氏。

【历史名人】

唐朝开国元勋柴绍，后周世宗皇帝柴荣。

瞿

【姓氏起源】

春秋时期，孔子的弟子商瞿（qú），字子木，跟随孔子学习《易经》。商瞿是鲁国人，因生于四川双流县，居于瞿上，故名商瞿，其旧居称为商瞿里，后来在这里居住的人，分别以地名取商姓和瞿姓。

【历史名人】

明代理学家瞿九思。

阎

【姓氏起源】

出自姬姓，为黄帝裔孙后稷之后，以封地名为氏。后稷的后代古公亶父又称周太王，他有三子：太伯、仲雍和季历。周武王时封太伯的曾孙仲奕于阎乡，仲奕的后代遂以封地阎作为姓氏。

【历史名人】

唐代画家阎立本。

充

【姓氏起源】

起源有二：一是出自一种叫充人（周朝时的一种官名，专门负责饲养祭祀专用的牲畜）的官名，其后以官名为氏。二是出自姜姓，以祖名为氏。春秋时齐国公族有大夫充闾，他的后代以祖上名字为姓，形成充姓。

【历史名人】

战国时期教育家充虞，秦朝占卜师充尚。

慕连茹习

慕

【姓氏起源】

远古时，黄帝的后代中有个叫“封”的，他到东北部建立了鲜卑国，取姓慕容，意在远离中原之地发扬光大传统文化，“慕二仪（天、地）之德，继三光（日、月、星）之容”。后来慕容姓的后人，有的地区又简化为慕姓。

【历史名人】

唐渤海国大将军慕施蒙、慕昌桂。

连

【姓氏起源】

起源一，出自高辛氏，远古颛顼之后，以祖字为氏；起源二，出自芈姓，以官名为氏；起源三，出自姜姓，以祖名为氏。

【历史名人】

唐代文士连总，宋代诗人连久道。

茹

【姓氏起源】

北魏时郁久闾氏建立柔然国，称受罗部真可汗。柔然国也称作蠕蠕、茹茹，源出东胡，为游牧部落，常居于阴山一带。西魏时，柔然部族为突厥所破，遂并入突厥，其部族后人多以族名茹茹为姓。一部分入中原后，以茹为氏，称茹氏。

【历史名人】

明朝大画家茹洪。

习

【姓氏起源】

源于姬姓，以国名为姓。中国古代春秋时期有诸侯国习国，国灭后其公族有的以原国名命姓，遂为习姓。

【历史名人】

东晋史学家习凿齿。

宦艾鱼容

宦

【姓氏起源】

战国时期有一奇人鬼谷子，门下弟子有苏秦、张仪、庞涓、孙膑、陈梅林等。陈梅林是舜的后裔，学有所成后却难登仕途。临终前嘱咐其子，一定要做官，完成父亲的遗愿，并改为宦氏，以慰此念。

【历史名人】

明朝文人宦绩。

艾

【姓氏起源】

出自春秋艾孔之后，以封地名为氏。春秋时期齐国有位大夫名孔，住在艾陵，人们就叫他艾孔，其后代便以居住地名称的第一字“艾”作为自己的姓氏。

【历史名人】

宋朝画家艾宣，明朝学者艾南英。

鱼

【姓氏起源】

出自子姓，是商汤的后裔，以祖字为氏。春秋时，宋襄公的弟弟公子目夷，字子鱼，子鱼的后世子孙有一支以祖父的字为姓，称鱼姓。

【历史名人】

隋朝将领鱼俱罗，唐代女诗人鱼玄机。

容

【姓氏起源】

黄帝的时候有一个史臣名叫容成，是太岳的后代，相传他创制了我国历史上第一部历法。他的后代以祖先的名字为姓，形成容氏。

【历史名人】

金朝官吏容萱，中国近代早期改良主义者容闳。

向古易慎

向

【姓氏起源】

起源一，源于子姓，出自商汤的后裔，属于以先祖名字为氏；起源二，源于姜姓，出自炎帝姜姓后裔，属于以国名为氏。

【历史名人】

魏晋“竹林七贤”之一向秀。

古

【姓氏起源】

古氏是古公亶父之后。在周武王得天下时，古公亶父被追尊为太王，即周太王，其后代子孙以古为氏，称古姓。

【历史名人】

后魏重臣古弼，唐代文人古之奇。

易

【姓氏起源】

周武王伐纣时，姜尚担任统兵的军师，协助武王取得了胜利，周武王遂封他于齐，后来又封他的子孙于易，这一部分姜尚的后代于是以地名作为姓氏，为易姓。

【历史名人】

宋代学者易充，北宋画家易元吉。

慎

【姓氏起源】

禽滑釐是春秋时期的魏国人，传说他是墨子的弟子，字慎子，其后代以他的字作为姓氏，形成慎氏。

【历史名人】

北宋初期文士慎知礼。

戈廖庾终

戈

【姓氏起源】

伯明之子名浞，因属寒国人，故史称寒浞。他杀死后羿当了国君，篡夺了夏朝政权，自立为王，封他的一个儿子浇在过国，另一个儿子封在戈国。后来，少康中兴，灭掉戈国。原戈国后代子孙遂以国名命姓，乃称戈氏。

【历史名人】

明代著名画家戈讪，清代名噪一时的园林艺术家戈裕良。

廖

【姓氏起源】

周文王有个儿子叫伯廖，因受封于廖邑，其后裔也有以邑名廖为氏，称廖氏。

【历史名人】

东汉学者廖扶，清代画家廖云槎。

庾

【姓氏起源】

一是源于官名，远古尧帝时代，有庾大夫，他的子孙便以官名为姓，相传姓庾；二是上古周朝时，管理粮仓的官员叫庾凛，其后代亦以官名为姓，相传姓庾。

【历史名人】

元代戏曲家庾天锡。

终

【姓氏起源】

颛顼有个儿子叫老童，老童的儿子是吴回，吴回有个儿子叫陆终，陆终的孙子取祖父的名字里的“终”为姓，称为终姓。

【历史名人】

汉代校尉史终带。

暨居衡步

暨

【姓氏起源】

彭祖的后代在商代做伯爵，他的后代有被封在暨（jì）（一说在今天江苏省江阴县，一说在常熟市）的，其后代子孙于是就以封地暨为姓，形成暨姓。

【历史名人】

汉代名臣暨良，明朝官吏暨文。

居

【姓氏起源】

相传周大夫杜伯的儿子在晋国做官，被封在先邑，他的子孙有个名叫先轸的是晋国的中军元帅。先轸的儿子先且居后来继承中军元帅一职，先且居的子孙便以他的名字中的“居”字作为姓氏，称为居氏，世代相传。

【历史名人】

明代书画家居节。

衡

【姓氏起源】

商汤有贤臣名叫伊尹，因为在灭夏过程中功劳最大，商汤封他为尹，并封了个尊号叫“阿衡”。“阿”就是“倚”，“衡”的意思是“维持”，合起来意思就是“国家的倚靠”。后来伊尹的后代子孙就以伊尹尊号中的“衡”字命姓，称衡姓。

【历史名人】

东汉学者衡咸。

步

【姓氏起源】

出自姬姓，是以封邑命名的姓氏。春秋时期晋国大夫叔虎有三子：称、芮、义，义后来生了扬，扬被封于步邑，人称步扬。他的后代于是以邑为姓，称为步氏。

【历史名人】

清朝末期金融家步恒鉴。

都耿满弘

都

【姓氏起源】

春秋初年，郑国有一个公族大夫公子阏，字子都，是当时闻名全国的美男子，而且性格勇猛，力量很大，所以很得郑庄公的欣赏。他死以后，他的子孙就以他的字为姓，称为都姓。

【历史名人】

东汉学者都尉朝。

耿

【姓氏起源】

商代有君祖乙把都城迁到耿地，又由耿迁至邢地，一部分商朝的公族没有跟随他南迁，而是仍然留在了耿地。他的弟弟祖丙受封于耿地，建立耿国。耿国后人便以地名为姓，称耿氏。

【历史名人】

西汉经济学家耿寿昌。

满

【姓氏起源】

周武王打败商国以后，将舜的后裔胡公满封在陈这个地方，建立了陈国。春秋时期陈国被楚国打败，陈国灭亡。陈国的子孙于是将先祖的名字作为自己的姓氏，称满姓。

【历史名人】

三国时期魏国太尉满宠。

弘

【姓氏起源】

弘氏出自姬姓，以祖上名字为氏。春秋时期，卫国有个大夫叫弘演，是个被国君器重的能人。弘演的后世子孙，就以其名字中的“弘”字为姓，成为弘姓。

【历史名人】

汉代名儒弘成子。

匡国文寇

匡

【姓氏起源】

春秋时期卫国有名为“匡”的县邑，有的人以邑名为姓氏，形成匡氏。

【历史名人】

西汉经学家匡永久，明代名医匡愈。

国

【姓氏起源】

春秋时期，郑国国君郑穆公有个儿子名叫发，字子国。子国的儿子名叫侨，字子产，在郑国执政三十多年，是春秋时著名政治家。子产的儿子以祖父的字命氏，称国氏。

【历史名人】

东汉经学大师国渊。

文

【姓氏起源】

西周初，周武王封炎帝裔孙太岳之苗裔文叔于许，建立许国，为姜姓诸侯国。春秋时，许国受郑楚所迫，战国初年为楚所灭，子孙四散。除有以原国名“许”为氏外，还有以许国开国君主文叔之字为氏，就是文姓。

【历史名人】

南宋爱国诗人文天祥。

寇

【姓氏起源】

司寇是西周时期设立的官职，专门掌管刑狱、纠察等事。春秋时期，卫康叔与卫国公子郢的子孙曾当过司寇，他们的后人以官名为姓，世代相传姓寇。

【历史名人】

北宋名臣寇准。

广禄阙东

广

【姓氏起源】

相传广成子是上古仙人，隐居崆峒山石室中。广成子的后人有的以广成氏为姓，后来简化为广氏。

【历史名人】

汉朝宰相广明，宋朝赣州通判广汉。

禄

【姓氏起源】

周朝的司禄之官，职责是分配钱粮给官员。他的子孙以此为荣，就取禄字为姓，世代相传。

【历史名人】

明朝文人禄存。

阙

【姓氏起源】

春秋时的鲁国有邑名为阙党。有人被封在这个地方，于是其后代子孙以封地名为氏。

【历史名人】

清代画家阙岚。

东

【姓氏起源】

出自风姓。伏羲氏后裔东蒙氏的后人有居于东方的，这些人以居地为氏，后改为东氏。

【历史名人】

明朝御史东郊。

殴殳沃利

欧

【姓氏起源】

战国时期，越王勾践的第六世孙无疆继承王位后，越国被楚国所灭，无疆的次子蹄被封于乌程欧余山的南部，按当时的说法，山的南侧被称为阳，所以蹄又被称为欧阳亭侯，无疆的支庶子孙，于是以此为姓氏，形成了欧、欧阳、欧侯三个姓氏。

【历史名人】

明代学者欧道江。

殳

【姓氏起源】

在古代，每逢一年开始的第一天都要举行盛大的庆祝活动。在这一活动中，有殳（shū）仗队和兵甲游行接受检阅。殳，是一种竹制的兵器，殳仗队就是后来的仪仗队。殳仗队将军的后代，便以兵器“殳”作为姓氏。

【历史名人】

清朝女诗人殳默。

沃

【姓氏起源】

源出子姓，商王沃丁的后人。相传，太甲曾因不理朝政而被大臣伊尹放逐曲沃，他悔悟改过后又被接回复位。太甲死后，其子沃丁即位，商朝较之以前更加强大。沃丁死后，其后世子孙有的就用他的名字“沃”作为自己的姓氏。

【历史名人】

汉代隐士沃隽，明代将领沃田。

利

【姓氏起源】

出自芈姓，来源于封地，以邑名为氏。春秋时期，楚国有公子受封于利邑（今四川省广元县境内），其子孙就以封地名为姓，世代相传姓利。

【历史名人】

宋代大学问家利元吉。

蔚越夔隆

蔚

【姓氏起源】

出自姬姓，周宣帝时郑国公子翩被封于蔚邑，世称蔚翩。蔚翩原为姬姓，他的后代子孙遂以其名命姓，称为蔚姓。

【历史名人】

宋代名将蔚昭敏。

越

【姓氏起源】

春秋时期，越国被楚国所灭，越国的公族子孙有的便以原国名命姓，称越氏。

【历史名人】

春秋时期齐国贤人越石父。

夔

【姓氏起源】

夔（kuí），原指一种能够吟唱出美妙音乐的龙形动物，为黄帝一族龙图腾的分支，亦称夔龙。在尧帝和舜帝时期，有个乐正便以夔为名，他曾创作出传世名曲——“韶乐”，在夔的后裔子孙中，有以先祖的名字为姓氏者，称夔氏。

【历史名人】

汉代丞相夔安。

隆

【姓氏起源】

楚隆，全名叫赵楚隆，是春秋末期晋国执政上卿赵襄子的家臣，由于赵襄子是晋国的六卿之一，因此楚隆也成为晋国的大夫，他以谋略著称于世，他的后人便以隆为姓。

【历史名人】

明代御史隆英。

师巩厍聂

师

【姓氏起源】

在夏、商、周时代，管理宫廷音乐舞蹈等相关事项的官员官名为师。例如，周朝的官职“师尹”，就是掌管音乐歌咏的任职。这些人的后代子孙就以官名为姓，形成师姓。

【历史名人】

东汉书法家师宜官，宋代名臣师范。

巩

【姓氏起源】

出自姬姓，是以地名命姓的姓氏。周朝周敬王有个同族的卿大夫简公受封于巩邑，称为巩简公。他的子孙便原以封邑名“巩”命姓，称巩氏。

【历史名人】

南宋爱国将领巩信。

厍

【姓氏起源】

北周时有厍（shè）狄氏，出于鲜卑和羌族，隋朝以后“厍”通“库”字，读音与库（kù）相同，厍姓也就并入了库姓。

【历史名人】

北齐将领厍狄盛。

聂

【姓氏起源】

出自姜姓，以国名为氏。春秋时期齐国丁公分封他的支系庶子于聂城，建聂国。后来，聂国王室子孙以国名“聂”为氏，称聂姓。

【历史名人】

战国时期的侠士聂政，三国时期吴国国师聂师道。

晁勾敖融

晁

【姓氏起源】

周景王最宠爱的小儿子名为朝，朝的子孙便以朝为姓，称为朝氏。晁在古代与鼌（cháo）、朝相同，都有早晨的意思，因而朝氏又写作晁氏、鼌氏。

【历史名人】

西汉政治家晁错。

勾

【姓氏起源】

相传帝少昊的一个儿子名重，死后被封为木正，为五行神之一，掌管天地万物的生老病死，号称勾芒。他的后世子孙以“勾”为姓。勾姓在南宋时为避宋高宗赵构的名讳，改为“句”（gōu）、“钩”等姓。

【历史名人】

宋代画家勾处士。

敖

【姓氏起源】

太敖，又称作大敖，为古帝颛顼的老师。太敖的子孙以祖上的名字命名他们的姓氏，于是形成了敖姓。

【历史名人】

明朝数学家敖山。

融

【姓氏起源】

融姓是颛顼帝高阳氏的后代。颛顼的后代祝融氏，在帝喾时期为五行神之一的火正，因而被后世尊为火神。后来，祝融氏后人分为祝姓和融姓两支，故史称“祝、融二姓同宗”。

【历史名人】

（缺）

冷訾辛阚

冷

【姓氏起源】

周武王少弟康叔名封，开始被封于康，所以历史上也有将他称为康叔封的。武庚叛乱被平反以后，周王把原来商朝的土地封给他，建立卫国。康叔的后代有被封于冷水的，他们用封地作为姓氏，称为冷氏。

【历史名人】

明代养生专家冷谦。

訾

【姓氏起源】

訾（zī）姓源出有二：一是以地名为姓。春秋时期周国有地名为訾，居住在此地的人家就将地名作为姓氏，形成訾姓的一支。二是以城名为氏。周朝有一位伯爵拥有訾城，后来这个城被齐国夺取，此城的人便以訾为姓。

【历史名人】

金代修道者訾亘（gèn）。

辛

【姓氏起源】

出自莘姓。由莘氏所改。夏王启封庶子于莘，建立莘国，其后世子孙遂以地为氏。后由于莘与辛音近，遂去“艹”字头为辛姓。

【历史名人】

南宋诗人辛弃疾。

阚

【姓氏起源】

出自姜姓，以封地名为氏。春秋时期，齐国有一个大夫名止，被封于阚，世称阚止，他的后代以封邑为姓，形成阚氏。

【历史名人】

三国时期吴国大儒阚泽，唐朝猛将阚棱。

那简饶空

那

【姓氏起源】

那（nā）姓和那（nuó）姓，是两个不同的姓氏。

那（nā）姓，是满族宗族八大姓氏之一，出自于满语纳拉氏。纳拉氏居住于纳拉河流域，属于以地名命名姓氏。

那（nuó）姓源于春秋时期，也是以地名为姓。楚武王灭掉权国改为权县。后来发生权县暴动，随后被镇压下去。于是，楚武王把权人迁往“那”地，有些人就以地名“那”为姓，称那（nuó）氏。

【历史名人】

明朝云南官吏那鉴，清朝直隶总督加太子太保衔那彦成。

简

【姓氏起源】

起源一，出自姬姓，是周文王姬昌的后代，以谥号为姓；起源二，出自耿姓，为三国时蜀国简雍之后所改，简雍本姓耿，幽州人读“耿”与“简”同音，遂变为简姓。

【历史名人】

明代孝子简而廉。

饶

【姓氏起源】

周武王灭商后分封诸侯，把尧帝后人封于蓟地。其子孙后代以祖上谥号“尧”为姓，称尧氏。到西汉时期，尧的后人为了避圣人讳，由汉宣帝亲自改姓，就在“尧”的左边加一个“食”旁，变成了“饶”，形成饶氏。

【历史名人】

宋代大学者饶鲁，元代书法家饶介。

空

【姓氏起源】

空侯，即箜篌，是一种十分古老的弦乐器。当时以箜篌演奏乐礼的艺人有自称箜篌（kōng hóu）氏的，后简化称空侯氏，再后来又改为单姓空氏、侯氏，世代相传至今。

【历史名人】

（缺）

曾毋沙乜

曾

【姓氏起源】

夏朝帝王少康封他的次子曲烈在鄫（zēng），建立鄫国。一直到春秋时期，鄫国被莒国所灭。亡国太子巫出奔到鲁国，并在鲁国做了官。其后代用原国名“鄫”为氏，后来经过简化，称曾氏。

【历史名人】

北宋文学家、散文家曾巩。

毋

【姓氏起源】

尧帝他的下属当中一个臣子名叫毋（wú）句，此人制造出乐器磬，是用骨块做成的悬挂乐器，敲击一下就会有美妙的音乐。毋句的后代就以他的名中一字为姓，称为毋氏。

【历史名人】

后蜀才子毋昭裔。

沙

【姓氏起源】

出自子姓，是汤王的后裔，以地名为氏。商朝末年，殷纣王庶兄开被封于微，世称微子。武王克商后，封微子于商丘，建立宋国。微子的后裔有人被封于沙这个地方，即今天河北省大名县东面。他们以地名为姓，成为沙姓。

【历史名人】

北宋勇将沙世坚，清朝医学家沙书玉。

乜

【姓氏起源】

乜（niè）姓源于姬姓，出自春秋时期卫国大夫，属于以封邑名称为氏。春秋时期，有卫国大夫采食于乜城，其后代便以其封地为氏。

【历史名人】

明代名士乜仁义。

养鞠须丰

养

【姓氏起源】

太王之子秦入吴，其后建立吴国。春秋时期，吴国公子掩余、烛庸叛吴逃到楚国，楚王把他们封在养邑。这两个公子的后代遂在养邑定居，以封地名“养”

为姓，称养姓。

【历史名人】

东汉名儒养奋。

鞠

【姓氏起源】

黄帝有后名曰弃，是周朝的始祖，弃之子不窋有个儿子叫陶，生下来时手上的掌纹很像古文“鞠”（jū）字，因此起名叫鞠陶。鞠陶后来作了周人的首领，他的后代子孙就以他的名字命姓，称鞠姓。

【历史名人】

北宋官吏鞠咏。

须

【姓氏起源】

春秋时有风姓的国，叫须句国，是伏羲氏的后代，国人称须句氏，后称须氏。

【历史名人】

战国时魏国大夫须贾，明朝名臣须之彦。

丰

【姓氏起源】

源于姜姓，属于以先祖名字为氏。陈丰，亦称陈锋，她是远古时期帝喾的妃子，后世的尧帝就是她所生。在帝喾的支庶子孙中以及陈丰的族人中，有以先祖母的名字为姓氏者，称陈丰氏、陈锋氏，后演化为单姓丰氏、陈氏，世代相传至今。

【历史名人】

明代书法家丰坊。

巢关蒯相

巢

【姓氏起源】

上古时期，中原地区林木茂密，野兽很多，经常侵扰人类。后来有人发明了在树上构造木屋，从此人们在睡觉时就不必担心野兽的侵袭了。于是大家都认为这个人是圣人，推戴他为部族首领，号称“有巢氏”，他的后代以巢为姓。

【历史名人】

唐代医学家巢元方。

关

【姓氏起源】

春秋时期，老子离开周地西游，走至函谷关。当时负责守函谷关的将领名叫关尹喜，关尹是个官名，即守关的关令。关尹喜非常景仰老子的学问，请老子写下《道德经》。关尹喜的后人就以其官名为氏，称关氏。

【历史名人】

三国时期蜀汉将领关羽，元代杂剧作家关汉卿。

蒯

【姓氏起源】

春秋时期的卫国，是卫灵公之子卫庄公的后代。卫庄公名叫蒯（kuǎi）聩，他当太子的时候，曾经想刺杀灵公的夫人南子，失败后出奔晋国，后回卫国，被良夫、孔悝立为卫君。后为晋军所破，被杀。蒯聩的后代子孙以祖上的名字命姓，称蒯姓。

【历史名人】

唐代诗人蒯希逸，宋代进士蒯憩。

相

【姓氏起源】

相（xiāng）和相（xiàng）是两个不同的姓氏。

相（xiāng）氏，河南商丘的相氏是商帝相土的后裔。相土，是商汤的十世族，传说他是马车的发明者。相（xiàng）氏，后汉的武洛山出了四大姓，第二个就是相氏。

【历史名人】

晋代词赋家相荣，明代诗画家相礼。

查后荆红

查

【姓氏起源】

齐国的君主齐顷公的儿子被封于楂，他的后代于是就以他的封邑作为自己的姓氏，成为楂姓，后来将木字旁省去了，于是遂成为查姓。

【历史名人】

清代书法家查升。

后

【姓氏起源】

西周时鲁孝公的儿子公子巩的封邑郈，谥号郈惠伯。他的后代以邑名为氏，称为郈姓。后来省去右边的阝旁为后氏，称后姓。

【历史名人】

明朝文士后敏。

荆

【姓氏起源】

出自芈姓，以国名为氏。西周初年，楚国先君熊绎被封在荆山一带，国号为荆，直到春秋初才改为楚国。楚文王以前的荆君有庶出子孙以国号为姓，称荆氏。

【历史名人】

五代后梁画家荆浩，宋代名将荆嗣。

红

【姓氏起源】

春秋时期，楚国君主姓熊，而楚国公族子孙中，有一位公子叫熊挚，字红，故又叫熊红，受封于鄂，称鄂王。熊红的后代，就以祖上名字为姓，形成一支红姓，世代相传。

【历史名人】

明末农民起义初期首领之一红军友。

游竺权逯

游

【姓氏起源】

春秋时期，周厉王姬胡的儿子姬友，被其兄周宣王姬静封于郑，建立郑国。春秋时期郑国国君郑穆公有个儿子叫偃，字子游，他的孙子游眅以祖父之字命姓，称游姓。

【历史名人】

北宋理学家游酢。

竺

【姓氏起源】

大禹在世时，炎帝后裔被封在台地，人称墨台氏。商汤时期，墨台氏又被改封在孤竹，建孤竹国，国人后来以国名命氏，便是竹姓。到了东汉年间，人们认为竹姓中的伯夷、叔齐为二位贤人，就在“竹”字下加了个“二”字，改成竺氏了。

【历史名人】

宋代学者竺大年。

权

【姓氏起源】

商汤建国之后，第二十三代帝王被称为商王武丁。武丁的子孙中曾有被封于权地的，建立了权国。春秋时期楚国武王攻克权国，权国被迁移至那地，不久又为巴国所灭。权国的王室不忘故国，以国名为姓，乃成权氏。

【历史名人】

唐代文学家权德舆。

逯

【姓氏起源】

春秋战国时期，秦国有一个邑名叫逯（lù）（今陕西省境内），后来有一位秦国的大夫被封于此，其后人就以封邑名为姓，称逯氏。

【历史名人】

西汉蒙乡侯逯普，明朝文士逯中立。

盖益桓公

盖

【姓氏起源】

盖（gě）氏出自姜姓，春秋时期，齐国王族大夫有个名叫王欢的，受封于盖邑。他的后代子孙就以封邑名盖为氏，称为盖氏。

【历史名人】

东汉虎牙将军盖延，刚直不阿的东汉大臣盖宽饶。

益

【姓氏起源】

上古颛顼帝高阳氏的后裔中，有名叫伯益的，曾帮助大禹治水，被推举为嬴姓各族的首领，并且赐姓为嬴。他的后人中也有以他的名字作为姓氏的，称作益氏。

【历史名人】

南宋进士益畅，元朝名将益智。

桓

【姓氏起源】

春秋时期，齐国内乱，齐襄公及其世子被害，齐襄公的弟弟公子小白从莒（jǔ）地回国，成为齐国的君主。后来，他成为春秋时期的诸侯国霸主，后人追认他的谥号为“桓”，历史上称他为齐桓公。齐桓公的一支血脉以他的谥号为氏，桓氏就此形成。

【历史名人】

晋朝将军桓石秀。

公

【姓氏起源】

周朝时，鲁国郡主鲁定公将他哥哥的两个儿子，一个叫衎、一个叫为，封为公爵，时人称之为公衎、公为。公衎、公为的后代就以祖上爵号为姓，世代相传姓公。

【历史名人】

明朝文学家公鼐（nài）。

万俟司马

万俟

【姓氏起源】

鲜卑族拓跋（tuò bá）氏部落建立了北魏政权，万俟氏部落名列北魏十大贵族之一。万俟（mò qí）原本是部落名称，在鲜卑族入主中原之后就成为这一部落的姓氏。

【历史名人】

北齐名臣万俟普、大将军万俟洛。

司马

【姓氏起源】

司马本是官名，负责执掌国家军队，佐政辅国，权势重大。周宣王时期，司马程伯休父攻克了许方，立下大功，周宣王允许他以官职为姓，遂形成司马氏。

【历史名人】

西汉史学家司马迁，北宋政治家司马光。

上官欧阳

上官

【姓氏起源】

春秋时期，楚国有处地名叫上官，楚庄王将他的儿子子兰封为上官大夫。公子子兰的子孙就以居住地“上官”为姓，形成了上官氏。

【历史名人】

唐朝诗人上官仪。

欧阳

【姓氏起源】

战国时期，越王勾践的第六世孙无疆继承王位后，越国被楚国所灭，无疆的次子蹄被封于乌程欧余山的南部，按当时的说法，山的南侧被称为阳，所以蹄又被称为欧阳亭侯，无疆的支庶子孙，于是以此为姓氏，形成了欧、欧阳、欧侯三个姓氏。

【历史名人】

唐朝书法家欧阳询。

夏侯诸葛

夏侯

【姓氏起源】

周武王封大禹的后裔东楼公于杞，春秋时建立杞国。后来楚国灭杞，杞简公的弟弟佗奔于鲁国，鲁悼公因为他是大禹的后代，封他为侯爵，于是称他为夏侯氏，其后代子孙因此以夏侯为氏，称夏侯氏。

【历史名人】

三国时期曹魏大将夏侯惇。

诸葛

【姓氏起源】

秦朝末年，葛婴为了反抗秦王暴政率部起义。到了西汉文帝时，汉文帝为追封葛婴反抗暴秦的功劳，赐封葛婴的孙子为诸县侯，并世居于此。葛氏为感念文帝功德，遂将“葛”姓与地名合并改称“诸葛”。

【历史名人】

三国时期蜀汉相国诸葛亮。

闻人东方

闻人

【姓氏起源】

春秋时期，法家代表少正卯主张变法革新，曾在鲁国讲学。后来听少正卯讲学的人越来越多，少正卯在讲学中很快成为文人学士公认的“闻人”。少正卯的后代子孙就以“闻人”命姓，称闻人氏。

【历史名人】

南宋藏书家闻人滋。

东方

【姓氏起源】

远古时伏羲创制了八卦，八卦方位以东方为尊，伏羲又叫神农氏，他的族人务农，每天太阳从东方升起是个开始耕作的重要时刻，于是伏羲的后代人中有的形成了东方姓，称东方氏。

【历史名人】

西汉辞赋家东方朔。

赫连皇甫

赫连

【姓氏起源】

东晋十六国时，刘元海自立为帝，改姓赫连，并公开道：“古代人姓氏不定，有随母姓的，有随父姓的，我现在要根据礼法改变这种习惯。帝王是上天之子，是显赫的徽记，是天地相连的枢纽。故现在改姓称赫连氏，顺应天意，永享天下。”自刘元海起，其后代遂以赫连为姓，称为赫连氏。

【历史名人】

唐代才子赫连韬。

皇甫

【姓氏起源】

西周后期宋戴公有个儿子叫公子充石，字皇父，宋武公时任司徒。皇父的孙子南雍陲以祖父的字为姓氏，称为皇父氏。西汉中期，皇父氏子孙把姓氏中的“父”字改为“甫”字，古代二字同音通用，遂成皇甫氏。

【历史名人】

魏晋之间的医学家皇甫谧。

尉迟公羊

尉迟

【姓氏起源】

前秦时期苻坚攻灭鲜卑拓跋部族，建立代国。后来拓跋邽复国，改国号为魏，史称北魏。与此同时，鲜卑族中又崛起一支名为尉（yù）迟的部落，号尉迟部，尉迟部族的人则以族名尉迟为姓，称尉迟氏。

【历史名人】

唐代大将尉迟恭。

公羊

【姓氏起源】

春秋时，鲁国有位才学出众的人物，叫做公孙羊孺，他的后代子孙便取祖上名字中公羊二字为姓，称公羊氏。

【历史名人】

战国时期著名学者公羊高。

澹台公冶

澹台

【姓氏起源】

在山东有澹（tán）台山，春秋时期，孔子弟子中有个名为“灭明”的居住于此，便以地名为氏，即澹台氏。

【历史名人】

东汉名士澹台敬伯。

公冶

【姓氏起源】

春秋时鲁国有季孙氏，族子季冶，字公冶（yě），季氏的始祖便是季冶，官拜大夫，他的子孙后来便以公冶为氏。

【历史名人】

孔子门下七十二贤之一公冶长。

宗政濮阳

宗政

【姓氏起源】

汉朝开国皇帝刘邦的后代有楚元王刘交，他的孙子叫刘德，官至宗正，为九卿之一。宗正，即主持皇家宫室事务的官员。刘德的支庶子孙有的以祖上官职名命姓，称宗正氏，后来加“文”而为宗政氏。

【历史名人】

唐代官吏宗政辨。

濮阳

【姓氏起源】

黄帝的孙子颛顼做首领时，曾在濮（pú）水边建都。颛顼的后代中有人居住在濮水南岸，当时把水的南岸称为阳，此地就叫濮阳，后来族人们就取地名为姓，世代姓濮阳。

【历史名人】

明朝武将濮阳成、文士濮阳瑾。

淳于单于

淳于

【姓氏起源】

周武王灭商后，把原夏朝斟灌国姜姓淳（chún）于公封在州邑，建立州国，因位居公爵，人称州公。春秋时期，州公亡国，州国公族人迁居淳于城，后来复国，名淳于国，仍为公爵。再次亡国后，其族人以原国名命姓，称淳于氏。

【历史名人】

战国时齐国政治家淳于髡、博士淳于越。

单于

【姓氏起源】

单（chán）于氏出自汉朝匈奴对其首领的称呼，其意为像天一样广阔辽远。匈奴部落的左贤王归顺汉朝后，其子孙便以单于为姓。

【历史名人】

（缺）

太叔申屠

太叔

【姓氏起源】

春秋时，卫国国君卫文公姬毁的第三个儿子叫姬仪。在古代，兄弟以伯、仲、叔、季为次序来排名，姬仪因为排行老三，所以人称叔仪，又因为他是王族之后，所以世称太叔仪。他的后代子孙以祖上的次第排名做姓，姓太叔。

【历史名人】

著名西汉大臣太叔雄。

申屠

【姓氏起源】

夏朝时期，炎帝的子孙四岳的后裔被封于申，为侯爵位，世称申侯。东周初年，周平王把申侯的小儿子封在屠原。居于屠原的申氏人，就以申屠为复姓，称申屠氏。

【历史名人】

东汉学者申屠蟠。

公孙仲孙

公孙

【姓氏起源】

轩辕帝初名公孙，后改为姬姓。所有他的后代里，有部分姓公孙，称公孙氏。到了春秋时期，各国诸侯的后代也有不少人以公孙为姓，因此，公孙并非一族一姓的后人。

【历史名人】

汉末群雄之一公孙瓒。

仲孙

【姓氏起源】

春秋时鲁桓公姬允次子名叫庆父，因排行老二，故世称共仲。他的子孙遂以仲孙为姓，称仲孙氏。庆父乱鲁之后，弑父君主，畏罪出逃，改姓为孟孙氏，但留居于鲁国的他的支庶子孙仍为仲孙氏，世代沿袭为仲孙姓。

【历史名人】

春秋时齐国大夫仲孙湫。

轩辕令狐

轩辕

【姓氏起源】

在古代，前顶较高而有帷幕的车子被叫做轩，车前驾牲口的直木被叫做辕。黄帝的族人因为善于制作马车而闻名，因此被称为轩辕氏。

【历史名人】

唐代诗人轩辕弥明。

令狐

【姓氏起源】

上古时，周文王有个儿子叫毕公高。毕公高有个孙子叫毕万，毕万在春秋时，在晋国当高官，他有一个曾孙叫魏颗。魏颗有军功，活捉了秦国大将杜回，于是受晋国君主封于令狐，魏颗的后代，以封地为姓，称令狐氏。

【历史名人】

唐朝诗人令狐楚。

钟离宇文

钟离

【姓氏起源】

春秋时宋桓公的儿子敖在晋国任职，敖的孙子伯宗为晋国大夫，因勇于直言为三郤所害，他的儿子伯州犁逃到楚国，任太宰，采食钟离，他的后代子孙遂以居住地命姓，称钟离氏。

【历史名人】

项羽的大将钟离眛。

宇文

【姓氏起源】

西晋末年，北方鲜卑族宇文氏部落逐渐崛起，自称宇文一族。东晋时期，宇文部落进据中原，称宇文国，以宇文为姓，称宇文氏。

【历史名人】

隋代建筑设计师宇文恺。

长孙慕容

长孙

【姓氏起源】

北魏道武帝拓跋珪的曾祖父有两个儿子，大儿子沙莫雄，小儿子什翼健，其中什翼健就是拓跋珪的直系祖父。等到拓跋珪建立北魏称帝后，因为沙莫雄是曾祖父的长孙，就赐他的儿子姓长孙氏。

【历史名人】

唐初宰相长孙无忌。

慕容

【姓氏起源】

鲜卑族首领莫护跋经常戴着时下流行的步摇冠，步摇冠是一种带有悬垂装饰物的帽子。鲜卑人见了他这种打扮，都称他为“步摇”，在鲜卑语中，“步摇”同“慕容”读音相近，传到后来莫护跋就成了“慕容”。所以莫护跋的后人便干脆以此作为部落的名称。

【历史名人】

东晋十六国时期前燕政治家慕容恪。

鲜于闾丘

鲜于

【姓氏起源】

箕子是商纣王的叔叔，官为太师，多次就纣王的荒淫残暴进谏，纣王仍依旧如故，不思悔改，后来竟将箕子关入大牢。周武王灭商后，箕子直言劝谏武王当行仁政，却不肯应武王的请求再次为臣。他出走辽东，并建立了朝鲜国。相传他的子孙中有个叫仲的，有封地在于邑，他就合国名与邑名，自称鲜（xiǎn）于氏。

【历史名人】

宋代科学家鲜于天。

闾丘

【姓氏起源】

春秋时期，在邾国有一个地方叫闾（lǘ）丘邑，居住在那里的人以邑名“闾丘”为姓。

【历史名人】

西晋诗人闾丘冲，唐朝诗人闾丘胤。

司徒司空

司徒

【姓氏起源】

尧帝执政时，封舜为司徒一职，执掌和管理与土地有关的事务，故又名土司。到了西周，大司徒的职位相当于宰相。祖上有人做过司徒的家族有的就以司徒为姓氏。

【历史名人】

大唐名臣司徒映。

司空

【姓氏起源】

春秋时期，只有晋国设置有司空官，其他各诸侯国均未设此官。尧的后代都曾在晋国任过司空，其后代子孙遂以祖上官职命姓，称司空氏。

【历史名人】

唐代诗人司空曙。

亓官司寇

亓官

【姓氏起源】

笄（jī）官，亦称丌（古音 qí，今音 jī）官、亓官，是春秋战国时期的官职名称，是专门掌管笄礼的官。在古代，笄礼是当人年龄至十五岁时，在头发上插“笄”的仪式，作为由少年正式成为成年人的象征。亓官复姓就是这种官的后代为纪念先人而产生的。

【历史名人】

孔子夫人亓官氏。

司寇

【姓氏起源】

夏商已有司寇的官职，专门掌管治安刑狱。到了周朝，通称秋官为大司寇，春秋时列国也多设立司寇一职。其后以官职名为氏，取氏司寇复姓。随着历史变迁，以后又被分为司、寇两个单字姓氏。

【历史名人】

春秋时鲁国名臣司寇惠子。

仉督子车

仉

【姓氏起源】

党姓，原本为春秋时鲁国大夫党氏之后。古代党姓的党，读音为“zhǎng”，故党姓中有一支衍变为掌姓。后来掌姓又简化成仉（zhǎng）姓。

【历史名人】

南朝梁国四公子之一仉眘（dù）。

督

【姓氏起源】

春秋时期，宋戴公的孙子名督，字华父，又称华督。华督的子孙中有一支取祖名督字为姓，称督氏；另一支取祖字为姓，称华氏，都是纪念华督这个春秋时的显赫人物。

【历史名人】

汉代五原太守督瓒。

子车

【姓氏起源】

子车（古音读作 jū，今音读作 chē），出自春秋时秦国公族子车氏之后，以祖名为氏，后改为单姓车氏。

【历史名人】

春秋时秦国三良之一子车仲行。

颛孙端木

颛孙

【姓氏起源】

春秋时，陈国簪缨之后代有公子名颛（zhuān）孙，在鲁国做官，其后代子孙以他的业绩为荣耀，于是以祖名颛孙为姓，称颛孙氏。

【历史名人】

元朝万户侯颛孙继宗。

端木

【姓氏起源】

黄帝的后裔子孙陆终生有六子，小儿子名为季连。季连有子名附沮。附沮有子名穴熊。穴熊的后裔子孙鬻熊生有二子，长子名叫熊丽，次子名叫端木。端木有个儿子名叫典，典以父名端木为姓，自称端木典，这是端木姓氏的来源。

【历史名人】

明朝大臣端木孝思。

巫马公西

巫马

【姓氏起源】

巫马是周朝一种负责照顾马的官名，后人以其祖先的官名为姓氏，遂称巫马姓。但在周朝后，巫马一姓逐渐减少，是因为大部分都改为巫姓了。

【历史名人】

孔子得意门生巫马施。

公西

【姓氏起源】

公西一姓，出自春秋时鲁国公族，为季孙氏的支子后裔所改，以公西为氏，称公西姓。

【历史名人】

孔子弟子公西赤。

漆雕乐正

漆雕

【姓氏起源】

漆雕姓是以技艺职业为氏。相传漆雕最早出现时是职业称谓，是那些油漆装饰工的古称。他们的后代就从祖先的职业或技艺的名称中得姓，称漆雕氏。

【历史名人】

孔子的弟子漆雕开。

乐正

【姓氏起源】

周朝时管理乐队的官职叫乐（yuè）正，司掌音乐声律，其后代子孙以此为荣，遂以祖上的官职命姓，称乐正氏。

【历史名人】

曾子的弟子、春秋时鲁国人乐正子春。

壤驷公良

壤驷

【姓氏起源】

古代春秋时期，秦国上邽有个人叫壤驷赤。他从秦国来到鲁国，向孔子学习礼制。壤驷赤很用功读书，而且有才气，作诗做文章都很出色。壤驷赤的后人以壤驷为氏纪念先祖。

【历史名人】

孔子弟子、春秋末期秦国上邽人壤驷赤。

公良

【姓氏起源】

春秋时，陈国有个公子名叫良，人们称他为公子良。公子良的后代公良孺去鲁国向孔子求学，作为孔子的学生受人尊重，他的后人就以公良为姓。

【历史名人】

孔子得意门生、春秋时期陈国人公良孺。

拓跋夹谷

拓跋

【姓氏起源】

黄帝次子昌意娶蜀山之女昌仆，生下了高阳氏，即颛顼帝。昌意的小儿子悃（kǔn）被封在北土，是鲜卑族的祖先。黄帝以土德称王，鲜卑族把“土”称为“拓”，把“后”称为“跋”，故以拓跋（tuò bá）为姓，称拓跋氏，意即黄帝的后代。

【历史名人】

北魏孝文帝拓跋宏。

夹谷

【姓氏起源】

宋朝时，北方的女真族势力强盛，部族首领完颜阿骨打建立了金国。金国的强势部族中就有夹谷一族，他们按照风俗以部落名为姓。金代女真人姓夹谷的，汉字可写为“仝”“童”或“佟”。

【历史名人】

金朝名将夹谷胡剌。

宰父谷梁

宰父

【姓氏起源】

宰父，是官职的称呼，相当于古时的太宰、后世的宰相，在周朝官职里属于天官，负责掌管王朝的法令，决定公卿官吏的职位升降以及考核官员的办事能力。有祖上做过宰父的世家，他们的后代为了纪念先祖的荣耀，就以祖上的官职名命姓，称宰父氏。

【历史名人】

孔子弟子、春秋末期鲁国人宰父黑。

谷梁

【姓氏起源】

远古时期，人们对农业的依赖极大，人们以能种出优质的谷子为骄傲，并高举盛着谷粱的祭祀器皿来告祭天地。在农业相对发达的部落中，善于种植粮食作物的部族首领就用谷粱来作自己的姓氏。久而久之，"粱"字演变成"梁"字，他们的后代子孙遂以谷梁为姓。

【历史名人】

战国时期的经学家谷梁赤。

晋楚闫法

晋

【姓氏起源】

周朝初年，武王将儿子叔虞分封到唐地，是以人称其为唐叔虞。到了唐叔虞的儿子燮（xiè）父这一代，因此处正好有一条名为晋水的河流流经唐地，所以燮父就将唐地改名为晋，并建立了晋国。春秋末期，晋国最终灭亡，原晋国王族成为平民，子孙遂以原国名为姓，形成晋姓。

【历史名人】

明朝儒将晋爵。

楚

【姓氏起源】

楚国的先祖姓芈，原来的国号是荆，在迁都郢（yǐng）城之后，国号改称楚。楚人的先祖鬻（yù）熊曾做过周文王的老师。周朝开国后，周成王封鬻熊的曾孙熊绎于丹阳建国，国号曰荆，后改名称楚，楚人便以国为氏。

【历史名人】

宋朝天文学家楚衍。

闫

【姓氏起源】

周部的始祖是周太王古公亶父，亶父的长子被尊称为周太伯，太伯有曾孙名为仲弈。在周朝建立后，仲弈被周武王姬发封在闫乡，他的子孙因此就用闫作为自己的姓氏，称闫氏。

【历史名人】

宋代大臣闫承翰，画家闫次平。

法

【姓氏起源】

出自妫姓田氏，为战国时齐襄王田法章之后。秦灭齐后，其子孙不敢称田氏，遂以法为氏。

【历史名人】

清朝前期书画家法若真。

汝鄢涂钦

汝

【姓氏起源】

商朝时，有名为汝鸠、汝方的贤士，他们二人都在朝堂上做了高官，于是二人的子孙以先祖的名字做姓氏，世代相传姓汝。

【历史名人】

后汉名相汝郁。

鄢

【姓氏起源】

颛顼帝玄孙名为陆终，陆终生有六子，他的第四子名为求言。西周时，求言的后人被周王封在鄢地，建立鄢（yān）国，人称鄢侯。春秋时期，鄢国被郑国所灭，鄢国王室的子孙就以国名为姓氏，称为鄢氏。

【历史名人】

明代直臣鄢高。

涂

【姓氏起源】

在大禹治水时，大禹路经涂山，求取涂山氏之女为妻。涂山氏一族在简化姓氏后，称涂姓。

【历史名人】

元代经学家涂溍生，明代史学家涂一榛。

钦

【姓氏起源】

钦氏起源有二：一是出自北方少数民族姓氏，因为有钦差御使驾临此地，当地人以此为荣耀，所以以钦为氏。二是钦氏出自地名。隋朝时，朝廷把原来的安州改名为钦州，主要是为了管理钦江而建，于是这里的居民就以地名为姓，称为钦氏。

【历史名人】

宋末元初名人钦德载。

段干百里

段干

【姓氏起源】

春秋时期，老子的儿子李宗任魏国大将，先封于魏国的段邑，后来又被封于魏国的干邑。于是，李宗的后人把“段”“干”合起来作为姓氏，称段干氏。

【历史名人】

战国初年魏国名士段干木。

百里

【姓氏起源】

周初，周武王封先祖周太王的二儿子虞仲的后代于虞国。春秋时期，虞仲的后人中名为奚的人，因住在百里乡，又被人称为百里奚。百里奚的后代子孙就以他的名字命姓，称百里氏。

【历史名人】

汉代徐州刺史百里嵩。

东郭南门

东郭

【姓氏起源】

春秋时期，齐桓公的儿孙里有分别居于东郭、南郭、西郭、北郭等地的，并且以地名为姓。其中东郭氏最为著名，并把姓氏流传下来，形成东郭一姓。

【历史名人】

战国时魏国贤士东郭顺子。

南门

【姓氏起源】

南门本是指天上的南门星，代表天庭的南天门。南门是所有神鬼妖魔奉天帝之诏进出的大门，在古代有专人来负责观测。这些天文官员的后代，就以星座名称“南门”为姓。

【历史名人】

商汤王朝七位佐臣之一南门蠕。

呼延归海

呼延

【姓氏起源】

古代匈奴族呼衍部落以部落名为姓，族人都称作呼衍氏，是古代匈奴族四大姓之一。在东晋时，呼衍部落进入中原后，改为呼延氏。

【历史名人】

宋代大将呼延赞。

归海

【姓氏起源】

本称妫海氏，来源于中华民族最为古老的八大始姓之一妫姓，出自两周时期陈国公族之后，属于以地名为氏。后归海氏族人多改为单姓归氏、海氏，今已经成为稀有姓氏，在河南省的南阳市新野县有零星归海氏族人分布。

【历史名人】

（缺）

羊舌微生

羊舌

【姓氏起源】

古时有个叫季果的人，别人偷宰了羊，把羊头送他，他既不敢吃又不能拒绝，只好把羊头埋起来。后来偷羊之事被人告发，季果为了证明自己清白去挖当时埋的羊头，羊头的皮肉都没有了，只剩羊舌还在，季果因此被免罪。于是他以“羊舌”命姓，子孙遂姓“羊舌”，称羊舌氏。

【历史名人】

春秋时期晋国名将羊舌赤。

微生

【姓氏起源】

微生氏出自姬姓，是鲁国公族里的一系分支。微生氏认为自己的祖先生于微姓家族，所以叫微生。

【历史名人】

春秋时期鲁国隐士微生亩。

岳帅缑亢

岳

【姓氏起源】

相传颛顼帝的大臣伯夷，为首任太岳，其四子统领四方诸侯，称四岳。岳姓就是四岳官的后代，他们的后世子孙以官名为氏，称岳姓。

【历史名人】

南宋抗金名将岳飞。

帅

【姓氏起源】

帅姓出自师姓。师姓源于古代掌管礼乐的官员，因为古代掌乐之官名为师，所以，乐师的后代以官名为氏而姓了师氏。西晋时大司徒、兵曹尚书师昺公为了要避晋景帝司马师的名讳，就将自己的姓少写一横，变成了帅氏。

【历史名人】

北宋廉臣帅宝，清代文学家帅光祖。

缑

【姓氏起源】

周朝，有士大夫因功受赏，被封于缑（gōu）地。周悼王时期，因为悼王的弟弟作乱，缑邑的大夫去了封邑。他的子孙就用原来封邑的名称“缑”作为自己的姓氏，称缑氏。

【历史名人】

明代儒将缑谦。

亢

【姓氏起源】

以封地为姓，春秋时，齐国的一个军事要地名为亢父，当时有个齐国贵族被封于此地，他的后代子孙便以封地名为氏，形成了亢姓。

【历史名人】

明初“五谷圣人”亢青。

况后有琴

况

【姓氏起源】

起源于周代，以封地名为氏。虞舜的后人虞公烈被周王封于况地，虞公烈的后代子孙便以封地名“况”作为姓氏，称为况氏。

【历史名人】

三国时期的蜀汉名臣况长宁。

后

【姓氏起源】

相传炎帝后代中有名叫句龙的，在黄帝手下担任“后土”一职，专门掌管有关山川土地的事务及农业生产的事项。句龙的后代就以官名为姓，称为后氏。

【历史名人】

孔子弟子后处。

有

【姓氏起源】

有氏出自上古时期的复姓有巢氏。当时的人们大多睡在地上，经常受到野兽的侵扰。结果有人发明了搭在树上的木屋，可免遭野兽侵袭。于是被大家视为圣人，尊称为有巢氏，并拥他为部落首领。有巢氏的后代中有的把祖先的姓氏进行简化，自称有氏。

【历史名人】

孔子弟子春秋时鲁国人有子。

琴

【姓氏起源】

远古时期，神农氏造五根弦琴，周初又加上两根弦，成了七弦琴。琴师这个职业源远流长，其后人便以祖先的职业为姓。

【历史名人】

战国时期赵国仙人琴高。

梁丘左丘

梁丘

【姓氏起源】

春秋时期，有一位齐国的大夫，食邑被封在梁丘一地，这位齐国贵族的子孙因此以梁丘为姓。

【历史名人】

西汉今文易学“梁丘学”开创者梁丘贺。

左丘

【姓氏起源】

左丘，在古时是地名，位于春秋时期鲁国境内。当时鲁国有文人，名字叫“明”的，居住于此地，就以“左丘”为姓。

【历史名人】

春秋时期史学家左丘明。

东门西门

东门

【姓氏起源】

春秋时期，鲁庄公的儿子名叫公子遂，字襄仲，因为他家住在曲阜城的东门边，人都称他为东门襄仲。后来，东门襄仲的儿子便以先祖名号“东门”为姓，称东门氏。

【历史名人】

汉代经学家东门京。

西门

【姓氏起源】

春秋时期，郑国有个大夫居住在都城的西门，人们都以这位大夫的住所指代他，他的后代子孙就以“西门”命姓，称西门氏。

【历史名人】

战国时期魏国名臣西门豹。

商牟佘佴

商

【姓氏起源】

帝喾有一个名为契的儿子。因为辅佐大禹治水有功，被封在商地，赐姓为“子”。数百年后，契的十四世孙成汤灭了夏朝，建立了商朝。商朝传到商纣王时，有个忠臣叫商容，他是第一个以商朝国名为姓的人。商灭亡后，商容和商朝王族子孙遂以商为姓。

【历史名人】

西周初期数学家商高。

牟

【姓氏起源】

上古时期，颛顼帝的后裔陆终当过“火正”一职。陆终的后裔中有人建立了牟国，在周朝时被封为子爵。后来到了春秋时期被其他强国所灭，牟国的子孙以国为氏，称牟姓。

【历史名人】

唐代诗人牟融，宋代画家牟谷。

佘

【姓氏起源】

佘（shé）氏源自上古时期，当时有余姓而无佘姓，后来“余”字发生音变，转化为“佘”字，因而产生佘氏。

【历史名人】

唐代太学博士佘钦。

佴

【姓氏起源】

佴（nài）姓源于器物和赐姓。东汉光武帝时期，左相为皇帝负责设计和制作爵冠，爵冠旁边设计有弼珥（bì ěr），象征不听闲言碎语的意思。皇帝就以此赐姓左相“佴”，将“珥”去掉玉字旁，加单立人于耳边为佴氏。

【历史名人】

明代进士佴祺。

伯赏南宫

伯

【姓氏起源】

在上古时期，有许多以伯开头的双字复姓，如伯成氏、伯皇氏、伯常氏等，他们的后人将姓氏简化成了单姓的伯氏，形成另一支伯姓。

【历史名人】

春秋时期晋国大夫伯宗。

赏

【姓氏起源】

春秋时期，晋国的一位大夫因参赛得胜而获得奖赏，他的后代为纪念祖先的荣耀就以“赏”字为姓，称为赏氏。

【历史名人】

三国时期东吴地方官吏赏林。

南宫

【姓氏起源】

春秋时期，鲁国大夫孟僖子一支。孟僖子的儿子叫做仲孙阅，仲孙阅居住在南宫，人们习惯于用居住地点来称呼他，久而久之，仲孙阅的后代就以其居住地命姓。

【历史名人】

孔子门下七十二贤之一南宫适。

墨哈谯笪

墨

【姓氏起源】

炎帝的后裔、夏禹的老师名为墨如。夏朝建立后，启就把墨如的儿子胎初封为孤竹国的国君，胎初以父亲的名字“墨”为姓，世代相传称墨氏。

【历史名人】

明代贤臣墨麟。

哈

【姓氏起源】

明朝时，海西女真四部，其中有哈氏一部多生活在辽宁开原南哈达河边，因此这一部族就以哈达河为姓氏，自称为“哈”氏。

【历史名人】

清代官员哈元生。

谯

【姓氏起源】

西周时，周召公姬奭（shì）之子姬盛被封在谯地，爵位是侯爵，人们都称他为谯（qiáo）侯，姬盛的后人们为了怀念先祖，一支人以先祖的名字作姓氏，另一支人以先祖的封地作姓氏，因而形成了盛、谯二姓。

【历史名人】

三国时期蜀国名士谯周，宋代学者谯定。

笪

【姓氏起源】

契丹族人把自然界的日食现象叫做笪（dá）。他们认为，在笪时也就是日食的那一刻出生的人，力大无穷，就像日食那样拥有遮天蔽日的神奇能力。因此，这些笪时出生的勇士便以笪为姓。

【历史名人】

清代书画四大名家之一笪重光。

年爱阳佟

年

【姓氏起源】

周初时，姜太公助武王建立周朝后，被封到齐国。到了春秋时期齐襄公这一代，齐国发生内乱，连续两位国君被杀。等到齐桓公继位，他为了辟邪，就以祖父名字“夷仲年”中的年字为姓，称年氏，世代相传。

【历史名人】

清代将军年羹尧。

爱

【姓氏起源】

唐朝时西域有名为回鹘（hú）的国家，是大唐的附庸国。回鹘首领名字的译音是“爱邪勿”，唐王根据这个发音，赐下“爱”姓。

【历史名人】

元代学者爱薛。

阳

【姓氏起源】

阳氏出自姬姓，以封邑名为氏。在周景王时期，景王姬贵将自己的小儿子樊封在阳邑，世人称他为阳樊。后来，阳樊的一支后裔为了躲避内乱来到燕国，并把原来的封邑名作为家族的姓氏，自此形成阳姓。

【历史名人】

唐朝贤臣阳城，宋代大学者阳孝本。

佟

【姓氏起源】

佟姓起源有三：其一，为太史终古的后代。汤王伐夏桀，原夏朝太史终古因品行贤德而被汤王召入商朝，终古归商后，其子孙去“纟”为冬姓，且又加“亻”为佟姓；其二，满族先世居满洲佟佳，以地名为氏，称佟佳氏，后改为佟氏。

【历史名人】

明末清初将军佟养性，清代大臣佟国维。

第五言福

第五

【姓氏起源】

在春秋时期，陈国发生了内乱，陈厉公之子陈完逃到齐国避难，并改为田姓，受到齐王重用。后来田氏的势力日渐壮大，便自立为国君。刘邦称帝之后，田姓势力依然强大。为了打击田氏，刘邦将田氏分为八部，并将他们改姓为“第一”“第二”……一直到“第八”。今天“第一”“第二”等早已失传，仅存“第五”。

【历史名人】

东汉学者第五元先。

言

【姓氏起源】

出自春秋时言偃之后，以祖名为氏。言偃是孔子的弟子，才华出众，提倡以礼乐教民，名声很大，其后代就以其名字中的言字为姓，称为言氏。

【历史名人】

明朝户平知府言茅，清朝官吏言友恂。

福

【姓氏起源】

唐朝时朝鲜半岛上的百济国与新罗国有隙，后百济国被新罗国所灭，百济国中不少人逃难到中原，其中有一支姓福富顺氏的，依照汉人的习惯，把自己的姓氏简化为福姓。

【历史名人】

元朝御史大夫福寿，明朝武将福时。

《千字文》

《千字文》为南朝周兴嗣所编，是中国传统文化的重要组成部分，问世 1400 余年来，广为流传。在中国古代启蒙读物中，是一篇承上启下的作品。其文章构思精巧，知识丰富，音韵谐美，由此成为千百年来宝贵的蒙学教科书。

【原文】

天地玄黄，宇宙洪荒。日月盈昃①，辰宿列张②。

【注释】

①盈：月光圆满。昃（zè）：太阳西斜。②辰：日、月、星的总称。宿（xiù）：群星。

【译文】

天是青黑色，地是黄色，宇宙从混沌蒙昧的状态中形成，在广阔的荒野上，太阳东升西落，月亮有圆有缺。星辰在天上各自分布、排列有序。

【相关链接】

古人为了认识星星和观测天象，把天上的恒星挨得近的几个划分为一组，每组的星星都有一个特定的名称。其中，最重要的就是三垣（yuán）二十八宿。

三垣包括上垣太微垣、中垣紫薇垣、下垣天市垣。

二十八宿又称为二十八星或二十八舍，分为四个方位，各代表一种神兽，每个方位有七组星宿，分别叫做：

东方青龙七星宿：角宿、亢宿、氐宿、房宿、心宿、尾宿、萁宿。

北方玄武七星宿：斗宿、牛宿、女宿、虚宿、危宿、室宿、壁宿。

西方白虎七星宿：奎宿、娄宿、胃宿、昴宿、毕宿、觜宿、参宿。

南方朱雀七星宿：井宿、鬼宿、柳宿、星宿、张宿、翼宿、轸宿。

【原文】

寒来暑往①，秋收冬藏。闰余成岁②，律吕调阳③。云腾致雨④，露结为霜⑤。

【注释】

①寒来暑往：一年四季寒热交替。②闰余成岁：这句话出自《尚书·尧典》，有曰："以闰月定四时成岁。"③律吕：中国古代将一个八度分为十二个不完全相等的半音，从低到高依次排列，每个半音称为一律，其中奇数各律叫做"律"，偶数各律叫做"吕"，总称"六律""六吕"，简称"律吕"。相传黄帝时伶伦制乐，用律吕以调阴阳。④云腾致雨：水汽升腾为云，下而为雨。⑤露结为霜：阴气结为露，露凝为霜。

【译文】

暑天远去，寒冬到来，暑与寒相互交替、循环变化。农民们也根据季节变化，在秋天收获，在冬天贮藏粮食。人们把闰余积蓄起来，并成一个月，形成了闰年。怕历法出现误差，又用律吕来调和。云的升腾导致降雨，露的凝结成为冰霜。

【相关链接】

伶伦是黄帝身边的大臣，精通天文地理。有一次，伶伦为了测定节气、制定历法而做了一个小小的实验。他制作了十二根竹管，一边是平口，一边切成斜口，其中最长的九寸，最短的四寸六分。然后按长短次序将竹管排列好，上面的管口一边齐，下边的管口长短不一，是准备插到土里面的。竹管本来是空的，伶伦在里面灌满了用苇子膜烧成的灰，再把这些竹管埋在了西北阴山的观测点。人们用布幔和帐子把竹管围住，再盖上房屋，保证竹管不会受到外界的影响。

冬至这天，是大地里的能量向外喷发的时刻。于是，第一根九寸长名为黄钟的管子里面的灰，就被大地的地气喷发出来了，同时发出一种类似笛声的声音。这种声音的音调被规定为黄钟，这一刻的时间就是子时，节气就是冬至。

这十二根竹管分成六阴、六阳两组。六根竹管长度是单数的属阳，叫六律；六根竹管长度为偶数的属阴，叫六吕。六律第一个音是黄钟，六吕的第一个音叫大吕。

伶伦原本是想为黄帝制定一部新的历法，没想到竟然还有意外的收获，发现了音律与天文历法的关系和十二个音律。于是，伶伦被后世的乐官奉为祖师爷。

【原文】

金生丽水①，玉出昆冈②。剑号巨阙③，珠称夜光④。

【注释】

①丽水：即丽江，又名金沙江，出产黄金。②昆冈：即昆仑山。③巨阙（què）：战国时期，越国的欧冶子铸造了五把宝剑，第一为巨阙，其余依次名为纯钩、湛卢、莫邪（mò xié）、鱼肠，全都锋利无比，而以巨阙为最。④夜光：《搜神记》中说，隋侯救助医好了一条受伤的大蛇，后来大蛇衔了一颗珍珠来报答他的恩情，那珍珠夜间放射出的光辉能照亮整个殿堂，因此人称“夜光珠”。

【译文】

金砂产生自丽水，美玉出现在昆仑山冈。最锋利的剑是巨阙，最美丽的宝珠是夜光。

【相关链接】

一个楚国人，他得到了一颗漂亮的珍珠，并打算把这颗珍珠卖到郑国。他觉得如果有了华贵的包装，那么珍珠的身价自然就会高起来，可以卖个好价钱了。

于是这个楚国人找来名贵的木兰木，又请来手艺高超的匠人，做了一个装珍珠的盒子，用木桂、花椒等香料把盒子熏香。然后，在盒子的外面用珠子、玉石点缀，用玫瑰色火齐珠装饰，再把翠鸟的羽毛镶嵌在上面。看着华丽的木盒，楚人心满意足地将珍珠放进盒子里，拿到市场上去卖。

到市场不久，很多人都围上来欣赏楚人的盒子。一个郑国人将盒子拿在手里看了半天，爱不释手，终于出高价将楚人的盒子买了下来。郑人交过钱后，便拿着盒子往回走，可是没走几步他又回来了。楚人以为郑人后悔了要退货，只见郑人走到楚人跟前，将盒子打开，把里面的珍珠取出来并交给了楚人。郑人说："先生，您将一颗珍珠放在盒子里了，我特意回来还珠子的。"于是郑人将珍珠交给了楚人，然后低着头一边欣赏着木盒子，一边往回走去。这是我国古代成语"买椟还珠"的典故。

楚人拿着被退回的珍珠，十分尴尬地站在那里。人们都在笑话楚人，只善于卖盒子，而不善于卖珠子。

【原文】

果珍李柰①，菜重芥姜。海咸河淡，鳞潜羽翔②。

【注释】

①李柰（nài）：皆为果名，落叶小乔木，花白色，果小，有药效之功。《本草》云："李味酸甘，去痼热，调中。""柰味苦，补中焦和脾。"②鳞：本义指鱼类、爬行动物和少数哺乳动物身体表面长的角质或骨质小薄片，此处指鱼类。羽：指鸟类。

【译文】

在所有水果中，最珍贵的是李子与柰子。在所有蔬菜中，最重要的是芥菜与生姜。海水是咸的，江河水是淡的。鱼类潜在水里游动，鸟类在天空翱翔。

【相关链接】

王戎小的时候曾与小伙伴们一同在路边玩耍，有一个孩子突然发现道旁的李子树竟然结果了，而且树上的果子又大又圆，看上去十分可口。于是，小朋友们争先恐后地爬树摘李子，只有王戎不动声色，站在一边旁观。有人正巧路过，十分好奇王戎的举动，便问他为何如此，王戎答道："长在路边的李树还结着很多李子，肯定是发苦的李子。否则，李子早就被人吃光了。"果然，一嘴酸苦的小朋友们哭丧着脸回来了。

王戎是个又聪明又吝啬的人，他长大以后越来越精明了。他家有一个庄园，里面出产又香又甜的好李子，拿去卖，可以赚很多钱。王戎却怕别人把李子买去，留下李子的核自己来种，抢了他的生意。于是，王戎让人在每一个李子的核上都钻了孔，这样别人就不会抢他的生意了。这是"王戎识李"的典故。

【原文】

龙师火帝①，鸟官人皇②。始制文字③，乃服衣裳④。

【注释】

①龙师：相传伏羲氏用龙给百官命名，因此叫他"龙师"。火帝：神农氏用火给百官命名，因此叫他"火帝"。②鸟官：少昊氏用鸟给百官命名，叫他"鸟官"。

人皇：为传说中的三皇之一。③始制文字：传说上古结绳记事，伏羲氏始造文字。④衣裳：衣：原指上身穿的衣服；裳（cháng）：古代指下身穿的裙子。后统称为衣服。

【译文】

伏羲氏以龙命名百官的师长，因此被称为龙师。炎帝以火来任命自己的部署，被称为火帝。少昊金天氏的官员以鸟命名，属下被称为鸟官。人皇氏是华夏人民最早的皇者，被称为人皇。

到了黄帝时代，黄帝的大臣仓颉是发明文字的始祖，人们在胡曹、伯余的带领下才学会了制作衣裳。

【相关链接】

在古代，人们的上衣多为交领斜襟，中原人认为右侧比左侧尊贵，习惯衣襟右掩，用左边那片衣襟包住右边那片。也就是说衣领的样子看起来像是字母 y。这种穿衣方式被称为右衽。而北方游牧民族认为左侧比右侧吉利，衣襟左掩，被称为左衽。

而对于中原人来说，只有死去的人才会穿左衽的衣服。孔子曾赞扬对抗戎狄的齐相管仲："微管仲，吾其被发左衽矣。"其大意是，如果没有管仲，我们将会被异族统治，像他们一样披散着头发，穿大襟开在左边的衣服了。

【原文】

推位让国，有虞陶唐①。吊民伐罪②，周发殷汤③。

【注释】

①有虞：指有虞氏，传说中的远古部落名，舜是它的首领，这里指舜，又称虞舜。陶唐：即陶唐氏，传说中的远古部落名，尧是它的首领，这里指尧，又称唐尧。②吊：安抚。伐：讨伐。③周发：西周的第一个君主武王姬发，他讨伐暴君商纣王而建立周朝。殷汤：历史上商朝又称殷，成汤是第一个君主，他讨伐夏朝暴君桀（jié）而建立商朝。

【译文】

能够做到推辞王位、谦让国家的贤帝，在上古是尧帝、舜帝两人。为了安慰人民而征讨罪恶的统治者，说的是周武王姬发与殷商太祖成汤。

【相关链接】

在所有的隐士中，当属范蠡活得最逍遥。当年，吴国刚被越国灭亡之后，范蠡知道自己有功高盖主的嫌疑。再加上吴国已灭，越王用不到自己，难免会发生“飞鸟尽，良弓藏；狡兔死，走狗烹”的结局。范蠡深知勾践为人可以共患难，却不能同富贵。

他便找了个机会，逃出越国，自称“鸱夷子皮”，带领儿子和门徒在海边隐居。自己开垦荒地、辛勤耕作，用剩余的时间经商。没过几年，范蠡就积累了数千万家产。又因为他平时仗义疏财，造福乡里，范蠡的贤明能干被齐人赏识，齐王把他请进国都临淄，拜为主持政务的相国。范蠡感叹，做齐国的相国对于一个白手起家的平民来讲，已经到了人生事业的顶点。长久地受到尊崇，恐怕不会带来什么好事。

三年后，他再次急流勇退，向齐王归还了相印，散尽家财给知交和老乡。秘密离去，到陶地住下来，自称陶朱公。

【原文】

坐朝问道，垂拱平章①。爱育黎首②，臣伏戎羌③。

【注释】

①垂拱平章：意思是垂衣拱手，天下太平。此语出自《书经·武成书》中“纯信明义，崇德报功，垂拱而天下治”。②黎首：指黎民百姓。③戎羌：指四方的少数民族，是“南蛮北狄，西戎东夷”的简称。

【译文】

贤君们坐在朝堂上询问治国之道，垂衣拱手就能让天下得到治理，轻松地考核百官、提拔良臣。他们关爱并抚育黎民，高尚的德行让戎、羌这样的境外民族都被降伏，愿做臣属。

【相关链接】

夏朝末年，君主夏桀无道，大臣汤便回到自己的国家发展国力。汤经常率领仲虺（huǐ）和伊尹出外巡视国家的农业。有一次，汤走到郊外山林中，看见一个农夫正在挂捕捉飞鸟走兽的网，把东南西北四个方面都围了起来。待网挂好后，这个农夫对天拜了几拜，然后跪在地上祷告说：“求上天保佑，我的网已挂好，愿天上飞的、地下跑的，从四方来的鸟兽都进入我的网中。”汤听见了以后，非常感慨地说：“只有夏桀这样的人才能做到如此地步！这样张网会把鸟兽完全捉尽灭绝啊！实在太残忍了。”商就叫仆从把挂着的网撤掉三面，只留下一面。商汤也跪下去对网祷告说："天上飞的，地下走的，想往左的，就往左飞，想往右的，就往右飞，不听话的，就向网里钻吧！"说完站起来对那个农夫和从人们说："对待禽兽也要有仁德之心，不能捕尽捉绝。毕竟，不听天命的禽兽，还是少数，我们要捕捉的就是那些不听天命的。"那个农夫深受感动，就照汤的做法，收去三面的网，只留下一面。这就是流传到后世的"网开一面"这个成语的来源。

商汤"网开一面"的事迹在诸侯中很快就传扬开了。诸侯们听说以后，都齐声称颂说："汤是极其仁德的人，对禽兽都是仁慈的。"大家都认为汤是有德之君，可以信赖，周边自愿归附商的诸侯很快就增加到四十个，使得天下臣服。

【原文】

遐迩一体①，率宾归王②。鸣凤在竹③，白驹食场④。化被草木⑤，赖及万方。

【注释】

①遐迩：指远近。②率宾：出自《诗经》："普天之下，莫非王土；率土之滨，莫非王臣。"③凤：传说中的鸟名，为百鸟之王。雄曰凤，雌为凰。④白驹：是小白马。此句出自《诗经·小雅·白驹》中"皎皎白驹，食我场苗，执之维之，以永今朝"之诗句。⑤被（pī）：通"披"，覆盖，恩泽之意。

【译文】

远处与近处的疆域都成为一体，从山地到水滨的人民都归顺君王。凤凰在竹林里高歌，白驹流连在菜场。君王的圣德与教化遍及草木，天下四方都幸而蒙受这样的恩泽。

【相关链接】

在古埃及传说中，凤凰身体的大小和鹰一般，全身长着金色的羽毛，它的外表五彩斑斓、闪闪发光。它的声音清亮悦耳，能给人带来幸运。但是，这世界上只有一只凤凰，凤凰的寿命为五百年。在临死之时，凤凰会采集芳香植物的树枝、香草筑成一个巢，然后点火自焚，在熊熊火焰中，一只幼凤凰诞生了。新生的幼凤凰就将老凤凰的骨灰装进药蛋中，在蛋上涂上防腐的香料油，带着它飞到太阳神那里，由太阳神将它放在太阳神庙的神坛上。

这就是西方的凤凰——菲尼克斯的传说。

【原文】

盖此身发，四大五常①。恭惟鞠养②，岂敢毁伤。

【注释】

①四大：指地、水、风、火。五常：人性中含有五常之德，指仁、义、礼、智、信。②恭惟鞠（jū）养：恭：恭敬，谦逊；惟：惟谨，顺服；鞠养：抚养，养育。

【译文】

人的躯体与须发是由风、火、水、土构成的，而人本身的行为则由仁、义、礼、智、信五常来指导。恭敬地想着父母生养的劳苦，又怎么敢伤害自己的身体。

【相关链接】

曾子有一次在瓜地锄草，不小心将一棵瓜苗连根锄掉。曾子的父亲看到后非常生气，操起一根大棍子就打到曾子的后背上，一下子把儿子打趴到地上，半天不省人事。过了好一会儿，曾子才苏醒过来，看到父亲还很高兴地站起来对父亲说："刚才是我不对，得罪父亲了，父亲您用力教训我的过程中，身体没有受伤吧？"

向父亲告退后，曾子回到房里又弹琴又唱歌，想让父亲听到琴声歌声后，知道他很健康。

孔子知道此事后非常生气，告诉学生们说："等曾参来了，不要让他进门。"

曾参自认为自己没有任何过错，便请其他同学去问老师为什么不让他进门。孔子对受曾子之托前来的学生说道："你们难道没有听说过吗？从前，瞽瞍的儿子叫舜。舜侍奉父亲时，父亲每次想让舜做什么事情，舜没有一次不在父亲身旁，但父亲每次受到挑拨想要杀了舜时，却没有一次能找得到他。当瞽瞍用小木棍打他时，舜就忍着，任由父亲打，但一看到父亲操起大棍子打他，立马就逃跑，这可使瞽瞍不犯为父不慈的罪过，舜也不失其孝子之心。现如今，曾参对待父亲，委身于父亲的暴怒，就是打死都不知道躲一躲，倘若真的被父亲打死了就会陷父亲于不义，哪一种不孝的罪名会更大些？你们每一个人难道不是天子的子民吗？杀了天子的子民，这又是什么罪？"

曾参听到同学转达的老师的话后，悔悟地说："我的罪过真是太大了！"于是赶紧去拜访孔子并向他承认错误。

【原文】

女慕贞洁①，男效才良。知过必改，得能莫忘②。

【注释】

①慕：向往，追求。②得能：学到知识才能。

【译文】

女子应当向往正直、高洁的品质，男子应该效仿才智、良行俱佳的贤者。得知自己的过错以后，必须要加以改正，而自己新学到、新领悟的东西也不要忘记。

【相关链接】

"狗熊掰棒子——掰一根丢一根"，这是民间的一个歇后语，意思是说人比较笨，前面刚学完，转头就忘了。

传说狗熊在玉米地里偷玉米的时候，通常是掰下一个玉米就丢掉前面掰的玉米。因为狗熊习惯把掰下来的玉米夹在腋下，它再掰一个，还会夹在腋下，而狗熊一抬胳膊，先前的那个玉米也就掉了。所以，到了最后狗熊还是只有一个玉米。

【原文】

罔谈彼短①，靡恃己长②。信使可覆③，器欲难量④。墨悲丝染⑤，《诗》赞羔羊⑥。

【注释】

①罔：不要，没有。②靡：无，不，没有。恃：依赖，依仗。③信：诺言。覆：校验，复验。④器：肚量，气度。⑤墨：墨子，名翟。鲁国人（一说宋国人），战国初期思想家，墨家学派创始人。他看见匠人把白丝放进染缸里染色，悲叹道："染于苍则苍，染于黄则黄。"意为不要受不良环境的影响，而要保持天生的善性。⑥羔羊：语出：《诗·召南·羔羊》："羔羊之皮，素丝五紽。"通过咏羔羊毛色的洁白如一，来赞颂君子的"节俭正直，德如羔羊"。《毛序》："《羔羊》，鹊巢之功致也。召南之国化文王之政，在位皆节俭正直，德如羔羊。"

【译文】

不要谈论嘲笑别人的短处，也不要依仗着自己的长处而瞧不起他人。使自己的信誉能承受住反复考验，让自己的胸怀和肚量宽广得难以衡量。墨子悲叹白丝容易被颜色浸染，《诗经》赞美人的品格应该纯洁如同羔羊。

【相关链接】

一个盲人独自在崎岖的路上行走，十分艰难。正好，他遇到了一个瘸子，就央求瘸子说："大哥，可怜可怜我这个瞎子吧！你告诉我该怎么走好吗？"

而那个瘸子回答说："我是个瘸子，自己走路都一瘸一拐的，感到很困难，就是想帮你也帮不上忙啊！不过，你看上去倒是身强力壮。"

盲人说："我身体是很棒，要是我能看得见路，走起来是不成问题的。"

瘸子说："要不这样吧！你背上我，我做你的眼睛，你做我的腿，咱们一起试试，看行不行。"

盲人说："这真是个好主意，我双手赞成，咱们现在就合作吧！"

于是，盲人背起瘸子，他们一路走得又安稳又快活。

尺有所短，寸有所长，天下没有十全十美的事。所以，取长补短、扬长避短才是聪明人的选择。

【原文】

景行维贤①，克念作圣②。德建名立③，形端表正。

【注释】

①景行：语出《诗·小雅·车辖》："高山仰止，景行行止。"意思是对高山要

抬头瞻仰，对贤人的品德要看齐，站到一个行列中去。②克：意为能也。③德建名立：建立较高的道德修养，就有好名声。

【译文】

景仰贤人的行为，并且要向他学习。克制自己的欲念就会逐渐接近圣人的境界。只有形成良好的道德观念，才会赢得贤良的名声。只有使自己的行为举止正派，才会形成端方正直的仪表。

【相关链接】

相传在春秋时期，一个寒冷的夜晚。鲁国人展获回家时耽搁了行程，来到城下，城门已经关上了，他只好在城门下避风的地方凑合一晚。没想到，夜宿城外的并非他一人，还有一个无家可归的女子。展获怕她冻死，就把她抱在怀里，用外衣把她裹紧，同坐了一夜。在此期间，展获对女子始终以礼相待，并没发生任何失礼的行为。于是展获就被誉为“坐怀不乱”的圣人。后来展获被赐予“柳下”这个地方作为他的食邑，而在他死后，谥号被谥为“惠”，因此，他被称作柳下惠。

展获在这次事件中，克制自己的欲念而保持了圣人的品行，实在难能可贵。

【原文】

空谷传声①，虚堂习听②。祸因恶积，福缘善庆。尺璧非宝③，寸阴是竞④。

【注释】

①空谷：空阔的山谷。②习：长期反复。③尺璧：直径一尺的圆玉。④竞：争取，珍惜。

【译文】

在空旷寂静的山谷里喊话，很快就能听到传回的回声，在高大空旷的厅堂里发出响动，响声会在屋子里回响多次。祸端的产生是由于平时恶行的积累，福运的到来是因为平日里行善积攒下的福庆。与时光相比，一尺方圆的玉璧算不上宝贝，而每分每秒的时间却是值得珍惜的。

【相关链接】

在我国古代，有一种利用太阳投射的影子来测定时刻的仪器被称为“日晷”。通常由铜制的指针和石制的圆盘组成。铜制的指针叫做“晷针”，垂直地穿过圆盘中心。石制的圆盘叫做“晷面”，安放在石台上，呈南高北低，使晷面平行于天赤道面，这样，晷针的上端正好指向北极，下端正好指向南极。在晷面的正反两面刻上 12 个大格，每个大格代表两个小时。当太阳光照在日晷上时，晷针的影子就会投向晷面，太阳由东向西移动，投向晷面的晷针影子也慢慢地由西向东移动。

而寸阴就是日影在日晷上移动一寸的时间。

【原文】

资父事君[①]，曰严与敬。孝当竭力，忠则尽命。临深履薄，夙兴温凊[②]。

【注释】

①资：凭借。事：侍奉。②夙兴温凊（qìng）：夙：早；兴：起；凊：凉。此句意思是，早起晚睡，恭敬照顾父母。

【译文】

奉养父亲、侍奉君主，圣贤要求我们做到严肃与恭敬。孝敬父母要竭尽全力，对君主尽忠则要完成他的命令。侍奉君王要像站在深渊边上、薄冰层上一样小心谨慎，不容出错。孝顺父母则要早起晚睡，冬季让父母温暖，夏季让父母清爽。

【相关链接】

汉文帝时期，淳于意因得罪了齐王丞相，被人上书告发误诊病情，医死了人。当地的官吏给他的判决是肉刑，要把他押解到长安去受刑。

淳于意有 5 个女儿，却没有儿子。他被押送长安离开家的时候，望着女儿们叹气，说："唉，可惜我没有男孩，遇到急难时，连个帮手也找不到。"几个女儿都低着头伤心得直哭，只有最小的女儿缇萦（tí yíng）又是悲伤，又是气愤。她想："为什么女儿偏没有用呢？"她提出要陪父亲一起上长安去，家里人再三劝阻她也没有用。缇萦到了长安，托人写了一封奏章，到宫门口递给守门的人。汉文帝接到奏章，知道上书的是个小姑娘，倒很重视。那奏章上写着："我叫淳于缇萦，是太仓令淳于意的小女儿。我父亲给国家当差的时候，齐国的人都说他廉洁正直。现在他犯法获罪，按律当处以肉刑。我不但为父亲难过，也为所有受肉刑的人伤心。一个人砍去脚就成了残废，以后就是想改过自新，也没有办法了。我情愿进入官府作奴婢，用自身来替父亲赎罪，好让他有个改过自新的机会。"汉文帝看了信，十分赞赏这个小姑娘，赦免了淳于意。因为汉文帝一直有废除肉刑的想法，索性就正式下令废除肉刑。

缇萦为父亲鸣冤顶罪，又为皇上赢得宽仁的名声，可谓忠孝双全。

【原文】

似兰斯馨[①]，如松之盛[②]。川流不息，渊澄取映[③]。容止若思，言辞安定[④]。

【注释】

①兰：兰草。馨：香气。多比喻人的德化远播、声誉流芳。②盛：旺盛，茂盛。③澄：水清明净。④安定：沉稳。

【译文】

良好的品德就像兰香一般声名远播，像冬天的松树一般茂盛，经久不凋。这种家风应该如同江河中的水流一样永不停息，子孙代代流传。先祖的品德如同澄净的深潭一样映照出你的不足。仪容举止要沉着内敛，若有所思的样子，言辞谈吐要表现得从容安定。

【相关链接】

有一次，名士谢安和数位好友相约泛舟海上，不料后来起了风浪，一时间波涛汹涌，浪卷云垂，同船的名士们都大惊失色，想要马上返回。只有谢安一个人游兴正浓，吟诵诗文，若无其事。划船的老头看他举止安定，神色愉悦，便继续向远方划去。直到风急浪高，小舟像一枚树叶在惊涛骇浪间翻转的时候，其他人惊慌失措地在船上乱跑，谢安却从容地安抚他们说："如果大家都这样乱成一团，我们就真的回不去了。"

听到谢安的话，大家渐渐平静下来，船得以平安返回。可以说，谢安遇事镇定的做法救了大家。

【原文】

笃初诚美①，慎终宜令②。荣业所基，籍甚无竟③。

【注释】

①笃初：笃：忠实真诚。意为良好的开端。②慎终：谨慎之意。宜令：应当美好。③籍甚：甚大，众多。

【译文】

在刚开始办事时能够一心一意地对待，这确实是件好事。在事情即将成功时还能做到谨慎，当然会更加完美。

善始善终是一个人荣誉与事业的基础，遵循这条告诫，事业的发展将无止境。

【相关链接】

乐羊子在外面求学，一年后回到家中，妻子连忙跪起身来问他回来的缘故。乐羊子说："只是在外久了，心中十分想念家人，并没有别的特殊的事情。"妻子听后，就拿起刀来快步走到织机前说道："这些丝织品都是从蚕茧中生出，又在织机上织成，一丝一丝地积累起来，才达到一寸长，一寸一寸地积累，才能成丈成匹。现在如果割断这些正在织着的丝织品，那就无法成功织出布匹。你积累学问，就应当像织布那样，每天都学到自己不懂的东西，以此成就自己的美德；如果中途就回来了，那同切断这丝织品又有什么不同呢？"乐羊子被妻子说得很惭愧，重新回去修完了自己的学业，连续七年没有回家。

【原文】

学优登仕①，摄职从政②。存以甘棠③，去而益咏。

【注释】

①学优：出自《论语》"学而优则仕"之语。登仕：做官。②摄职：得到职位。③甘棠：木名，即棠梨。相传周召公巡视南方时，在甘棠树下理政，后来当地人

因其爱民而爱戴他，所以珍爱树而不砍伐，并作《甘棠》之诗加以赞美。

【译文】

学业优异的学子才有资格出仕为官，先是担任一些副职，辅助他人，然后才能任正职并参与政事。

周人留下了曾为召公遮阳的一棵甘棠树，不忍砍伐，虽然召公已经不在了，但是我们更要记住他的事迹，以诗篇歌咏他。

【相关链接】

春秋时，魏国有个叫子质的大臣，他得势时曾举荐过很多人。丢官后去找老朋友简子，并向他发牢骚，埋怨自己过去培养的人在危难时不肯帮助他。简子听后笑着对子质说：春天种了桃树和李树，到夏天可在树下纳凉休息，秋天还可吃到可口的果实，可是如果你春天种的是蒺藜，到夏天就不能利用它的叶子，而秋天它长出来的刺倒要扎伤人。你过去培养、提拔的人都是些不值得举荐的人，所以君子培养人才，就像种树一样，应先选好对象，然后再培植啊！

这就是桃李满天下的来源。

【原文】

乐殊贵贱①，礼别尊卑。上和下睦②，夫唱妇随③。

【注释】

①乐殊：音乐差异，上古时，乐器有贵贱之分。殊：差异之意。②上：尊贵者或长辈。下：子侄晚辈。③唱：同“倡”，倡导。

【译文】

用音乐的不同来表明各人身份的贵贱，用礼法区别出各人地位的长幼尊卑。

上下级之间和睦相处，丈夫倡导的事情妻子要支持。

【相关链接】

鲁国昭公、定公时期，朝中大臣季平子权势熏天。他不仅不把鲁国国君放在眼里，甚至自比周天子。按当时宫廷的礼乐制度，天子可以观看八佾（yì）舞，鲁昭公应用六佾，48 人演出，而卿大夫季氏只能用四佾，32 人来演出。

可是季氏却故意向国君示威，偏要设置 64 人的大型舞乐队。所以孔子谈到季氏时，对于这种破坏周礼等级的僭越行为极为不满，并愤怒地说：“八佾舞于庭，是可忍也，孰不可忍也！”其大意为，在他的家庙的庭院里用八佾奏乐舞蹈，如果有人对这样的事情也能够容忍，那么还有什么事情不能够容忍呢！

【原文】

外受傅训①，入奉母仪②。诸姑伯叔，犹子比儿③。

【注释】

①傅训：师傅的教诲。②奉：遵循，遵照。仪：行为，规范。③犹子：兄弟的儿子。

【译文】

在外面遵守师父的教导，在家中要接受母亲的教诲。对待诸位姑姑、伯父与叔父，要像儿子对父亲一样孝顺。

【相关链接】

古人讲究男主外、女主内，家门之外的事由男子负责，家门之内的事由女子负责。因此，年幼的儿女们，一般都归母亲抚养，父亲是很少过问的。可以说孩子在五六岁前，接触最多的是母亲，他们模仿母亲的一举一动，以母亲为学习的榜样。所以，中国自古以来就非常重视母亲的言传身教，在中国历史上有四位鼎鼎大名的母亲被后人当作母仪的典范。

中国古代四大贤母：

战国时期亚圣孟子的母亲仉氏，“孟母三迁”“孟母断机”的故事为后世称颂。

东晋名将陶侃的母亲谌氏，“截发延宾”“封坛退鲊”的故事让人敬重。

北宋文坛宗师欧阳修的母亲郑氏，“画荻教子”的故事让人钦佩。

南宋抗金英雄岳飞的母亲姚氏，“岳母刺字”的故事流传千古。

【原文】

孔怀兄弟①，同气连枝②。交友投分③，切磨箴规④。

【注释】

①孔怀：出自《诗·小雅·常棣》：“死丧之威，兄弟孔怀。”后来多用“孔怀”来代指“兄弟”。②同气：指有血统关系的亲属，多用来指同胞兄弟。③投分：情投意合。④切磨：本指加工玉石等器物，此引申为学问上的探讨研究。箴规：劝诫劝勉。

【译文】

兄弟之间，要相互关心、相互友爱，因为兄弟们的血统与气息相同，像连枝的树木。结交朋友更是要注重志向相投，意气相合。这样才能在学业中相互切磋，增进学问，在犯错时得到规劝。

【相关链接】

从前，福建南部的大山里有一小村庄，村庄附近常有野兽出没。村里有户人家，家中父母早逝，只剩下兄弟三人。这三兄弟白天结伴上山砍柴，晚上则遵照祖训，一起练武防身，天长日久，却也练就了一身好拳脚。

由于家境贫寒，老大跟人出外做生意，几年后，老二和老三都先后成了家。

某一日，村里发现附近有老虎出没，村民惶恐不安，兄弟俩便商议上山打虎为民除害。于是兄弟俩就上山埋伏，时近黄昏，老虎果然现身了。兄弟二人你攻我守、相互照应，竟然真把老虎打死了。从此以后，兄弟俩就以打虎为生，日子却也过得十分顺心。

谁知，老三的妻子嫌自己家分的钱财少，怂恿丈夫独自上山打虎，老三竟真的答应了。第二天，老三自己上山，遇到了一只吊睛白额虎，这是老三第一次独自面对老虎，难免心中没底，顿时手脚发慌，眼看就要被老虎扑倒。

正当危急之际，只见他的大哥拿着大斧，二哥拿着铁棍双双赶来了……原来，老大多年在外谋生，思乡心切，便和几位乡亲一同返回故里。老大刚跨进家门，老二也跟着进来，兄弟俩相见却找不到老三，询问老三的妻子，才知道他上山打虎去了。兄弟俩听说后，预感大事不妙，连忙上山，好在来得及时，把老三救下。

经此教训，老三的妻子再也不敢搬弄是非了。“打虎亲兄弟”这句话就在福建一带流传开了。

【原文】

仁慈隐恻①，造次弗离②。节义廉退③，颠沛匪亏④。

【注释】

①隐恻：恻隐，怜悯，同情。②造次：仓促，慌忙。③廉退：廉洁谦逊。④颠沛：跌倒，比喻处境窘迫困顿。匪：非，不是。

【译文】

仁慈的品德与同情心，不要轻易地丢弃。气节、正义、廉洁与退让这四项操守，更不能在遭遇挫折时有所违背。

【相关链接】

一年夏天，名士许衡与很多人一起逃难。在经过河阳时，由于天气炎热，众人长途跋涉，所有人都感到嗓子冒烟、口渴难耐。

这时，有人突然发现道边上刚好有一棵大大的梨树，梨树上结满了成熟的梨子。于是，大家都你争我抢地爬上树去摘梨来吃，唯独只有许衡一人，端坐于树下不为所动。

众人觉得奇怪，便问许衡：“你为何不去摘个梨来解解渴呢？”许衡回答说：“不是自己的梨，怎能乱摘！”问得众人不禁哈哈大笑，说：“现在时局这样乱，大家都在各自逃难，眼前这棵梨树的主人早就不在这里了，主人不在，你又何必介意呢？”

许衡说；“梨树失去了主人，难道我的心也没有主人吗？”许衡始终没有摘梨。

【原文】

性静情逸①，心动神疲。守真志满②，逐物意移③。坚持雅操，好爵自縻④。

【注释】

①情逸：情志闲适。②守真：保持本来天性。③逐物：追求身外之物。④爵：官位。縻（mǐ）：拴住，系住。

【译文】

性情沉静下来，情感就会变得自在、安逸。心绪躁动不安，精神状态就会变得疲惫不堪。守护住自己最真实、自然的本性，才会更容易达成自己的志向。否则，失去自己的本心，过于注重对身外之物的追求，意志就会逐渐偏转以至于被毁掉。

坚持高雅的情操，自然有高官厚禄来作伴。

【相关链接】

在南北朝时期，佛教禅宗传到了第五代祖师弘忍大师，弘忍大师的大弟子神秀是大家公认的禅宗衣钵的继承人。

但是弘忍想要传承衣钵，就必须让继承人在众人面前经受一次考验，所以他就对徒弟们说，大家都做一首偈子，看谁做得好就传衣钵给谁。偈子是佛经中一种可以用来唱颂的小诗，一个偈子有四句诗，每句诗有三字以上。

神秀在院墙上写了这样一首偈子：“身是菩提树，心为明镜台。时时勤拂拭，勿使惹尘埃。”这首偈子的意思是，身是象征智慧的菩提树，心如干干净净的明镜台。要时时刻刻地照顾自己的心灵，通过不断的修行来抹去外面的诱惑。

当庙里的和尚们都在谈论这首偈子的时候，被厨房里的一个火头僧惠能听到了。于是他也做了一个偈子：“菩提本无树，明镜亦非台，本来无一物，何处惹尘埃。”这首偈子的意思是，万物都是假相，本来就没有菩提树，心灵也不是明镜台，世上原本就没有这样的东西，又能从哪里沾染尘埃呢？如果心灵本来就对那些诱惑不感兴趣，就不用强行驱逐外界的诱惑，任何事物都可以从心中穿过，却不留痕迹。这才是禅宗最高境界，领略到这层境界的人，就是所谓的开悟了。

于是，弘忍大师向惠能讲解了《金刚经》这部佛教最重要的经典，并传了衣钵给他。

【原文】

都邑华夏①，东西二京②。背邙面洛③，浮渭据泾④。

【注释】

①都邑（yì）：京城。邑：城市。②东西二京：西汉的都城长安称为西京；东汉的都城洛阳称为东京。两处合称为“东西二京”。③邙（máng）：山名，北邙山，在河南省。洛：洛水。④浮渭据泾：浮：流荡。此句意为长安处于渭水与泾水的交汇处。

【译文】

华夏民族的都邑是东京洛阳与西京长安，洛阳背靠邙山，面朝洛水，是一处绝佳的风水宝地。长安临近渭水，远看好像浮在河面上一样，北面又据守着泾水之险，很难被来自北方的敌人攻破。

【相关链接】

伏羲氏的女儿宓妃，因喜爱洛河两岸的景色，便经常来到洛河岸边游玩。那时，有洛氏一族在洛河流域定居。宓妃渐渐与他们熟识了，便加入到有洛氏族人的生活当中，并教会他们打猎捕鱼、圈养牲畜的技巧。

这天，宓妃十分想念父亲，便弹起伏羲发明的五弦古琴，奏出的乐曲优美而凄婉，带着淡淡的忧伤。不巧的是，这琴声被黄河里的河伯听到了，河伯冯夷顺着琴声找到宓妃，一下子就被宓妃的美貌所吸引，于是河伯化成一条白龙，在洛河里掀起轩然大波，吞没了宓妃。宓妃被河伯押入水府深宫，终日郁郁寡欢。

一日，后羿来到有洛氏部族，听说了宓妃的遭遇后，他义愤填膺，冲进黄河，将宓妃解救了出来，回到有洛氏族人中。那河伯不肯善罢甘休，他化身白龙潜入洛河，吞噬了许多田地、村庄和牲畜。后羿一箭射中了河伯的左眼，河伯仓皇而逃。

河伯自知不是后羿的对手，只好跑到天帝那儿去告状。天帝早就知道了所发生的一切，表彰了宓妃教化民众的功劳，并将她封为洛神。河伯从此再也不敢欺压宓妃了。

【原文】

宫殿盘郁①，楼观飞惊②。图写禽兽③，画彩仙灵④。

【注释】

①盘郁：曲折盛美。②观：宫阙。飞惊：如同鸟儿展翅高飞。③写：画，描绘。禽兽：建筑物上的图案。④仙灵：建筑物上仙人神灵的图案。

【译文】

这两座宫殿里的建筑幽深曲折，华美非常，而那些楼观亭台高耸入云身姿更是令人惊叹。在一栋栋宫殿上画满了仙禽灵兽的图案，一层层楼台上用五彩描绘着仙子与神灵的身姿。

【相关链接】

苏州的拙政园、留园，北京颐和园，承德避暑山庄并称为我国四大古典名园。

拙政园的布局以水为中心，池水面积约占全园总面积的五分之一，各种亭台轩榭多临水而筑。庭院空间变幻曲折，园中园、多空间的庭院组合相互对比衬托。庭院空间采用隐显结合、虚实相生的手法，突破了小空间的局限。

留园的格局当称一绝，全园分中、东、西、北四个景区，让人在一个园林中就能领略到山水、庭园、山林、田园四种不同景色。留园中部以山水见长，池水清幽，峰峦环抱，古木参天，有著名的太湖石冠云峰，两旁为瑞云、岫云两峰。留园东部以曲折的回廊，错落的建筑群取胜。园中西区则是全园最高处，以假山、土石堆积，造型自然。北部极具田园风光，并有新辟的盆景园。

颐和园前身是清漪园，为古代皇家园林，坐落在北京市海滨区。颐和园以昆明湖、万寿山为基址，以杭州西湖为蓝本，模仿江南园林的设计手法而成，是现存保留最完整的皇家园林，在中外园林史上有着很高的地位。

避暑山庄的建筑既有南方园林的风格、结构，又沿袭了北方建筑常用的手法，成为南北建筑艺术完美结合的典范。避暑山庄不同于其他地方的皇家园林，它继承和发展了中国古典园林“以人为之美入自然，符合自然而又超越自然”的传统造园思想，按照地形地貌特征进行总体设计，完全依据自然地势修建园林，依山傍水，顺其自然。它是中国园林史上一个辉煌的里程碑，享有“中国古典园林之最高范例”的盛誉。

【原文】

丙舍傍启①，甲帐对楹②。肆筵设席③，鼓瑟吹笙④。升阶纳陛⑤，弁转疑星⑥。

【注释】

①丙舍：宫室两旁的房屋。启：开。②甲帐：装饰有珍宝的帐幕。楹：殿堂的前柱。③肆：陈列，摆设。筵：筵席。④鼓：弹奏。瑟：一种弦乐器，有25根弦。笙：一种管乐器。⑤升：登。纳：进入。陛：宫殿的台阶。⑥弁（biàn）：古代以彩玉装饰的一种帽子。赤黑色布做叫爵弁，是文冠；白鹿皮做的叫皮弁，是武冠。后泛指帽子。

【译文】

皇宫配殿的门从左右开启，最为精美的帷帐对应着高大的楹柱。豪华的宴席已经陈列在殿中，笙瑟相和的乐曲已经奏响。大臣们纷纷登上台阶，进入大殿，帽冠上闪烁的宝石在大臣们行走转动间好似漫天的星辰。

【相关链接】

春秋时期，楚庄王有一次在大殿里宴赐群臣。

天色黑了，大家都喝得酒酣耳热，灯火却突然燃尽，于是有人借机调戏楚王的美人。美人心机一动，弄断了那人的冠缨，转身向楚庄王道："刚才灯火熄灭的时候，有人调戏我。我已经扯断他的帽带并拿在手里了。叫人赶快把火点上吧！看看是谁帽带断了。"

楚庄王说："宴赐群臣喝酒，让人喝醉而失礼，怎么可以为了彰显女人的节操而使臣子受辱呢！"于是传令左右说："寡人今日设宴，与诸位务要尽欢而散。现请诸位都去掉帽缨，以便更加尽兴饮酒。"

宴会上大臣有一百多人，大家都把帽带扯断，然后才叫人把火点上，大家都喝得十分尽兴而离席散去。

过了三年，晋国和楚国交战，有位大臣总是在前面冲锋陷阵，五度交锋五度奋勇作战，带头击退了敌人，最后终于获得胜利。

楚庄王后来很讶异地问他说："我德行浅薄，又不曾特别优待你，你为什么毫不犹豫地为我出生入死到这样的地步呢？"那大臣回答说："我本就该死！从前在一次宴会上因喝醉而失礼，君王您隐忍而不诛杀我。我始终不敢因为君王您的德行没有彰显而不去报答，常常希望自己能够肝脑涂地，用颈上的热血回报您的恩德！我就是那天晚上帽带被扯断的人哪！"

【原文】

右通广内①，左达承明②。既集坟典③，亦聚群英。杜稿钟隶④，漆书壁经⑤。

【注释】

①广内：汉宫廷藏书之所；指帝王书库。②承明：古代天子左右路寝称承明，因承接明堂之后，故称。③坟：《三坟》，记载三皇事迹的书。典：《五典》，记载五帝事迹的书。④杜稿：东汉书法家杜度的草书手稿，此处泛指草书。钟隶：三国魏人钟繇（yóu）的隶书真迹。⑤漆书：汲县魏安厘王墓中发掘出来的漆书体文字。壁经：汉代鲁恭王在曲阜孔庙墙壁上发现的古文经书（见《汉书·艺文志》）。

【译文】

汉代宫殿建筑中，建章宫的右侧通向用来藏书的广内殿。未央宫的左侧直达让朝臣休息的承明殿。广内殿收集了古往今来最珍贵的书籍，而承明殿则聚集了普天之下所有杰出的人才。那些珍贵的典籍包括杜度的草书、钟繇的隶书，还有在孔子家中的墙壁里发现的漆书。

【相关链接】

中国人有一个"敬惜字纸"的传统。文字是圣人仓颉所造，当初仓颉造字时，"天雨粟，鬼夜哭"，因为有了文字，天地间的造化被人用文字叙述出来，再也无法隐藏，所以，天上下起粟米雨。同样，鬼怪也无法遁藏他们的形迹，夜夜啼哭不已。

古人云："字为世间至宝，能使凡者圣，愚者智，贫贱者富贵，疾病者康宁。圣贤道脉，得之于千古，身家经营，遗之于子孙，莫不仗字之力。使世无字，则一切事理，皆不成立，而人与禽兽无异矣。"

所以古人的规矩极重，字纸如神物，不可以踩踏、不可以撕扯、不可以坐垫、不可以用来擦脏物、不可以用来封盖有臭味的器皿……

敬惜字纸的传统，最早出现的年代已不可考，但至少在宋代有了具体详实的凭证。人们习惯把写有字的废纸丢入专门的纸篓，而不是随意丢弃践踏、糊窗封坛或与其他废物混杂。并有专门的人员负责把收集来的废纸焚烧成灰，再把纸灰收到一块。每隔一段时间，便开坛拜祭造字的仓颉，然后将纸灰送至大江大海，称为"送字灰"或"送字纸"。同时还出现了专为焚烧字纸而建的"惜字塔"，以及专门收集字纸旧书加以焚化的惜字会。

【原文】

府罗将相①，路侠槐卿②。户封八县，家给千兵。

【注释】

①罗：分布，排列。②侠：同"夹"。槐卿：周代，朝廷上三公的位置面对三株槐树，所以三公也称三槐，槐卿即公卿。

【译文】

两京的将相府邸如星罗棋布，在大路的两旁是三公九卿的豪宅。文臣武将户户被赏赐八县的土地做封邑，家家供给上千的亲兵做护卫。

【相关链接】

士族，又称门第、衣冠、世家、巨室、门阀等。门阀是门第和阀阅的合称，门第指家族的社会地位，阀阅是指家族立下的功勋和家族传承的历史。

门阀制度是中国历史上从两汉到隋唐这一段时间中，朝廷选拔官员的制度。朝廷的重要官职往往被少数大士族所垄断，个人的出身背景对于其仕途的影响，远远大于其本身的才能与专长对仕途的帮助。在政治上，士族们按各自的门第高低分享特权，世代担任很重要官职。在经济上，士族占有大量土地和农民，完全可以建立起自给自足的"小王国"。在婚姻上，士族讲究门当户对，绝不与地位不如自己的家族联姻，更不会与庶族通婚。

直到唐代，科举制被固定下来，大大减轻了门阀制度对朝政的影响，科举制度让更多的贫寒之士能够为国家效力，"朝为田舍郎，暮登天子堂"已不再是奢望。

【原文】

高冠陪辇①，驱毂振缨②。世禄侈富③，车驾肥轻④。策功茂实⑤，勒碑刻铭⑥。

【注释】

①辇（niǎn）：古代帝王所乘的车。②毂（gǔ）：车轮，此处指车。③侈（chǐ）富：豪富。④肥轻：肥马和轻暖的裘衣。⑤策功：在典籍上记功勋；茂实：品德盛美。⑥刻铭：刻在器物或石碑上记载功德的文字。

【译文】

将相们头戴高冠，侍立在帝王的车马旁陪驾。车轮滚滚前进，车驾上的丝缨飘带迎风招展。他们世代承袭祖上的爵位俸禄，生活奢侈富足。平日里穿着轻裘、骑着肥马、乘着华车。这是因为他们的祖先功在社稷，帝王激励、册封先祖的功勋，勉励、慰问功臣的劳苦事迹，并立石碑刻铭文来彰显他们的贡献。

【相关链接】

石崇是西晋的文学家、著名的富豪。传说他在担任荆州太守的时候，经常指使手下假扮强盗，打劫富商，积累了巨额财富。

他与王恺并称为当时的两大富豪。王恺是司马炎的舅父，靠皇帝的资助成了超级富豪。他们两人互不服气，各显神通，公开斗富。

王恺用糖水刷锅，石崇就用蜡烛当柴火做饭。王恺用紫丝布做步障，衬上绿缕的里子，布置了四十里；石崇则用锦缎做成长达五十里的步障来和他抗衡。王恺用赤石脂来刷墙，石崇就用花椒粉来刷墙。

晋武帝看到王恺没招了，就打开内库，把一棵二尺来高的珊瑚树送给王恺，这棵珊瑚树枝条繁茂，世上很少有和它相当的。王恺拿来给石崇看，石崇看后，就拿铁如意随手打碎了珊瑚树。王恺又急又气，认为石崇是妒忌自己的宝物，一时声色俱厉。石崇却说："这种珊瑚树不值得遗憾，现在就赔给你更好的。"于是，石崇叫手下的人把家里的珊瑚树全都拿出来，高达三四尺，树干、枝条举世无双而且光彩夺目的珊瑚就有六七棵之多，像王恺那样的就更多了。王恺看了，惘然若失。

【原文】

磻溪伊尹①，佐时阿衡②。奄宅曲阜③，微旦孰营④。

【注释】

①磻（pān）溪：指姜太公吕尚；吕尚在磻溪钓鱼，遇文王，拜为太师，辅佐周武王灭商。伊尹：原为有莘（shēn）氏女的陪嫁奴隶，商汤用为小臣，后来任以国政，辅佐商汤功灭夏桀。②阿衡：商朝官名，相当于宰相。《诗·商颂·长发》："寔维阿衡，左右商王。"则是专指伊尹。③奄：周初时的小国。④微：没有。旦：周公姬旦。

【译文】

磻溪垂钓的姜尚姜子牙、商代的伊尹都是辅佐君王、顺应时势的“阿衡”。鲁国都城曲阜建立在古奄国的土地上，没有周公旦又有谁来营建？

【相关链接】

周公旦，姓姬，名旦，他是周文王第四子，周武王之弟，被称为叔旦。因为他的采邑在周，人称周公，他的谥号为文，又被称为周文公。

周武王死后，成王年幼，由周公摄政辅国。他平定了王朝初期的动乱，并将国家势力扩展至东海。后来，周公建立都邑成周又名洛邑，成为国家的“东都”，用来安置商朝的遗民。

洛邑建成后，周公开始实行封邦建国的方针。把武王的兄弟和国家功臣，封到封国去做诸侯，一是便于管理国家的偏远地区，二是诸侯可以作为捍卫王室的第一道防线。周公还在封国内普遍推行井田制，将土地统一规划，巩固和加强了周王朝的统治。

在文化上，周公“制礼作乐”，制定和推行了一套维护君臣宗法和上下等级的典章制度——周礼。流传千年之久的嫡长子继承制也是由周公所创。

【原文】

桓公匡合①，济弱扶倾。绮回汉惠②，说感武丁③。俊乂密勿④，多士寔宁⑤。

【注释】

①匡合：纠结力量，匡定天下。②绮：绮里季，商山四皓之一。汉惠帝做太子时，汉高祖想废掉他另立太子。吕后用张良的计策，厚礼迎来商山四皓，使他们与太子相处。汉高祖看到惠帝羽翼已成，就打消了另立太子的念头。③说（yuè）：傅说。傅说原是一个奴隶，殷高宗武丁梦见了他，便画像访求，找到以后，用为宰相。④俊乂（yì）密勿：俊乂：有贤德之人；密勿：勤勉努力。⑤多士寔（shí）宁：《诗·大雅·文王》：“济济多士，文王以宁。”依赖众多德才兼备之人，天下得以安宁。

【译文】

齐桓公联合诸侯、匡扶天下，接济弱者、扶助危亡，是管仲的功劳。绮里季挽回了汉惠帝即将被废黜的太子位，传说因为武丁的梦境感应，傅说被提拔为丞相辅佐君王。贤德之人勤勉地辅佐君王的大业，众多英才使得天下社稷稳定。

【相关链接】

春秋时期，齐国孟尝君好养士，为门客们提供美食华服，于是，孟尝君门下的食客有三千人。

一回，孟尝君出使秦国，秦王忌惮他的实力，犹豫是否应该趁机杀了他，一直不肯放他离去。孟尝君与门客商议，由一名善于钻狗洞盗窃财物的门客偷出

"白狐裘"，献给秦王宠妃，让她帮孟尝君说情。秦王被枕边风一吹，果然同意放过孟尝君。

孟尝君却不敢耽误，唯恐秦王变卦，立刻带着一干人马逃往边关。来到城门下，正值半夜，按规矩清晨鸡鸣时城门才开。孟尝君片刻也等不得，由另一位善于模仿鸡叫的门客骗开了城门。所以，人们都说孟尝君是靠着鸡鸣狗盗之士逃回了齐国。

北宋的政治家、文学家王安石曾评价过善于养士的孟尝君，他认为孟尝君手下并非是国之名士，而是一群市井之徒。

不管如何，孟尝君在一帮门客帮助下，规避了不少风险，并成就了令人惊羡的大业。

【原文】

晋楚更霸①，赵魏困横②。假途灭虢③，践土会盟④。

【注释】

①更：更替。②困横：因连横而受困被秦所灭。③假途灭虢（guō）：出自《左传·僖公五年》："晋侯复假道于虞以伐虢。宫之奇谏曰：虢，虞之表也；虢亡，虞必从之。晋不可启，寇不可玩……谚所谓'辅车相依，唇亡齿寒'者，其虞虢之谓也。"虞侯因不听宫之奇的劝谏遂使晋国在灭掉虢国之后自己的国家也被晋国灭亡。④践土：地名，在今河南荥阳东北；会盟：诸侯聚会结盟。

【译文】

晋文公成为霸主之后，又被一鸣惊人的楚庄王更替取代。赵魏等国因为受制于秦国的连横之策而被灭亡。晋献公向虞国借路攻打虢国，结果连同虞国一起灭掉。他的儿子晋文公在前人的基础上成就霸业，于践土会盟诸侯。

【相关链接】

晋献公晚年，晋国发生了内乱，公子重耳与公子夷吾均流亡国外。后来公子夷吾在秦国的帮助下先行回国，登基即位，史称晋惠公。

重耳看到国家平定，也有意回国。谁知，晋惠公怕国人依附重耳，立即派遣刺客前往刺杀。重耳匆忙逃到卫国，卫文公却拒绝向重耳伸出援手。

在卫国五鹿，重耳经历了他人生中最艰难的一段时期。又累、又饿、身无分文，重耳终于忍不住了，放下架子向一个农夫乞讨。农夫没有拿出食物与重耳分享，而是从地上拾起土块，向重耳道："拿去，吃吧！"

重耳没想到，自己放下尊严去乞讨换来的却是这个结果，气愤地举起鞭子要抽打农夫。一旁的贤臣狐偃赶忙上前阻止了重耳："这是上天要赐给我们土地的征兆啊！说明我们复国在望。"重耳听了狐偃的劝解，郑重地向农夫磕了个头，接过土块，装在车上。

【原文】

何遵约法[①]，韩弊烦刑[②]。起翦颇牧[③]，用军最精。宣威沙漠[④]，驰誉丹青。

【注释】

①何：萧何，汉高祖丞相。《史记萧相国世家》说他“以文无害”，“奉法顺流”。《汉书刑法志》说他收拾秦法，“取其宜于时者，作律九章”。此大意是说萧何轻刑简法。②韩：韩非。弊：作法自弊。烦刑：苛刻的刑法。③起翦（jiǎn）颇牧：战国时的四位名将。起：白起；翦：王翦；颇：廉颇；牧：李牧。④宣威：显示兵威。

【译文】

萧何遵照“约法三章”制订了《九章律》名垂两汉，韩非子主张严刑峻法治国却使自己受到伤害。吴起、王翦、廉颇、李牧是最善用兵的四位将领。西汉大将军卫青、李广、霍去病驱除匈奴，威名在沙漠上远扬。他们被后人作画留念，称颂不已。

【相关链接】

公元前129年，匈奴兴兵南下直指上谷（今河北省怀来县）。汉武帝任命卫青为车骑将军，率领一万骑兵，迎击匈奴。汉武帝分派四路出击。卫青出上谷，公孙敖从代郡（治代县，今山西大同、河北蔚县一带），公孙贺从云中（今内蒙古托克托东北），李广从雁门出兵。四路将领各率一万骑兵。

卫青首次出征，果敢冷静，深入险境，直捣匈奴祭天圣地龙城，首虏700人，取得胜利。另外三路，两路失败，一路无功而还。汉武帝看到只有卫青胜利凯旋，封卫青为关内侯。龙城之战是自汉初以来对战匈奴的首次胜利，为以后汉朝的进一步反击打下了良好的人心基础。卫青由此也深得汉武帝的信任。

【原文】

九州禹迹[①]，百郡秦并。岳宗泰岱[②]，禅主云亭[③]。

【注释】

①九州：古代时，中国设置的九个州，分别为：冀、兖、青、徐、扬、荆、豫、梁、雍。后为中国的代称。②岱：东岳泰山的别称，也叫“岱宗”“岱岳”。③云亭：指云山和亭山。

【译文】

昔日，大禹治水划分九州，九州各地都留下了大禹的足迹。秦朝设立三十六郡，有些原属六国的势力范围，后来都被秦国吞并。到了汉代，郡县在秦代的基础上增加到一百多个。

泰山被当作群山之首、五岳的宗主，历代帝王都在此封禅祭拜，云山、亭山更是炎帝、黄帝封禅之处。

【相关链接】

舜帝时期，大禹在治理水患的过程中将天下划分成九州。九州，不同时代有不同州名版本。

在最早成书的《尚书·禹贡》里记载，九州是指："冀州、兖州、扬州、荆州、豫州、雍州、青州、徐州、梁州"等地。

周代由周公编写的《周礼·夏官·职方氏》记载，九州是："冀州、兖州、扬州、荆州、豫州、雍州、青州、并州、幽州"等地。

战国时期，秦相吕不韦编写的《吕氏春秋·有始览·有始》记载，九州包括："冀州、兖州、扬州、荆州、豫州、雍州、青州、徐州、幽州"等地。

秦代著名的《尔雅·释地》一书记载，九州可分为："冀州、兖州、扬州、荆州、豫州、雍州、营州、徐州、幽州"等地。

后来，大禹命令九州的州牧贡献出本州最好的铜矿，用来铸造九座青铜鼎。这九座青铜鼎上不但铸有九州的山川地理与奇珍异兽以象征九州王权，还镌刻着妖怪鬼魅图案，让人们了解它们的样子，辨别它们的形状，以防被它们伤害。

最早的鼎是黏土烧制的陶鼎，有三个底足、两只鼎耳，专门用来煮食物。等到人们发现了铜矿，学会制造铜器后，陶鼎渐渐被青铜鼎取代。自从有了大禹用九鼎来记录九州全貌的先例，鼎就从一般的炊器而发展为传国重器。

【原文】

雁门紫塞①，鸡田赤城②。昆池碣石③，巨野洞庭④。旷远绵邈⑤，岩岫杳冥⑥。

【注释】

①紫塞：北方边塞，这指长城。②鸡田：西北塞外地名，在今河北永年西南；赤城：山名，在浙江省天台县北，为天台山南门。《文选·孙绰〈游天台山赋〉》："赤城霞举而建标。"③昆池碣石：昆池：即昆明滇池；碣石：古山名，在河北乐亭县东，今沉入渤海。④巨野：泽名，也称大泽野，在今山东巨野北。⑤绵邈：广阔绵延。⑥杳冥：深远幽暗。

【译文】

守护中原的雁门关、长达万里的长城，西北塞外的鸡田、东北边疆的赤城是抵御入侵者的险要关卡。西南的昆池、临海的碣石、东方的巨野、南方的洞庭分布着最为广阔的湖、海。中国的地域广阔、辽远，中国的历史连绵久远、不绝如缕。中国的山脉洞穴或是渺茫高远或是幽暗深远，不一而足。

【相关链接】

在唐代流传下的传奇故事中，有一则发生在风光怡人的八百里洞庭湖，为秀美神秘的洞庭湖平添了一份瑰丽。

书生柳毅在前往长安赴京赶考的途中，在泾河畔遇到了一位女子在冰天雪地里牧羊。柳毅心生怜悯，上前询问，这才知道原来对方乃是洞庭湖的龙宫三公主，远嫁给了泾水龙王的十太子。可惜小龙王不喜欢这桩婚事，根本不理三公主。三公主得不到丈夫的关爱，又被公公婆婆欺凌，她被派往江边，去放牧那些负责降雨降雪的羊群。三公主又苦又累，想写信向父母求助，但是周遭的水族禽鸟慑于龙王声威，都不敢为三公主传书。柳毅义愤填膺，答应放弃科举的机会返回家乡送信。

柳毅回到洞庭湖，按照三公主的指点找到了龙宫，见到了洞庭龙君。一开始，洞庭龙君考虑到与泾阳龙王的多代姻缘，想息事宁人，但洞庭龙君的弟弟钱塘君得知后则大怒不已，想都不想就变回了龙身，冲进泾河救下三公主。三公主回宫后，为柳毅奉酒答谢。钱塘君欣赏柳毅的侠气，打算把侄女三公主嫁与他。但柳毅认为自己本是仗义救人，一旦娶了龙女就是挟恩求报，所以拒绝了婚事。

柳毅回到家乡之后，经常望湖兴叹，而三公主亦对柳毅日夜挂念。钱塘君自觉没有促成柳毅与侄女的姻缘而耿耿于怀，决意化身为媒婆前往柳家说媒，最后，柳毅与三公主有情人终成眷属。

【原文】

治本于农，务兹稼穑①。俶载南亩②，我艺黍稷③。

【注释】

①稼穑（sè）：种植和收割。泛指农业劳动。②俶：开始。载：从事。③艺：种植。黍：小米。稷：高粱。

【译文】

治国的根本在于发展农业，努力从事种植庄稼的工作。开始在田亩上耕种，种上黍米和高粱。

【相关链接】

传说中的农神后稷是远古周部落的始祖，他的母亲名叫姜嫄。

一日，姜嫄在野外发现了巨人的足迹，好奇之下就用自己的脚去比大小，结果竟然神奇地怀孕了。姜嫄不久后生下了一个男婴，她认为这个婴儿的来历不吉祥，便把他丢弃在窄小的巷子里，牛马从婴儿身边走过却从没踩过他。姜嫄又把婴儿挪到山林里，正赶上山林里的人多，她就放弃了。姜嫄第三次是将婴儿放在河渠里的冰面上，结果飞鸟纷纷落下，用翅膀将婴儿遮蔽起来。姜嫄认为，这个孩子有神明在呵护，就把他带回家中抚养长大。因为当初姜嫄想扔掉这个男婴，因此男婴被叫做“弃”。

当弃还是孩子的时候，就喜欢模仿大人种豆、麻一类的庄稼。他在成人后，更是精通农事，善于开垦良田、种植谷物，周围的人们纷纷向他学习。尧帝听说这件事后，任用他为农师，全天下的人都得到了弃的帮助。到了舜帝时期，弃被任命为司稷，主管农业。因此，人们都尊称弃为后稷。

【原文】

税熟贡新[①]，劝赏黜陟[②]。孟轲敦素[③]，史鱼秉直[④]。

【注释】

①贡新：纳贡新粮。②黜（chù）：贬职，罢免。陟（zhì）：晋升，奖励。③孟轲：即孟子，战国鲁人，儒学大师。敦素：强调内在的素质修养。④史鱼：春秋时卫大夫，以正直敢谏著名。

【译文】

庄稼成熟后要缴纳田税，进贡新鲜的粮食。主管农业的官员要根据田地的收获，督促收成不好的农民，奖赏勤劳的农民，对手下的官员奖罚分明。

孟轲主张在原来的位置上安分守己，史鱼坚持做官一定要正直无私。

【相关链接】

李绅是唐代著名诗人，流传千古的两首“悯农诗”就是由他创作的。

李绅出生于一个书香门第，幼年丧父，他由母亲启蒙教导。李绅十五岁时在惠山读书，他目睹了农民终日辛苦劳作却得不到温饱的困境，以同情和愤慨的心情，写出了《悯农》。

其中一首是“春种一粒粟，秋收万颗子。四海无闲田，农夫犹饿死！”另一首是大名鼎鼎的“锄禾日当午，汗滴禾下土。谁知盘中餐，粒粒皆辛苦！”这两首诗，为李绅赢得了悯农诗人的美誉。

谁知，李绅在当上官以后就渐渐失去了那颗“悯农之心”，他开始享受起做官的豪奢生活，吃、穿、出入的排场，都开始与人攀比，吃一顿饭就可以花上几百贯甚至上千贯的铜钱。在当时，一贯钱相当于一千枚铜钱，大约能买一石（dàn）米，也就是十斗米。而李绅的一顿饭，相当于耗费了几百石的粮食。并且，李绅特别喜欢吃鸡舌，每顿饭都要吃满满一盘的鸡舌头，为了拔舌而被宰杀的鸡，在院后堆积如山，人称此为“鸡冢（zhǒng）”，就是“鸡的坟墓”。这时的李绅全然没有“谁知盘中餐，粒粒皆辛苦”的简朴与珍惜的意识，与十五岁的少年简直判若两人。

【原文】

庶几中庸[①]，劳谦谨敕[②]。聆音察理，鉴貌辨色。

【注释】

①庶几：差不多，近似。②劳谦谨敕：勤劳、谦虚、谨慎、告诫四种品行。

【译文】

希望达到中庸调和、不偏不倚的境界，能够做到勤劳、谦逊、谨慎、端正。

细听别人说的话，来探查其中的道理，鉴别他人的面貌，来分辨他人的脸色。

【相关链接】

吕不韦（约前292—前235年），战国末年卫国濮阳人。原籍阳翟（今河南禹州），是我国历史上著名的政治家、思想家。

吕不韦在《吕氏春秋》里面专门有一篇叫《论人》的内容。在识人方面，他提出了一个著名的方法叫“八观六验”。

八观：通则观其所礼，贵则观其所进，富则观其所养，听则观其所行，止则观其所好，习则观其所言，穷则观其所不受，贱则观其所不为。

六验：喜之以验其守，乐之以验其僻，怒之以验其节，惧之以验其特，哀之以验其人，苦之以验其志。

可以说，“八观”就是根据一个人显达、尊贵、富有、听言、赋闲、困窘、贫贱等不同境遇中的行为来了解其心理品质的观察法。“六验”是一种实验法，它是通过一定的方法，诱导出相关的喜、乐，怒、惧、哀、苦之情感，并观察一个人在这些情绪支配下的各种行为，以鉴别其节操、邪念、气度、品行、仁爱、意志等人格特征。

这种识人的智慧，虽然穿越了千年的时空，但直至今天，仍对我们鉴别识人有着重要的指导意义和实践标准。

【原文】

贻厥嘉猷①，勉其祗植②。省躬讥诫③，宠增抗极④。

【注释】

①贻：遗留，留给。厥：代词，其。嘉：忠告。猷：谋略，方法。②祗：恭敬。植：立身。③省躬：反省自己。讥：劝谏。④宠：尊贵荣耀。抗：同“亢”，高，上等。

【译文】

留给别人良言警句，并勉励他恭敬地谨守这些立身之道。听到他人的讥讽与告诫要立刻反省自己，要防止过度的荣耀、宠信强加到自己身上。

【相关链接】

霍光是西汉著名将领霍去病的弟弟。霍去病去世，霍光做了汉武帝的侍卫，负责保卫汉武帝的安全。这时的他谨慎小心，受到汉武帝的极大信任，因而不断被武帝提拔。

到了汉武帝末年，皇子刘弗陵被立为太子，汉武帝命画工画了一幅周公辅政的图画赐予霍光，嘱托霍光像当年周公辅佐年幼的周成王一样辅佐刘弗陵。在汉武帝病死后，霍光正式接受汉武帝遗诏，成为汉昭帝刘弗陵的辅命大臣，与将军金日磾（dī）、左将军上官桀（jié）、御史大夫桑弘羊三人共同辅佐朝政。

没想到辅政大臣金日磾早早病死了，上官桀、桑弘羊与霍光之间的矛盾逐渐增加。最终，霍光除掉了上官桀、桑弘羊，掌握了汉朝政府的最高权力。在当时，小皇帝年仅八岁，所有的政事都由霍光来决断。十二年后，昭帝病逝，因为他没有儿子，霍光拥立武帝的孙子刘贺即位。但刘贺因为昏庸无道被废，霍光又立汉武帝的曾孙刘询为帝，这就是汉宣帝。

宣帝即位后，霍光继续执掌朝政，但此时的霍光利欲熏心、嚣张跋扈，早就不是从前那个谨慎小心的护卫了。宣帝即位之初，册立自己恩人的女儿许平君为皇后，霍光的妻子霍显却因为疼爱自己的女儿霍成君，想要让她当上皇后，于是就私下里买通了宫中的女医，毒害了许皇后。因为忌惮霍光的势力，宣帝只能隐忍下去，将霍成君封为皇后。

古人云："物极必反、盛极必衰。"在霍光死后，宣帝一步一步地削弱霍家的权力。霍家的人心虚之下疑神疑鬼，总是见到或梦见不祥的事情，便打算废掉宣帝、谋逆篡位。结果废帝篡位的阴谋被发觉了，霍家被灭族，与霍家有关联而被定罪诛灭的达数千家。

【原文】

殆辱近耻①，林皋幸即②。两疏见机③，解组谁逼④。

【注释】

①殆辱近耻：殆：近。此句意为祸患即将到来。②林皋（gāo）：林木山水之地，指退隐之地。幸：幸好。即：靠近。③两疏：疏广、疏受叔侄二人。机：事物发生前的微妙迹象。④解组：解下印绶，指辞官。

【译文】

过分的荣宠会临近耻辱，幸好有山林湖泊等退隐之地在附近。西汉时期的疏广、疏受能准确地抓住机会退隐，解下印绶、辞官回家的决定谁能逼迫？

【相关链接】

著名的西晋文学家张翰出生在江南吴郡，他的父亲是当朝的大学士，张翰继承并发扬了父亲的才华，所做的文章诗赋被世人称颂。

因为张翰才华出众，因而被当时的齐王聘为幕府官员。然而张翰并没有因此而得意，反而对同郡的好友顾荣说："天下纷乱，祸难还未曾平息。凡是四海之内的名士，都在隐退避难。我原本是那种寄情山林的人，对现在的时局不抱任何希望。你与我不同，所以凡事要顾虑周详，做事前注意戒备，做事后关注发展。"顾荣理解他的意思，也悲伤地说："我也希望能与你一同归隐，在南山之下像伯夷叔齐一样采薇，游三山五岳同饮三江水。"

后来有一日，张翰见到秋风吹下了树上的黄叶，便开始思乡。想起原来在家乡，每到这个时节，正是菰菜美、鲈鱼肥的时候。家中常做的菰菜羹、鲈鱼脍，身在洛阳的自己却是吃不到了。于是，张翰感叹道："人生在世，最可贵的是做事能够随心所欲，何必为了荣耀与爵位把自己束缚在离故乡千里之外的地方？"于是，张翰马上命随从收拾东西回家了。

张翰的突然离去使官府解除了他的职位，但张翰依然放任自己的本心、适意安然。有人便问他："你可以放纵安逸一时，难道不为身后名而考虑吗？"张翰回答："让我能留下身后名，还不如在当时给我一壶酒。"

【原文】

索居闲处①，沉默寂寥。求古寻论，散虑逍遥②。欣奏累遣③，戚谢欢招④。

【注释】

①索居：孤独生活。②散虑：排遣忧虑杂念。③累：困苦，疲惫。④戚：悲伤，忧虑。谢：辞别，指离去。招：招致，来到。

【译文】

孤独的居所、悠闲的住处，周围环境深沉安宁、寂静空旷。平时经常寻求古人的言论，研究其中的义理。于是，忧虑散尽、还复逍遥，欣喜增添、苦累被排遣，悲伤离去，欢乐被招来。

【相关链接】

在东晋时期，有个十分著名的隐逸诗人名叫许询。许询小的时候生得十分俊秀，又聪慧过人，人们都称他为神童。等许询长大后他智慧的言谈、华丽的文章都受到了众人的追捧。许询出身世家，本可以成为高官，享受纸醉金迷的奢华生活，但他却渴望大自然的青山绿水，便去做了隐士。

因为许询的名声很大，他住的地方经常有地方官员来拜访。客人们通常会准备一些点心、肉脯，用苇叶茅草包起来，装进竹筐里，带给许询做来拜访的礼物。

有个人觉得许询已经做了脱离官场的隐士，就不应该再和官员们来往。他有一次和许询开玩笑说道："我曾听说，住在箕山的许由好像和你的做法不同。"许由是尧帝时期的名人，许姓的祖先，最早的隐士。传说尧帝想把帝位让给他，许由毫不犹豫地拒绝了，并用河水反复清洗耳朵，表示不愿意听这种话。

这个人话里面的意思是，许由当年因为听了一句话就难受得马上去洗耳朵，而你许询收了别人那么多东西，你不觉得愧对先祖，愧对隐士这个身份吗？

然而，许询真不觉得有什么好惭愧的，他收下礼物又不是为了做官，心中坦荡荡，别人说闲话由别人说去，我只管做我的事。

于是，许询也开着玩笑的回答："我收到的是一筐筐的'草包'，自然是不同于尧帝送给许由的帝位。"

【原文】

渠荷的历①，园莽抽条②。枇杷晚翠③，梧桐蚤凋④。

【注释】

①渠荷：生长在水渠里的荷花。的历：光鲜亮泽。②莽：密生的草，此处泛指园中草木。③晚：指季节晚，这里是说冬季。④蚤：通"早"。

【译文】

湖泊、水渠里的荷花明艳动人，花园里的草木发芽长高。枇杷树在冬日里依旧苍翠，梧桐树在早秋就凋谢了。

【相关链接】

"琵琶"在我国古代是对所有弹拨乐器的称呼，这类乐器是由秦朝的三弦发展而来的，又被称为"直项琵琶"。在西汉时，又被写成"批把"，指来自西域的一种可以骑在马上弹奏的乐器。到了南北朝时期，"曲项琵琶"通过丝绸之路传入我国，"琵琶"被定为对这种乐器的正式称呼。

"枇杷"则是一种水果，古名为芦橘，又叫金丸、芦枝，因为果子的形状类似乐器琵琶而得名。

一个琵琶，一个枇杷，结果就闹出了不少笑料。

从前有一个官人想吃枇杷，他命令下人马上去办。不料这个下人从未听说过枇杷果这种东西，心中十分奇怪：琵琶还能吃？怎么吃呢？下人连忙取来一把琵琶，拿起砍刀就把琵琶劈成了几块，在锅里放上清水、作料、琵琶块就煮起了羹汤。

在明代，一个人给大画家沈周送来许多的枇杷，却在来信中把枇杷写成了琵琶。沈周立刻写信答复道："承蒙您的关照，大老远的送来'琵琶'，我打开箱子一看，吓了一跳。你送的这个'琵琶'，弹起来没有声响，吃起来味道却不错。我才知道，当年青州司马白居易在浔阳江上落泪、明妃王昭君在塞上哀怨，都是因为吃不到'琵琶'呀！今后我要是打算找'琵琶'，应当在'杨柳晓风''梧桐秋雨'的日子里寻觅。"

沈周在这封信里用了四个典故，白居易在浔阳江上哭泣是因为听了琵琶女的演奏而感到“同是天涯沦落人”；明妃王昭君在塞上落泪是因为她要出使塞北与匈奴王和亲，在怀念故国的琵琶声中昭君心生哀怨。在回信的最后，杨柳晓风是指柳永的词作《雨霖铃》当中的一句；而梧桐秋雨是白居易《长恨歌》当中的一句，两者皆可当歌词演唱，用琵琶伴奏，所以沈周在信中说要这样寻觅。

在明代浮白斋主人所著的《雅谑》一书中也有一个关于枇杷的笑话。明代画家莫延韩到文人袁善履先生那儿去做客，正逢乡下人献来枇杷，但献单上却写着“琵琶”二字，两人看了大笑。某县令正好来了，两人的笑容还在脸上，县令因此发问。袁先生拿着礼单，把事情说了一遍。县令听完就笑了，吟诗两句：“琵琶不是这枇杷，只为当年识字差。”莫延韩接上后两句吟道：“若使琵琶能结果，满城箫管尽开花。”

【原文】

陈根委翳①，落叶飘摇。游鹍独运②，凌摩绛霄③。

【注释】

①委：枯萎。翳（yì）：遮蔽，掩盖。②鹍（kūn）：“鹍鸡”，古书上指像鹤的一种鸟。运：飞翔。③凌：升高。摩：靠近。绛霄：云霄。

【译文】

老树的根茎衰败枯萎，落叶在风中飘摇。翱翔的鹍鸟独自在布满晚霞的红色天空中翱翔。

【相关链接】

陈涉是秦朝末年的义军首领，他是第一个举起兵器反抗秦朝暴政的人，也是第一个喊出“王侯将相宁有种乎”这句话的人。

陈涉在少年时曾被人雇来种地。一日，陈涉停下了手中的活，在田垄上惆怅恼恨、失望叹息了许久，才对身边的人感叹道：“如果今后谁要是富贵了，不要忘记彼此。”与他一同耕作的农夫笑道：“大家都是被雇来种地的，哪来的富贵呀？”陈涉叹气道：“唉！燕雀哪里知道鸿鹄的志向啊！”

【原文】

耽读玩市①，寓目囊箱②。易輶攸畏③，属耳垣墙④。

【注释】

①耽：沉迷。玩市：市场。②囊箱：书箱。③易：轻率。輶（yóu）：轻车。攸（yōu）：所。④属耳：窃听。垣墙：围墙。

【译文】

沉迷于闹市中的书摊，满眼都是书囊、书箱。发表议论最怕的是轻易随便，要防止隔墙有耳而招惹麻烦。

【相关链接】

从前，有两个游手好闲的浪荡子，经常偷别人家的猪宰了卖钱。有一次，这二人在一户人家屋后的房檐下商量分赃的事，恰好县衙里的捕头刚好蹲在这家屋后猪圈里解手，把二人商量的事听得分明。

分赃后，那两个浪荡子各自刚进家门，就被捕快抓到县衙里。两个人一见面还十分诧异，不知到底是惹了什么人。这时，那个偷听的捕头出现在他俩面前说，“你们俩人，快把各自分得的一百文铜钱交出来，否则，本捕头就要把你二人按律惩处。”这两个惯偷听后异口同声地问道：“你怎么知道……”捕头哈哈大笑道：“隔墙有耳。”两个惯偷这才恍然大悟，乖乖地各交出一百文铜钱。

【原文】

具膳餐饭①，适口充肠。饱饫烹宰②，饥厌糟糠③。

【注释】

①具膳：准备饭食。②饫（yù）：饱，足。③糟糠：粗劣的食物。

【译文】

准备饭菜、享用食物要适应口味，还要满足肠胃的需求。吃得很饱就不会想着烹饪佳肴、宰杀牲畜，饿着肚子绝不嫌弃吃的是酒糟与糠菜。

【相关链接】

传说隋文帝曾问一位御厨，什么东西最好吃？那位御厨回答说，是盐！隋文帝很不高兴，认为御厨是在戏弄他，便以戏君之罪，将那个御厨给杀了。御厨们战战兢兢，唯恐再触怒隋文帝，便不敢在菜中放盐，以免惹祸上身。

隋文帝吃什么都没有味道，大批的御厨遭到杀身之祸，致使厨师纷纷改行。御膳房的厨师十去九空，隋文帝只好广贴黄榜招名厨。

这时，一个名叫詹鼠的流浪汉在宫外实在是活不下去了，为了能混上一口吃的而揭榜入宫。隋文帝招他晋见，问道：“什么东西最好吃？”詹鼠根据多年的人生经验，回答，“饿”最好吃。那么“饿”在哪里呢？

詹鼠便带着隋文帝出城，走遍大街小巷找“饿”。等到隋文帝饿坏了，詹鼠就拿出预备好的油饼给他充饥。隋文帝这时便明白了，人肚子一饿，吃什么都香。文帝为了记下这段感悟，便封詹鼠为“詹王”。由此，詹鼠成为了餐饮业的祖师爷。

【原文】

亲戚故旧，老少异粮①。妾御绩纺②，侍巾帷房③。

【注释】

①异粮：不同的食物。②绩纺：泛指纺纱，绩麻诸事，即纺绩。③帷

房：内房。

【译文】

亲戚与老朋友登门拜访，要按照长幼有别给老人与孩子盛上不同的食物。女子负责织布纺麻，在卧室内为丈夫侍奉冠巾。

【相关链接】

春秋战国时期的哲学家杨朱在一次远行的时候经过宋国，天色渐晚，他就在宋国东部的一家旅舍入住。旅舍主人有两个小老婆，其中一人美丽，一人丑陋，丑陋的那个女子极受店主的尊敬与宠爱，而那个美丽的小老婆却受到店主的冷落。杨朱十分好奇，就问店主这是什么缘故。旅舍的主人回答说："那个美丽的女子自以为自己很美丽，所以我就不觉得她美了；那丑陋的女子知道自己的丑陋，我就不觉得她丑了。"

后来，杨朱远游回来，对他的弟子们讲起这件事来，他说："你们要记住，常做善事并能不以行善向别人炫耀的人，到哪里会不受到欢迎呢？"

【原文】

纨扇圆洁①，银烛炜煌②。昼眠夕寐，蓝笋象床③。

【注释】

①纨扇：绢制的圆扇。②银烛：银白色的烛光。炜煌：火光明亮。③蓝笋象床：指铺着蓝色竹席的象牙床。

【译文】

素色薄绸制成的团扇浑圆洁白，银烛台上的蜡烛火光明亮。白天午睡夜晚安眠，铺的是青竹席，躺的是象牙床。

【相关链接】

唐代大诗人杜牧曾写过一首以"秋夕"为题的诗，诗中描写了银烛、画屏、罗扇、床榻等物，与"纨扇圆洁，银烛炜煌。昼眠夕寐，蓝笋象床"的意境十分相符。杜牧这首诗的全文就是："银烛秋光冷画屏，轻罗小扇扑流萤。天阶夜色凉如水，卧看牵牛织女星。"

秋夜，精美的白银烛台上插着玉色的蜡烛，烛光微弱，给绘彩漆贴金箔的画屏上平添了几分清冷之色。一位寂寞的宫女，手执白色的绫罗小扇，独自一人在寂静的院落中轻轻地扑打飞舞的萤火虫。远方的玉阶遥遥通向天边，玉阶之上的夜色清凉如水。躺在卧榻上仰望星空，看着牵牛星与织女星隔着银河相对无言。

团扇是一种扇面为正圆形，扇柄细长的扇子。团扇又叫做宫扇，起源于汉代的皇宫，在唐代盛极一时。到了明清时期，起源于日本的折扇被引进，受到读书人的热烈追捧，并超越了传统团扇的地位流传至今，团扇只好退居内帷，为深居内院的女子们服务。至此，折扇成为男子们潇洒儒雅风度的体现，团扇成为女子们表达闺怨的象征。

【原文】

弦歌酒宴，接杯举觞①。矫手顿足②，悦豫且康③。

【注释】

①觞（shāng）：酒杯。②矫手：高高地举手。③悦豫：高兴。康：平安，安乐。

【译文】

酒宴上有歌曲弦乐助兴，大家接过酒杯、举起酒觞。扬起手，脚下打着节拍，喜悦、欢乐地互祝安康。

【相关链接】

自从王羲之等人在兰亭宴饮并留文纪念之后，“曲水流觞”成为了各种酒宴中最风雅的一种。

当时的“曲水流觞”是在举行驱恶祈福仪式之后，在兰亭清溪两旁席地而坐，将盛了美酒的酒杯放在溪流中漂浮的叶子上，由上游徐徐漂流而下，经过弯弯曲曲的溪流，酒盏在谁的面前打转或停下，谁就即兴赋诗并饮酒。

“曲水流觞”这种风俗源于三月的上巳节。上巳，是指农历三月的第一个巳日。它是我国古代一个驱除灾祸，祈降福泽的节日。远在西周时期，就有了在水滨“祓禊”的习俗。祓，是祓除病气和不祥；禊，是清洁、净身。祓禊是通过清洗身体，达到除去凶疾的一种祭祀仪式。到了汉代，三月的上巳日，才被确定为上巳节。每逢此日，人们都去水边洗身除垢、祓除不祥。

后来，上巳节这种风俗又进一步演变为临水宴饮。魏晋时期以后，上巳节被正式改定为农历三月初三的春禊，并作为节令中的重要节日。所有临水祓禊及水滨宴会活动都在这天进行。

【原文】

嫡后嗣续①，祭祀烝尝②。稽颡再拜③，悚惧恐惶④。

【注释】

①嫡（dí）：奴隶社会、封建社会中的正妻。嗣（sì）：继承。②烝（zhēng）尝：古代祭礼的名称。秋天祭祀祖先叫尝，冬天祭祀祖先叫烝。此指四时祭祀。③稽颡（qǐ sǎng）：稽：叩头至地；颡：额头。指古代的一种跪拜礼，表示极度的虔诚和感谢。④悚（sǒng）惧：恐惧。

【译文】

嫡系后裔代代传承、延续，按四时秋冬祭祀祖先。先是屈膝下跪、恭敬叩头，然后是再三跪拜中规中矩。在祭祀时，人们内心又惧又怕、又惶又恐，唯恐失礼。

【相关链接】

农历十月初一，正是入冬的第一天，接下来的天气会逐渐变得寒冷。人们怕在冥间的祖先缺衣少食，往往在祭祀时会摆上瓜果祭品、焚化纸做的冥衣给祖先享用。除此之外，还有一项必不可少的东西要焚给祖先，这就是——“冥币”。

“冥币”的诞生源于东汉的一则传说：

话说，蔡伦刚发明出纸的时候，买卖很好。蔡伦的嫂子慧娘就让丈夫蔡莫向蔡伦学造纸，希望能以此养家糊口。谁知，蔡莫造的纸，质量太差，根本卖不出去，蔡莫夫妻一筹莫展。愁着愁着，慧娘忽然想出了一个办法。

这一天的半夜，慧娘假装得了急病死去。蔡莫伤心欲绝，在她的棺材前悲哀不已，他边烧纸边哭诉：“我学造纸不用心，造的纸质量太差了，竟把你气死了。我这就把纸都烧成灰，为你解恨！”说着，蔡莫拿起他造的纸烧了起来，刚烧了一半，就听见慧娘在棺材里喊：“快把门开开，我回来了。”

这可把守灵的人们给吓坏了，等人们把棺材打开，慧娘装腔作势地唱道：“阳间钱能行四海，阴间纸在做买卖。不是丈夫把纸烧，谁肯放我回家来？”一个胆大的村夫就问慧娘，你唱的是什么意思。慧娘说：“前一阵，我到了阴间，阎王就让我推磨受苦。后来，等到丈夫送了钱来，就有许多小鬼帮我，真是有钱能使鬼推磨。三曹官也向我要钱，我把全部的钱都送了他，他就开了地府后门，放我回来了。”丈夫蔡莫这时也糊涂了：“我并没有送钱给你啊？”慧娘说：“你烧的纸就是阴间的钱。”

在场的人们一听，便以为烧纸真的有很大的好处，都向蔡莫买纸，慧娘索性慷慨地送给乡亲。这事一传十，十传百，远近的乡亲都来买蔡家的纸，烧给自己死去的亲人。不到两天，积压的纸被抢购一空。又因为慧娘“还阳”那一天正是农历十月初一，因此，后人都在十月初一祭祀祖先，上坟烧纸，以示对祖先的怀念。

【原文】

笺牒简要①，顾答审详②。骸垢想浴③，执热愿凉。

【注释】

①笺牒（jiān dié）：文书，书信。②顾答：回答问题。③骸：身体。

【译文】

信笺与度牒的回信方式要简明扼要，回答的问题要慎重、详细。身体脏了自然想洗澡，拿着热的东西自然希望它快点凉。

【相关链接】

在古代，身体不同的部位有不同的洗法。“沐”专指洗头发，“浴”指洗身体，“洗”是洗脚的意思，“澡”是洗手的意思。

在没有洗发水、沐浴露的年代，古人用什么来洗漱呢?

最早的洗发液：皂角。皂角又称皂荚，是一种豆角状的植物，把皂角剥开，豆荚内表面有一层柔柔滑滑的物质，把它刮下来可以用来洗头。也可直接把皂角碾碎，泡水滤汁后，就是纯天然的洗头液。

最早的护发素：柏叶。柏叶就是侧柏树的叶子，可以用水煎熬出汁液，晾凉后涂抹头发，可使须发黑润亮泽。

最早的沐浴露：草木灰、淘米水。在众多的碱性植物还未被发现前，草木灰、淘米水就成为了最佳的去污用品。

最早的肥皂：肥珠子。草药无患子的果实如肥油，而种子圆润如珠，故名肥珠子。每到深秋，人们将无患子的果荚采下，煮熟捣烂，再加上皂角、香料和白面一起搓成丸，这种小丸就叫“肥皂”。

最早的胰子：猪胰脏。把猪的胰腺洗净污血、撕除脂肪，研磨成糊状，再加入豆粉、香料，搅拌均匀，经过自然干燥后就成了香胰子。此外，胰子还有一种更先进的做法：在研磨猪胰腺时加入砂糖，再用纯碱代替豆粉，并加入熔融的猪脂，均匀混合后，把胰子压制成球状或块状，就大功告成了。

后经科学证实，胰子在化学组成上和今天的香皂极相近，大家是否会惊讶于古人的技艺与智慧呢?

【原文】

驴骡犊特①，骇跃超骧②。诛斩贼盗③，捕获叛亡。

【注释】

①骡（luó）：骡子。犊（dú）：小牛，泛指牛。②骧（xiāng）：马抬起头快跑。③诛：杀死，铲除。

【译文】

驴子、骡子、牛犊、公牛在平时不善奔跑，但在受到惊吓后飞奔起来能超过骏马。惩罚、诛杀盗贼，逮捕、捉拿叛亡者。

【相关链接】

东汉末年，刘备到荆州投靠刘表，刘表对刘备十分亲厚。后来，刘表打算废除长子的继承权，让后妻蔡夫人的儿子继承自己的事业，刘备对此十分反对。这件事让刘表的后妻蔡夫人对刘备十分嫉恨，蔡夫人让自己的弟弟蔡瑁在襄阳设宴，借机刺杀刘备。

在宴会上，刘备得知了蔡夫人的计划，急忙飞身跃上骏马“的卢”，奔逃出襄阳城。在襄阳城西，檀溪拦住了刘备的去路，刘备心急之下，纵马跃入檀溪。一时间，人马俱陷入水中的淤泥里。眼见追兵即将赶到，“的卢”马突然从水中一跃三丈，飞上西岸。当蔡瑁追到溪边时，刘备早已往西南而去。

王凝之是东晋大书法家王羲之的次子，是谢安的侄女谢道韫的丈夫。王凝之信仰五斗米道，在他任会稽太守时，五斗米道的首领孙恩带着属下作乱，一路烧杀抢掠，直奔会稽而来。王凝之却死活都不相信跟他一样信仰五斗米教的孙恩会谋反！

等叛军逼近时，王凝之才不得不相信孙恩叛乱的事实，但他却不组织军队抵御，而是“踏星步斗”，请神拜仙，说是已经请下了鬼兵守住各路要道，让贼兵不能进犯。结果会稽城被攻破，但王凝之仍然不相信同一教派的孙恩会杀他，因此并不逃走。结果王凝之被一刀斩首，死得糊里糊涂。

而此时的谢道韫，面对虎狼一般的叛军，镇定自若，手持利刃、凛然面对杀人魔王孙恩。孙恩不敢伤她，便扬言要杀她的外孙刘涛，谢道韫争辩道：“你要杀王家的人，与别人没有关系！这个孩子是我的外孙，如果你一定要杀他，就先杀了我！”谢道韫的话掷地有声，孙恩被谢道韫的气度所震慑，便放过了她们两人。

【原文】

布射僚丸①，嵇琴阮啸②。恬笔伦纸③，钧巧任钓④。

【注释】

①布：即吕布，东汉末年人，善弯弓骑马，后被曹操擒杀。僚：熊宜僚，春秋末年人，善于玩弄弹丸。②嵇：嵇康，三国时文学家，善弹琴咏诗。阮：三国时文学家阮籍，能啸。③恬：蒙恬。晋朝崔豹《古今注》说蒙恬开始用兔毫竹管做笔。伦：蔡伦。《后汉书》记他开始创造性的用树皮、麻头、破布等来造纸，人称“蔡侯纸”。④钧：马钧。三国时人，巧思，曾作指南针和龙骨水车。任：任公子。事见《庄子·外物》。

【译文】

吕布善于射箭，熊宜僚善弹弓丸。嵇康善于弹琴，阮籍善于长啸。蒙恬发明毛笔，蔡伦发明造纸术。马钧善于制造精巧的机械，任公子善于钓大鱼。

【相关链接】

阮籍善于长啸，他的啸声数百步之外都能听到。

一天，苏门山上，忽然来了一位真人，樵夫们都在议论这件事，阮籍听到后也去探访。他看见一个人盘腿坐在岩石旁，阮籍就爬上山凑过去，对那人说起古代的事情，上至黄帝、炎帝的清静无为之道，下到夏、商、周三代圣君的仁政，并拿这些事情向他请教，这个人只是昂着头不予理睬。

阮籍又谈起儒家的入世学说以及道家的栖神导气的方法，以此来观察他，这个人还是和刚才一样，凝神不动。

阮籍于是对着他长啸。过了很长时间，这个人才说："你再来。"阮籍又长啸一次。后来，阮籍没了兴致就下山了，走到半山腰，听到山上传来悠长的啸声，像是有几个乐队在一起合奏，山谷中都发出回音。这正是山上的那个真人对阮籍的回应。

【原文】

释纷利俗①，并皆佳妙。毛施淑姿②，工颦妍笑③。

【注释】

①释纷：消除纠纷。利俗：便利世人。②毛：毛嫱，传说中的美女。施：西施。《庄子·齐物论》：毛嫱、西施，人之所美也。③工：善。颦（pín）：皱眉。妍：美丽。

【译文】

这些人或是善于消除纷扰，或是善于创造有利于世人的发明，都堪称是绝佳精妙。就好比毛嫱、西施的贤淑姿态，一个善于以皱眉体现美，一个善于用笑容打动人心。

【相关链接】

人们评价中国古代的四大美人，分别用沉鱼、落雁、闭月、羞花来评价，并为四大美人安上了四则典故。

沉鱼是指春秋战国时期的越国美女西施。西施幼时家贫，经常到河边浣纱，补贴家用。她在河边浣纱时，水中的鱼儿看见她的容颜，忘记了游水，便一下子沉了下去。从此，西施这个"沉鱼"的美称，在附近流传开来。

落雁是指汉元帝时期的王昭君。汉元帝为安抚匈奴，送王昭君出塞，与匈奴的单于和亲，保证匈奴不再南下征战。昭君告别了故土，一路北上。到了关外塞上，昭君难忍悲伤，用琵琶奏起离别之曲，南飞的大雁受到琵琶曲的感染，哀伤无力地扇动翅膀，竟跌落在地上。从此，王昭君就得来"落雁"的美誉。

闭月是指东汉末期的美女貂蝉。汉献帝的大臣司徒王允有一名叫做貂蝉的歌妓。一晚，貂蝉在后花园拜月时，忽然轻风吹来，一块浮云将明月遮住，正好被人看见，大家都说貂蝉和月亮比美，月亮比不过，赶紧躲在云彩后面。因此，貂蝉也就被人们称为“闭月”了。

羞花说的是唐朝开元年间的杨贵妃。一天，杨玉环到花园赏花，看见地上的一丛小花，花和叶子都很像高大的合欢，便想摘下花叶仔细辨认。她刚一碰到这丛植物，植物的叶子立即收缩，并卷曲起来。原来，杨贵妃摸的是含羞草。在一旁侍立的宦官宫娥看见，便一同奉承，杨玉环和花比美，花儿都害羞地低下了头。

【原文】

年矢每催①，曦晖朗曜②。璇玑悬斡③，晦魄环照④。指薪修祜⑤，永绥吉劭⑥。

【注释】

①年矢：矢：箭。比喻光阴似箭。②曜（yào）：日光，照耀。③璇玑（xuán jī）：古代称北斗星的第一星至第四星。斡（wò）：旋转。④晦魄：月亮。⑤指薪：即脂薪。古时以烧脂烧薪来照明。《庄子·养生主》：“指穷于为薪，火传也，不知其尽也。”意思是用木柴烧火，木柴有穷尽的时候，而火往下传，却不会灭。喻人的肉体会死亡，而人类的生命是延续无穷的。修祜（hù）：造福。⑥绥（suí）：平安，安抚。劭（shào）：劝勉，美好。

【译文】

光阴似箭、时间流逝，太阳的光芒明朗而耀目。北斗七星高悬在天上运行，傍晚月出时的微光把大地照亮。注重修德积福的家族子孙才能代代延续、薪火传承、永远平安、吉祥美好。

【相关链接】

相传在远古蛮荒时期，人们不知道有火，也不会用火。到了黑夜，四处一片漆黑，人们蜷缩在一起，又冷又怕。由于没有火，人们只能吃生的食物，经常生病，寿命也很短。

直到部落中的一个年轻人受到了神明的指引，神告诉他，在遥远的西方有个燧明国，在这个国家中没有四季与昼夜。燧明国有棵大树名叫燧木，又叫火树，它曲折盘旋笼罩整个国家近万顷的土地，树上有一种长得像鱼鹰的鸟，用短而有力的喙去啄燧木，燧木上就闪出明亮的火花。

年轻人得到启示后，跋山涉水赶到燧明国。他到了燧明国一看，果然与神明的描述相差无几。年轻人开始考虑，如何才能把火带到自己的部落？他脑子里灵光一闪，立刻折了一些遂木的树枝，用小树枝去钻大树枝，树枝上果然闪出火光。

年轻人回到了家乡，为人们带来了永远不会熄灭的火种——钻木取火的办法，从此人们再也不用生活在寒冷和恐惧中了。人们被这个年轻人的勇气和智慧折服，推举他做首领，并称他为“燧人”，也就是取火者的意思。

【原文】

矩步引领①，俯仰廊庙②。束带矜庄③，徘徊瞻眺④。

【注释】

①矩步：走路步伐端正，符合规矩。引领：伸长脖颈，指抬头前行。②俯仰：上下，这里指上朝。廊庙：指朝廷。③束带：整饰衣冠，束紧衣带。矜庄：保持端庄严肃。④瞻眺：仰望。

【译文】

昂首挺胸按照规矩走路，在庙堂上俯仰之间仪态都很端庄。穿戴整齐、态度庄重严肃，却在敬献这篇文章时仰望着皇宫徘徊不安。

【相关链接】

中国古代的官员们在觐见皇帝时要穿上特定的衣服——官服，戴上象征官位的帽子——官帽，根据官员们品位的不同，官服官帽的式样也不尽相同。拿离我们最近的朝代清朝举例。

清代文武百官上朝都要穿朝服、戴朝珠、朝冠。清代官员的朝冠呈圆锥形，朝冠的顶上镶着一颗材质各不相同的珠子，这珠子被叫做帽顶或是顶戴。清代官员的朝服借鉴了明代的样式，胸前的位置有一块绣着动物图案的方块，这个方块被叫做“补子”，所以这种朝服被称为补服。

官员们品秩的差别主要靠补服的纹饰、朝冠顶珠来区别。一品官戴红宝石帽顶绣仙鹤补子、二品官戴珊瑚帽顶绣锦鸡补子、三品官戴蓝宝石帽顶绣孔雀补子、四品官戴青金石帽顶绣云雁补子、五品官戴水晶帽顶绣白鹇补子、六品官戴砗磲帽顶绣鸳鸯补子、七品官戴素金帽顶绣鸂鶒（xī chì）补子、八品官戴阴纹镂花金顶绣

鹌鹑补子、九品官戴阴纹镂花金顶绣练雀补子、从九品官戴阳纹镂花金顶绣练雀补子。

【原文】

孤陋寡闻①，愚蒙等诮②。谓语助者，焉哉乎也。

【注释】

①孤陋寡闻：学识浅薄，见闻不广。②等诮（qiào）：一样受讥讽。

【译文】

为学识浅薄、见识不广而惭愧，愚笨蒙昧让人嘲笑。说到古书中的语气助词，那就是“焉”“哉”“乎”“也”了。

【相关链接】

南北朝时期，梁武帝萧衍命文学侍从殷铁石在王羲之书写的碑文中拓下不重复的一千个字，供皇子们学书用，可是这种教法杂乱无章，又不方便记忆，收效甚微。萧衍想到，若是将这一千个各不相同的字，编成一篇通畅又有韵味的文章岂不更妙。于是，他召来周兴嗣嘱道：“卿有才思，为我韵之。”周兴嗣返回家中，闭上房门，将这一千个字摊在地上，逐字琢磨，反复吟诵，用了一个晚上便完成了这个任务，次日进呈梁武帝。这便是传至今日的《千字文》，并成为千百年来永续相传的蒙学教科书。

《龙文鞭影》

《龙文鞭影》为中国古代最为著名的儿童启蒙读物之一，作者为明朝萧良，后经杨臣诤修订增补。本书主要介绍的是中国历史上的名人轶事，四字一句，两句押韵，读起来朗朗上口、抑扬顿挫，深受世人欢迎。

龙文，原为千里马的名字，这种马只要看到鞭子就会飞奔疾驰。作者编撰这本书的本意，是想让看完这本书的青少年都能够成为“千里马”。

卷一

一东

【原文】

粗成四字，诲尔童蒙。

【译文】

将文章列为四字句，行文粗浅，用以教导你们这些孩童。

【原文】

经书暇日，子史须通。

【译文】

在阅读儒家经典的闲暇时日，也要通读诸子百家的著作和史书。

【原文】

重华大孝，武穆精忠。

【译文】

舜帝幼时，母亲逝去，其父又迎娶了一任妻子，并产下一子，取名为象。舜帝屡次遭父亲、继母和弟弟的谋害，但他却依然孝顺父母，疼惜弟弟。

南宋名将岳飞自小就有宏图伟志，誓要保宋抗金，其母在他的背上刺了“精忠报国”四个字，以此作为激励。岳飞十八岁从军后，立下赫赫战功，最后惨遭奸相秦桧迫害而死。死后二十一年，沉冤得雪，得谥号“武穆”。

【原文】

尧眉八彩，舜目重瞳。

【译文】

相传尧帝的眉毛有八种颜色。《尚书·大传略》记载：“尧目八眉。”《论衡·骨相》记载：“尧眉八彩。”

相传舜帝的眼睛有两个瞳孔。《史记正义》记载：“目重瞳子，故曰重华。”

【原文】

商王祷雨，汉祖歌风。

【译文】

商汤在位时，时逢七年大旱，便以自己为祭品，向上天求雨。上天被商汤的诚意打动，降下大雨。

汉高祖刘邦巡游到故乡沛县，并设宴款待父老乡亲，酒意正浓时，刘邦唱起了《大风歌》。

【原文】

秀巡河北，策据江东。

【译文】

更始年间，刘玄曾经派遣刘秀以大司马的身份，巡行河北。刘秀打着恢复汉制的旗号，废除王莽苛政，镇压农民起义，建立了东汉政权。

东汉末年，孙策占领江东地区，为东吴政权的建立奠定了基础。

【原文】

太宗怀鹞，桓典乘骢。

【译文】

唐太宗李世民得到了一只鹞（yào）鹰，非常喜欢，常放在手臂上把玩。有一回，谏议大夫魏征从远处走来，唐太宗赶忙将鹞鹰放到自己的怀里。最后因为魏征的故意拖延时间，而将鹞鹰活活闷死在怀里。

东汉灵帝时期，桓典任职御史，刚正不阿，京城的人都非常惧怕他。桓典的坐骑是一匹青骢马，所以人们相互传说："行行且止，避骢马御史。"

【原文】

嘉宾赋雪，圣祖吟虹。

【译文】

西汉梁孝王刘武宴请宾客，当时下着大雪，司马相如等人便以雪景作赋，名为《白雪歌》。后来，此番景象被南朝文学家谢惠连写入《雪赋》中。

明太祖朱元璋微服私巡时，因看到了彩虹，便作《虹霓》诗："谁把青红线两条，和云和雨系天腰。"恰好被路人彭友信听到，便随口对曰："玉皇昨夜銮舆出，万里长空架玉桥。"朱元璋由此认为他是一个人才，便封他为布政使。

【原文】

邺仙秋水，宣圣春风。

【译文】

李泌幼时眼睛如秋水般明净，长大后被封为邺（yè）侯，又因其喜好仙术，又被称为“邺仙”。

汉武帝曾经问东方朔：“颜渊和孔子二人，谁的德行更高一些？”东方朔回答说：“颜渊犹如桂树，只能让一座山变得芳香；孔子犹如春风，遇之则万物逢生。”后来，汉平帝又追尊孔子为“褒成宣尼公”，后世人也称他为宣圣、宣尼。

【原文】

恺崇斗富，浑濬争功。

【译文】

王恺和石崇都非常富有，二人经常以此攀比，势必要压过对方的风头。王恺用糖水洗刷饭锅，石崇用彩缎铺设五十里锦障；晋武帝暗中赐予王恺两尺高的珊瑚树，实属世间罕有。王恺向石崇炫耀，石崇一怒之下，打碎了珊瑚树，又让人寻来六七株三四尺高的珊瑚树。

公元 279 年，王浑、王濬（jùn）率军攻打吴王孙皓。王濬作战英勇，从武昌直下，一举收复吴国都城建康，孙皓投降。而王浑第二天才到达。王浑在晋武帝面前控告王濬不知道节制，王濬内心也愤愤不平，二人因此争功不止。

【原文】

王伦使虏，魏绛和戎。

【译文】

公元 1137 年 2 月，南宋官员王伦奉命前往金国议和，但因金国兀术政变，议和废止，王伦被扣留在金国。因王伦不愿投靠金国，九年后被金人勒死。

公元前 569 年，戎狄入侵晋国，晋悼公想要出兵迎战，大夫魏绛极力劝阻，并主张采取和戎政策。最后在魏绛的据理力争下，晋悼公采用了他的建议。

【原文】

恂留河内，何守关中。

【译文】

汉光武帝发兵北征，让大将寇恂留守河内。寇恂一边筹备军饷、补给前线，一边防御敌军入侵、护卫城池，为东汉立下了汗马功劳。

楚汉相争时，萧何在关中留守，补给军需。西汉政权得以建立，萧何可谓功不可没。

【原文】

曾除丁谓，皓折贾充。

【译文】

宋代权臣丁谓和雷官私自移动皇陵，并隐瞒不报。此事被大臣王曾得知真相后，处死了雷官，丁谓被贬。

公元 280 年，东吴被晋国灭掉，东吴君主孙皓归降晋国，西晋重臣贾充责问他说："尔凿人目，剥人面皮，此何等刑？"孙皓答曰："这是对待'弑君不忠'之人的刑罚。"贾充在魏国做官时，联合司马氏父子，谋害君主，正是"弑君不忠"之人。

【原文】

田骄贫贱，赵别雌雄。

【译文】

战国时期，魏太子击出行，路遇田子方，魏太子击下车行礼，但田子方却拒不还礼，神情还十分傲慢。魏太子击很是气愤。田子方却说："贫贱的人可以傲慢，富贵的人不可以傲慢。国君傲慢会失去君主之位；大夫傲慢会失去大夫之位；可贫贱之人傲慢，却还是一样的贫贱。"

赵温是东汉末年的大臣，他做小官的时候，曾因报效无门感叹道："大丈夫当雄飞，安能雌伏！"于是，便弃官而去了。

【原文】

王戎简要，裴楷清通。

【译文】

西晋大臣王戎行事干净利落，能够抓住要领。

西晋大臣裴楷豁达开朗，内心清明。

【原文】

子尼名士，少逸神童。

【译文】

西晋人蔡子尼被乡邻公认为是当地的名士。

刘少逸自小聪颖过人，十一岁时便能行文作赋，后被王元之、罗思纯举荐，朝廷赐他进士及第。

【原文】

巨伯高谊，许叔阴功。

【译文】

东汉荀巨伯是个义气之人。有一次，他前去探访生病的好友，恰逢敌人来袭，好友劝他赶快离开，却被荀巨伯严词拒绝了。后人认为荀巨伯是一个德行很高的人。

许叔微是宋代名医。公元 1127 年，城内爆发瘟疫，许叔微走街串巷，救了不少百姓。后来，许叔微高中进士。人们便认为这是他积了阴德的缘故。

【原文】

代雨李靖，止雹王崇。

【译文】

唐初军事家李靖曾经以打猎为生。一次，他借宿于一户富贵人家。半夜时，李靖被敲门声惊醒。原来，李靖借宿的并非寻常地方，而是龙宫。天庭命令龙宫下雨，两位龙子却不在宫中。于是留守的老妇人便敲响了李靖的房门，希望他能够帮忙降雨。李靖心怀百姓，便答应了老妇人的请求，根据老妇人教授的方法，为本乡降下甘霖。

王崇是出了名的孝子。有一次，天降冰雹，却一颗都没有落到王崇家的田地里。人们都认为，这是王崇的孝顺感动了上苍。

【原文】

和凝衣钵，仁杰药笼。

【译文】

五代大臣和凝曾以第十三名的成绩中了进士。后来，和凝主持科考时，将自己很是喜欢的考生范质列为第十三名，意为要把自己的事业传交给他。衣钵，佛教徒将其看作是传承的标志。

元行冲曾是唐代政治家狄仁杰的门客，他曾对狄仁杰说："谋士好比药物，种类越齐全，用起来越得心应手。如今，您门下谋士各式各样，还需要我吗？"狄仁杰说："你是我药笼里面最重要的一味药。离不开你啊。"

【原文】

义伦清节，展获和风。

【译文】

北宋名臣沈义伦曾随军征伐后蜀，他没有像其他兵士那样趁机搜刮钱财，东归时，他的行李中只有几本书。皇帝知道后，赞赏他为官清廉，遂提拔他为枢密副使。

鲁国大夫展获（柳下惠）待人温和，为官清廉，体察民情。孟子赞其："柳下惠的风范，可以让鄙俗的人变得宽容，让轻薄的人变得敦厚。"后人将柳下惠的这种风范称之为"和风"。

【原文】

占风令尹，辩日儿童。

【译文】

尹喜担任函谷关令时，通过云气形状的变化，占卜到会有圣人到来。不久后，老子路过函谷关，留下了《道德经》，并教授尹喜吐纳内修的方法。

孔子东游，路遇两小儿辩日。一个小孩说："太阳出来的时候离人最近，正午的时候离人最远。"另一个小孩说："太阳出来的时候离人最远，正午的时候离人最近。"第一个小孩又说道："太阳出来的时候像车盖，正午的时候像盘盂。这说的就是近的大远的小啊。"第二个小孩辩解道："太阳刚出来的时候，凉凉的，到了正午时却像热汤一样，这难道不是近的热远的凉吗？"两个小孩各有各的理由，孔子也不知道该怎样决断。

【原文】

敝履东郭，粗服张融。

【译文】

汉武帝时期，有一位东郭先生，家中异常贫困，每日穿着破旧的衣服，穿着没有鞋底的鞋子，可他并没有觉得难堪，照样活得逍遥自在。

张融是南齐大臣，他生活朴素节俭，上朝的时候也是穿着一件破旧的衣服，齐高帝萧道成将自己穿过的一件衣服赏赐给他，以此来表示对他的赞扬和欣赏。

【原文】

卢杞除患，彭宠言功。

【译文】

卢杞担任虢州刺史时，当地的官府养了三千头猪，给当地百姓带来了祸患。于是卢杞便上奏朝廷，杀掉猪并将猪肉分发给百姓，为百姓消除了这一祸患。

王莽叛乱的时候，彭宠负责为刘秀运粮，自认为功绩卓越。汉光武帝刘秀即位后，彭宠并没有得到高官厚禄，于是他便怀恨在心，寻机发动叛乱，最后兵败而亡。

【原文】

放歌渔者，鼓枻诗翁。

【译文】

江陵太守崔铉曾看到过一个在江边垂钓的人，钓到了鱼就跑去换酒喝，高兴了还会放声歌唱。

宋朝卢彦恭曾在洞庭湖遇到一个老翁。老翁一边敲着枻（yì）一边吟诗，神情悠然自得，好不快活。

【原文】

韦文朱武，阳孝尊忠。

【译文】

韦逞的母亲很有文才，曾经受太常博士卢壶的推荐，为百人讲解《周礼》一书，号称“宣文君”；晋代大将朱序的母亲有武略，遭遇前秦苻丕攻城时，她带着百余名婢女和妇女，在城的西北角筑起了一座二十多丈的新城，最后凭借此新城，保住了城池，后人又将这座新城称为“夫人城”。

王阳是有名的孝子。有一次他经过九折坂险道，便感叹道：“身体发肤受之父母，不能让其陷入这般危险的境地。”于是，王阳又掉头返回了；后来王尊担任益州刺史时，也从这里路过，他却驾着马车勇敢地冲过去了。所以后人都说王阳孝子，王尊忠臣。

【原文】

倚闾贾母，投阁扬雄。

【译文】

战国时期，齐国人王孙贾每一次出门的时候，他的母亲都会倚靠在闾门那里等他归来。

王莽叛乱，扬雄的门人刘芬因此获罪，扬雄怕受牵连，从阁楼上跳下，险些丧命。

【原文】

梁姬值虎，冯后当熊。

【译文】

相传，梁氏在走廊里看到一只猛虎，惊惧之下忙叫人来，再细看，才发现是一个睡着了的士兵。梁氏问其姓名，知道他叫韩世忠。梁氏认为韩世忠必定是一个有出息之人，于是便嫁给他为妻。

汉元帝带着妃子看斗兽。其间突然窜出一只熊。其他的妃子四处逃窜，只有冯婕妤挡在汉元帝面前。冯婕妤因此得宠，最后成为“冯后”。

【原文】

罗敷陌上，通德宫中。

【译文】

秦罗敷（fū）是汉代王仁的妻子，长相貌美，身材袅袅。有一次，她采桑的时候遇到了太守登台。登台想要占有她，秦罗敷便自作《陌上桑》一篇，以此来表明自己的心意。

西汉末年，江东都尉伶玄的妻子樊通德知晓很多宫中事宜，每每和丈夫谈起，她都潸然泪下，感触颇多。后来，伶玄根据她的描述，著成《赵飞燕外传》一书。

二冬

【原文】

汉称七制，唐羡三宗。

【译文】

汉朝二十五位皇帝，有七位是值得后人称颂的：西汉有汉高祖刘邦、汉文帝刘恒、汉武帝刘彻、汉宣帝刘询，东汉有汉光武帝刘秀、汉明帝刘庄、汉章帝刘炟（xuǎn）。

唐朝共有二十多位皇帝，其中盛世明君有三位：唐太宗李世民开创了贞观之治；唐玄宗李隆基平定叛乱，励精图治，开创了开元盛世；唐宪宗李纯削藩革弊，重振大唐声威。

【原文】

杲卿断舌，高祖伤胸。

【译文】

安史叛乱时，常山太守颜杲（gǎo）卿被贼人所擒，颜杲卿宁死不屈，最后被割断了舌头，喷血而死。

楚汉争霸时，汉高祖刘邦被项羽的弓箭手射中了胸部。为了稳固军心，他急忙捂住自己的脚趾，称被伤了脚趾。

【原文】

魏公切直，师德宽容。

【译文】

宋朝大臣韩琦（魏国公）敢于直言进谏，言辞诚恳率直，被誉为“切而不迂”。

唐朝名将娄师德为人宽容仁德，即便别人当面讥讽，他也不会大动肝火。狄仁杰曾经对此感叹：“娄公盛德，我为所容久矣。”

【原文】

祢衡一鹗，路斯九龙。

【译文】

孔融向曹操举荐祢（mí）衡，并说：“数百只鸟，都不如一只鹗。把祢衡召来，必定大有作为。”

相传，唐朝张路斯是龙的化身，他在与人作战时化身为龙，他的九个儿子从旁协助。战胜后，九个儿子也化龙而去。

【原文】

纯仁助麦，丁固梦松。

【译文】

范纯仁是范仲淹的次子，他曾奉父命押送五百斛（hú）麦子送往姑苏城。路遇身处困境的石曼卿。于是范纯仁将所有麦子都赠送给他，帮他脱离困境。

丁固曾经梦到自己肚子上长了一棵松树，有人说：“松字为十八公。十八年之后，丁固必能成为公卿。”十八年之后，丁固果然做了三公之一的司徒。

【原文】

韩琦芍药，李固芙蓉。

【译文】

北宋时期，韩琦担任江都太守时，得四枝“金带围”芍药，便请来王珪、陈升之、王安石等人共赏。每人一支，后来四人均官拜宰相。

唐朝李固年轻时，有人对他说：“芙蓉镜下，你一定能考中状元。”第二年，李固参加科举考试时，有一道题目便是“人镜芙蓉”，而李固也高中状元。

【原文】

乐羊七载，方朔三冬。

【译文】

东汉时期，乐羊子外出求学。因受不了思家之苦，一年后就回来了。妻子以断机杼来责备他的半途而废。乐羊子心生愧疚，又回去继续学业，七年不归。

汉武帝时期，东方朔十三岁开始读书，用了三年的时间，读了大量书籍，已足够其所用。

【原文】

郊祁并第，谭尚相攻。

【译文】

宋郊、宋祁两兄弟一起考中了进士。

袁谭、袁尚两兄弟为抢夺冀州而相互攻击，最后被曹操所灭。

【原文】

陶违雾豹，韩比云龙。

【译文】

陶答子为官时，贪婪无度，他的妻子说："猎豹为了躲避天敌，能够在雾中隐藏七天，不吃不喝。答子不懂得节制，会引来祸害的。"后来陶答子被杀。

韩愈和孟郊（东野）是知交，韩愈曾作诗说："吾愿身为云，东野变为龙。四方上下逐东野，虽有离别无由逢。"

【原文】

洗儿妃子，校士昭容。

【译文】

杨贵妃将安禄山收为养子，命人给他做了锦被，并在宫中行洗儿礼。

唐中宗时，上官婉儿时常评价群臣所作的诗，并列出优劣等级，就好比考学生一般。

【原文】

彩鸾书韵，琴操参宗。

【译文】

唐朝吴猛的女儿吴彩鸾嫁给文箫为妻，为了维持生计，吴彩鸾每日写一部韵书，售价五千钱，以此度日。

乐妓琴操曾和苏轼同游西湖，二人作参禅游戏，琴操从中获得启示，削发为尼。

三江

【原文】

古帝凤阁，刺史鸡窗。

【译文】

上古轩辕黄帝时期，有凤凰飞来，并在阁中筑巢安家。

晋代刺史宋宗曾经得到了一只会说话的鸡，宋宗将其放到窗前，每日都要和它对话一番。

【原文】

亡秦胡亥，兴汉刘邦。

【译文】

秦朝第二任皇帝胡亥（hài）性情残暴，最终导致秦朝的灭亡。

刘邦战胜项羽，开创汉朝，所以称“兴汉刘邦”。

【原文】

戴生独步，许子无双。

【译文】

戴良为东汉隐士，自认为才华独步天下，无人能比。

许慎为东汉学者，才识渊博，学富五车，世人称其为“五经无双许叔重”。

【原文】

柳眠汉苑，枫落吴江。

【译文】

相传，汉朝宫廷中有一棵柳树，每天三次倒下三次起来，好比人睡下又起来一般。

唐朝崔信明任职秦川令时，曾作“枫落吴江冷”一句，被后人传诵。

【原文】

鱼山警植，鹿门隐庞。

【译文】

曹植曾经登鱼山游玩，听到崖间传出诵经的声音，深受启发和警示。

庞德公为东汉隐士，以采药为名，为了躲避世人的叨扰，带着家眷隐居在鹿门。

【原文】

浩从床匿，崧避杖撞。

【译文】

孟浩然和王维是至交。有一次，孟浩然前往王维内署游玩，恰逢唐明皇驾临。情急之下，孟浩然躲入床底。

汉明帝性情暴躁，药崧为了躲避杖责，躲在了床下。

【原文】

刘诗瓿覆，韩文鼎扛。

【译文】

明代军事家、文学家刘基的诗集名为《覆瓿（bù）集》。

韩愈的笔力刚劲，后人赞他的笔力能够扛（gāng）鼎。

【原文】

愿归盘谷，杨忆石淙。

【译文】

唐朝李愿回到盘谷过上了隐居生活。

明朝大臣杨一清将自己在镇江的府城命名为“石淙精舍”。

【原文】

弩名克敌，城筑受降。

【译文】

韩世忠为了抵御金人入侵，创造了“克敌”强弩，以此来阻挡敌人的进攻。

汉代和唐代都曾在边境建筑受降城，在今山西大同。

【原文】

韦曲杜曲，梦窗草窗。

【译文】

韦、杜两姓为唐代长安城的大姓，人们将他们的居所分别称为“韦曲”“杜曲”。

吴文英和周密为同一时代的大文豪，人们称吴文英的词为“梦窗”，周密的词为“草窗”。

【原文】

灵征刍狗，诗祸花龙。

【译文】

曹魏时期，有一个善于解梦的人，名为周宣。有一个官员三次梦到刍（chú）狗，周宣却分别解读出三种意思，而且每一种解读都在这个官员身上应验了。

高启是元代诗人。洪武年间，他曾作过《宫女》诗："小尨（máng）隔花空吠影，夜深宫静有谁来。"朱元璋认为他泄露了宫廷秘密，便将其处死。

【原文】

嘉贞丝幔，鲁直彩缸。

【译文】

张嘉贞想让郭元振当自己的女婿，便让五个女儿各拿着一条丝带站在幔子后面，郭元振抓到哪根丝带，就把哪个女儿嫁给他。

黄庭坚（字鲁直）想让苏东坡的孙女做儿媳，并说会以红绸缠酒缸作为聘礼。

四支

【原文】

王良策马，傅说骑箕。

【译文】

王良为古时御马高手，相传他死后变为星宿。《史记·天官书》记载："汉中四星，曰天驷。旁一星曰王良，王良策马，车骑满野。"

傅说是殷商时期的贤臣，相传他死后化作星宿，位于箕宿和尾宿之间，所以说"傅说骑箕"。

【原文】

伏羲画卦，宣父删诗。

【译文】

上古帝王伏羲通过观察天地阴阳变化，画出了八卦图。

相传，孔子通过对古诗的删减修订，编撰成《诗经》。汉朝时期，皇帝追尊孔子谥号"宣"，所以后人也称其为"宣父"。

【原文】

高逢白帝，禹梦玄彝。

【译文】

相传汉高祖刘邦起兵反秦时，在大泽地区斩杀了化身白蛇的白帝之子。

大禹治水时，梦到了自称为玄彝（yí）苍水的使者，这个使者告诉他治水的简书在哪里。

【原文】

寅陈七策，光进五规。

【译文】

宋高宗时期，胡寅（yín）曾向其进谏了七项策略，以此辅助江山社稷。

宋仁宗时期，大臣司马光提出了“五项规定”，劝谏宋仁宗励精图治。

【原文】

鲁恭三异，杨震四知。

【译文】

鲁恭任职中牟县令时，在他的管辖范围内有三种异象：蝗虫不入境，禽鸟不怕人，幼童有仁心。人们认为这是他治理有方的结果。

杨震为官清廉，他曾经举荐王密为昌邑令。王密深夜拿着十金想答谢杨震，杨震不收。王密说：“深夜无人知道。”杨震回答：“天知地知，你知我知，哪是无人知道呢？”

【原文】

邓攸弃子，郭巨埋儿。

【译文】

石勒之乱时，邓攸带着儿子和侄子逃难。路遇贼兵，儿子和侄子二者难以两全，于是邓攸抛弃儿子，带着侄子逃走了。

郭巨家境贫寒，为了赡养母亲，他准备埋掉儿子以减少家中负担。不过在挖坑的时候，郭巨挖到了一釜黄金，人们认为这是他的孝心感动了上天。

【原文】

公瑜嫁婢，处道还姬。

【译文】

宋朝官员钟离瑾（字公瑜）给即将出嫁的女儿买来一个婢女，后来钟离瑾得知这个婢女也曾是官员之女时，便以和女儿一样的规格将她嫁了出去。

陈国灭亡后，陈国乐昌公主成为隋朝大臣杨素的家姬，后来乐昌公主的丈夫徐德言前来寻妻，杨素得知后，便将乐昌公主还给了他。

【原文】

允诛董卓，玠杀王夔。

【译文】

东汉大臣王允设计让貂蝉引诱董卓义子吕布，二人合谋杀掉了董卓。

南宋大将余玠（jiè）杀掉了性情残暴的王夔（kuí）。

【原文】

石虔矫捷，朱亥雄奇。

【译文】

东晋石虔威猛矫健，敢从老虎身上拔箭。

战国朱亥勇猛异常、雄奇伟略，是著名的侠客。

【原文】

平叔傅粉，弘治凝脂。

【译文】

东汉玄学家何晏（字平叔）的皮肤雪白，好像涂了一层粉一般。

晋朝杜乂（yì）（字弘治）皮肤清绝，王羲之赞他为："面如凝脂，眼如点漆，神仙中人也。"

【原文】

伯俞泣杖，墨翟悲丝。

【译文】

一次，韩伯愈做错了事情，被他的母亲责打。韩伯愈痛哭不已，母亲问其原因，韩伯愈说："以前挨打会感到疼痛，现在却打得很轻，我就知道母亲年老了，为此感到痛心哭泣。"

墨子看到染丝的人，感叹道："把丝放在什么颜色的染缸里，它就能够变成什么颜色。做人也是这样的道理啊。"

【原文】

能文曹植，善辩张仪。

【译文】

曹植十岁就能作诗写文。《七步诗》便是他的代表作之一。

张仪善辩，曾做秦、魏两国的相国。

【原文】

温公警枕，董子下帷。

【译文】

宋朝司马光（温国公）喜好读书，累的时候便枕在圆木做的枕头上休息一会。圆木转动，枕着它睡觉的人时常会被惊醒，所以又称“警枕”。

董仲舒读书的时候，喜欢放下帷幕，以此让自己专心读书。

【原文】

会书张旭，善画王维。

【译文】

唐朝书法家张旭擅长草书，被称为“草圣”。

唐代大诗人王维擅长作画，苏轼称他的画作为“诗中有画，画中有诗”。

【原文】

周兄无慧，济叔不痴。

【译文】

鲁成公十八年，晋厉公被杀，晋国人将晋悼公（周）迎回国，立为君主。晋悼公有一个哥哥，天生愚钝，连豆子和麦子都无法辨清，所以无法做君主。

王湛是大臣王济的叔叔，有才而不露，人们认为他是傻子。一次偶然的机会，王济才发现他这个叔叔并不傻，而且还博学多才，擅长骑马。

【原文】

杜畿国士，郭泰人师。

【译文】

杜畿（jī）去拜访好友耿纪，二人聊性大发、彻夜畅谈。当时任职尚书令的荀彧就住在隔壁，夜间听到他们的谈话，称赞杜畿是难得的国士（治国之才），并举荐他为官。

东汉郭泰品格高尚，精通学识，有人说他既可以做传授学识的老师，还能够做做人的榜样。

【原文】

伊川传《易》，觉范论诗。

【译文】

北宋哲学家程颐（人们也称其为伊川先生）曾注释《周易》，后人也称之为

《伊川易传》。

南宋僧人彭觉范（德洪）擅长作诗和诗论。

【原文】

董昭救蚁，毛宝放龟。

【译文】

汉代董昭曾在江边救了一只蚂蚁，后来董昭入狱后，蚂蚁挖了一条地道，救出董昭。

东晋大将毛宝曾放生过一只白龟，后来毛宝战败投江，被白龟所救。

【原文】

乘风宗悫，立雪杨时。

【译文】

南朝名将宗悫（què）少时说自己的志向为“愿乘长风破万里浪”。

北宋学者杨时曾经前去拜访程颐，见程颐正在休息，便立在门外等候。程颐醒来时，杨时的脚下已经积了一尺多深的雪，而杨时却一动未动。

【原文】

阮籍青眼，马良白眉。

【译文】

阮籍看自己喜欢的人时用青眼，看自己讨厌的人时用白眼。

东汉名士马良才华出众，因他的眉毛中有白毛，所以人们又称其为白眉。

【原文】

韩子孤愤，梁鸿五噫。

【译文】

战国时期，韩非曾多次向韩王进谏，但都未得到认同，愤怒之下写了《孤愤》等篇。

东汉梁鸿路过洛阳，看到豪华宫殿有感而发，遂作《五噫（yī）歌》，表示对这种生活的讥讽。

【原文】

钱昆嗜蟹，崔谌乞糜。

【译文】

宋朝官员钱昆喜爱吃螃蟹，当时他和通判不和，便申请去其他地方任职，并说："只要那个地方有螃蟹，没有通判就行。"

北宋河间太守崔谌向李绘索要麋鹿的角和鹡鸰（jí líng）的羽毛，李绘认为他的要求蛮横无理，便写信拒绝了。

【原文】

隐之卖犬，井伯烹雌。

【译文】

东晋吴隐之为官清廉，为了筹备女儿的嫁妆，卖掉了家里的看门犬。

秦国贤臣百里奚（井伯）少时家境贫寒，他出门之前，妻子杀掉了家里的母鸡，为其践行。

【原文】

枚皋敏捷，司马淹迟。

【译文】

西汉文学家枚皋才思敏捷，出口成章。

西汉文学家司马相如的文章前后温丽，构思却比较迟缓。汉武帝曾经评价他和枚皋说："相如工而不敏，枚皋敏而不工。"

【原文】

祖莹称圣，潘岳诚奇。

【译文】

北魏人祖莹自幼聪颖，八岁通读《诗》《书》，人称"圣小儿"。

西晋文学家潘岳少时才颖出众，人称"奇童"。

【原文】

紫芝眉宇，思曼风姿。

【译文】

唐朝元德秀（字紫芝）淡泊名利，有人说："见紫芝眉宇，使人名利之心都尽。"

南北朝张绪（字思曼）风流倜傥、风姿卓越。齐武帝曾说："此柳风流可爱，似张绪当年。"

【原文】

毓会窃饮，谌纪成糜。

【译文】

汉末大书法家钟繇（yóu）的两个儿子钟毓、钟会，趁着钟繇睡觉时，偷喝父亲的酒。钟繇假寐观察：钟毓先拜后喝，钟会则直接饮用。钟繇问其原因，钟毓说："有酒就有礼，不能不拜。"钟会说："偷酒不属于礼，不能跪拜。"

陈谌、陈纪两兄弟为家中客人蒸饭。谁知因两兄弟听父亲谈话听得入迷，米饭被做成了粥。其父陈寔（shí）问他们："还记得我刚才说得什么吗？"二人将刚才父亲的谈话重复了一遍，分毫不差，陈寔很是高兴，没有处罚他们。

【原文】

韩康卖药，周术茹芝。

【译文】

汉代人韩康卖药二十多年，没有二价。后来韩康隐居霸陵。

汉代隐士角（lù）里（周术）作《紫芝歌》："莫莫高山，深谷逶迤。晔晔紫芝，可以疗饥。唐虞世远，吾将何归？驷马高盖，其忧甚大。富贵之畏人兮，不若贫贱之肆志。"

【原文】

刘公殿虎，庄子涂龟。

【译文】

北宋刘安世敢于直言进谏，经常在朝堂上和皇帝争辩，有"殿上虎"之称。

楚王曾经请庄子为官，庄子辞谢说："我宁愿做泥中的乌龟，也不愿做祠堂里的尸骨。"

【原文】

唐举善相，扁鹊名医。

【译文】

战国时期梁国人唐举以擅长相术为名，能通过面相判定一个人的寿命长短、富贵贫穷。

扁鹊是中国历史上最为著名的医学家之一，医术高超，后人尊为"医祖"。

【原文】

韩琦焚疏，贾岛祭诗。

【译文】

北宋大臣韩琦曾想将疏稿烧掉，后又为了彰显从谏之美，又从疏稿中选择一些，编撰成书。

唐朝诗人贾岛每到了除夕之夜，就会用酒肉祭祀自己的诗作，人们称这一举动为"祭诗"。

【原文】

康侯训侄，良弼课儿。

【译文】

北宋学者胡安国（康侯）的侄子胡寅顽劣不堪，胡安国命其在放有很多书的阁楼里思过。胡寅看书打发时间，久而久之，被书中礼仪熏陶，一改之前的恶习，发愤图强，最后官拜起居郎。

南宋进士余良弼教导自己的儿子要好好读书，不要年老时再后悔。

【原文】

颜狂莫及，山器难知。

【译文】

南朝宋文学家颜延之为人狂傲，自称无人能及。

山涛才能高深，没有人知道他的器量到底怎样。

【原文】

懒残煨芋，李泌烧梨。

【译文】

李泌曾去拜访高僧懒残，懒残正在烧芋头，并递给李泌一个吃了一半的芋头，并说："什么都不要说，快吃掉芋头，你可以做十年宰相。"

唐肃宗召见李泌，因李泌不吃肉，唐肃宗亲自给他烤了两个梨。

【原文】

干椹杨沛，焦饭陈遗。

【译文】

东汉末年，杨沛做新郑地方官时，让百姓收桑葚和豆子，晒干之后存放在库房。曹操经过新郑，杨沛将这些送给了曹操的军队，解决了曹操的粮草问题。

陈遗的母亲喜欢吃焦饭，陈遗便带给她吃。战乱发生时，陈遗便是靠焦饭生存下来的。

【原文】

文舒戒子，安石求师。

【译文】

三国时期，魏国大臣王昶（文舒）教导子侄，要德行兼备，不可自以为是。

王安石曾说："求师一定要求博学善士之师。"

【原文】

防年末减，严武称奇。

【译文】

西汉人防年杀了他的继母，报了父仇，犯下大逆之罪。当时十二岁的汉武帝说："防年的继母杀了防年的父亲，早就失去了做母亲的资格，应当按照普通之罪来处理。"于是便减轻了防年的罪行。

严武杀掉了父亲的宠妾，并说："哪有重臣只爱宠妾而冷落发妻的。"他的父亲因此认为他有奇特之处。

【原文】

邓云艾艾，周曰期期。

【译文】

三国军事家邓艾口吃，自报姓名时，会多说几个"艾"字。

西汉大臣周昌口吃，和汉高祖争论时，曾将"期"说成"期期"。

【原文】

周师猿鹄，梁相鹓鸱。

【译文】

相传，周穆王南征战败后，军队里的贵族变成了猿猴和天鹅，士兵变成了虫子和沙砾。

梁国宰相惠子疑心庄子会威胁到自己的地位。庄子听说后，讥讽他像一只鸱（chī），为了死老鼠，而对着经过的鹓（yuān）大叫。可他却不知道鹓是从不吃死老鼠的。

【原文】

临洮大汉，琼崖小儿。

【译文】

相传，秦王二十六年，在临洮这个地方出现了十二个身高六尺、身穿异服的大汉。

相传，李守忠奉命前往琼崖，来到一户人家那里，看到了梁上的一个窝，窝里坐着一个小孩模样的人。这户人家说是自己的九世祖。

【原文】

东阳巧对，汝锡奇诗。

【译文】

明朝大臣李东阳少时拜见皇帝，皇帝出一对联说："螃蟹浑身甲胄。"李东阳对曰："蜘蛛满腹经纶。"

宋代陈汝锡自幼聪明，曾作诗："闲愁莫浪遣，留为痛饮资。"被黄庭坚赞为同辈之人。

【原文】

启期三乐，藏用五知。

【译文】

春秋隐士荣启期有三件乐事：生而为人，生为男人，高寿。

宋朝官员李若拙（字藏用）自称"五知先生"。"五知"是知时、知命、知退、知难、知足。

【原文】

堕甑叔达，发瓮钟离。

【译文】

东汉孟敏（字叔达）挑着甑（zèng）走在路上，甑掉地上，孟敏却头也不回地走了。有人问起缘由，他说："甑已经碎了，回头又有什么用？"

东汉钟离意在整修孔子庙的时候，发现了一个瓮，瓮上有字，并早就预言钟离意会整修孔庙这件事。

【原文】

一钱诛吏，半臂怜姬。

【译文】

北宋官员张咏发现一个小吏偷了一枚铜钱，想要责打他。小吏不服，并说："只是一枚铜钱而已，你能够杖打我，总不能杀了我吧。"张咏随即写道："一天一枚铜钱，一千天一千枚铜钱，绳锯木断，水滴石穿。"于是便将其斩杀。

宋代宋祁在外赴宴时，深感寒冷，便让人回家取衣，谁知家中妻妾各送来一件。为了不偏不袒，宋祁只好忍冻回家。

【原文】

王胡索食，罗友乞祠。

【译文】

东晋王胡生活困难，县令陶胡奴给他送去一些米，被王胡回绝了，并说："如果饿了，肯定向谢尚讨要。"

晋代罗友为人豪爽，不拘小节，喜好在祭祀的人群中索要食物。

【原文】

召父杜母，雍友杨师。

【译文】

西汉召信臣、东汉杜诗都曾任职南阳太守，他们爱民如子、为官清廉，当地人称他们为“召父杜母”。

雍冲适合做朋友，杨仲远适合做老师。

【原文】

直言解发，京兆画眉。

【译文】

唐朝贾直言被流放之前，他的妻子将头发扎好包起来，并表示只有贾直言可以解开。

西汉大臣张敞曾经为妻子画眉。

【原文】

美姬工笛，老婢吹篪。

【译文】

晋代大臣石崇的美妾绿珠擅长吹笛。

北魏大臣元琛有一个擅长吹篪（chí）的婢女，曾经化装成老妇人在敌营前吹奏敌军家乡的曲目，敌军思乡心切，纷纷归降。

五微

【原文】

敬叔受饷，吴祐遗衣。

【译文】

南齐官员何敬叔为官清廉，从不收受贿赂。有一年，百姓受灾歉收，何敬叔贴出告示，接受赠饷，并用收到的全部赠饷帮贫民缴纳租税。

吴祐（hù）做太守时，他手下的一个小吏用私自征收的钱财为其父买了一件衣服。小吏承认错误后，吴祐念及他出于孝心，而又能知错就改，便又把上交的衣服送给了他。

【原文】

淳于窃笑，司马微讥。

【译文】

齐国遭楚国入侵，齐王派遣淳于髡（kūn）带着黄金百两、数十辆马车前往赵国求救。淳于髡认为给赵国送的礼物少而祈求的却太多，遂觉得可笑。

唐朝卢藏用以隐居的方式获得名声，进而得以入官场，得偿所愿。唐代道士司马承祯听说后，出言讥讽卢藏用："山中隐居，只是一条入朝为官的捷径罢了。"

【原文】

子房辟谷，公信采薇。

【译文】

西汉开国功臣张良晚年时辟谷学道，不食五谷还可以维持生命。

孤竹君有两个儿子：公信和叔齐，二人都不愿继承王位，遂隐居山中。武王伐纣时，伯夷不肯吃周朝的粮食，只靠采薇为食，最后被活活饿死。

【原文】

卜商闻过。伯玉知非。

【译文】

孔子的学生卜商名声大振之后，曾子曾经当面指出了他的三条罪过，卜商都虚心接受了。

卫国大夫蘧（qú）瑗（伯玉）德行高尚，行事光明磊落，是真正的君子。《淮南子》中记载："伯玉'年五十而知四十九年非'。"

【原文】

仕治远志，伯约当归。

【译文】

谢安放弃隐居而出仕为官，郝隆（仕治）讥讽说："有一味草药，在深山时叫远志，出山便叫小草了。"

三国时期，魏国人姜维（伯约）投靠蜀国，任职蜀国大将军。在魏国的母亲给姜维写信，让他邮寄当归（此处有回乡之意）。姜维回信："良田百顷，不在一亩；但有远志，不在当归也。"

【原文】

商安鹑服，章泣牛衣。

【译文】

孔子的弟子卜商家境贫寒，穿的衣服也非常破烂。有记载称："卜子夏甚贫，鹑衣百结。"

王章未任官之前，家境异常贫苦，生病时只能哭哭啼啼地躲在牛衣下面取暖。

【原文】

蔡陈善谑，王葛交讥。

【译文】

北宋人蔡襄和陈亚二人经常相互开玩笑。蔡襄说："陈亚有心便是恶。"陈亚回道："蔡襄无口便成衰。"

晋代名士王导和诸葛恢时常相互讥讽。王导说："人们都说王葛、王葛，王家地位更高一些。"诸葛恢说："人们常说驴马、驴马，难道驴就比马大吗？"

【原文】

陶公运甓，孟母断机。

【译文】

晋朝陶侃为了勉励自己，每天早晚都要各搬运一百块甓（pì）（砖）。

孟子小时候不学习，孟母便剪断了织布机上的布，以此来警醒他做事情不能半途而废。

六鱼

【原文】

少帝坐膝，太子牵裾。

【译文】

晋元帝长子司马绍自幼聪慧。有一次，司马绍坐在元帝腿上，元帝问他："长安和太阳哪一个远？"司马绍回答："太阳远。"第二天，元帝又问了相同的问题，司马绍回答："长安远。"元帝很好奇，问其原因。司马绍说："太阳抬头就可以看到，可却看不到长安。"

宫中失火，晋武帝登楼查看。晋武帝的孙子愍（mǐn）怀太子拉住武帝的衣服，让武帝移动到阴暗的地方。武帝问其原因，愍怀太子回答："夜间失火，最为慌乱，怕有人趁机伤害到皇帝。"

【原文】

卫懿好鹤，鲁隐观鱼。

【译文】

春秋时期卫懿公好鹤，有些鹤甚至可以享受大官的待遇，国人对此非常不满。后来，狄人攻打卫国，卫国人不肯为卫懿公效力，最后卫懿公被杀。

鲁隐公想去棠地观看捕鱼，臧僖伯劝谏说："和国事无关的，不宜重视。"鲁隐公不听，执意去棠地观鱼。

【原文】

蔡伦造纸，刘向校书。

【译文】

东汉蔡伦在前人的基础上，用树皮、麻头、破布等材料，制成了植物纤维纸，又称之为"蔡侯纸"，是我国古代四大发明之一。

汉成帝时，光禄大夫刘向奉命校对《五经》，后又编撰成《七略别录》一书，他的儿子又编撰成《七略》一书。

【原文】

朱云折槛，禽息击车。

【译文】

朱云直言进谏，惹怒了汉成帝，汉成帝要将他处死。朱云双手抓住殿堂外的门槛，以至于门槛都被拉断，最后汉成帝不得已赦免了他。

禽息将百里奚举荐给秦穆公，无奈秦穆公不答应。禽息一头撞向了秦穆公的车，秦穆公才任用了百里奚。

【原文】

耿恭拜井，郑国穿渠。

【译文】

东汉耿恭带军攻打匈奴，最后被匈奴围困城中。匈奴人切断了水源，耿恭命人掘地十五丈都未看到一滴水。于是他穿戴整齐，站在井边祈祷。不久，泉水从井中喷涌而出。

秦始皇元年，韩国派郑国前往秦国，劝说秦国修建水渠，想要以此消耗秦国的国力。没想到，水渠修建好之后，倒是造福了秦国，让秦国变得更加强大起来。而这条水渠便被命名为"郑国渠"。

【原文】

国华取印，添丁抹书。

【译文】

宋代曹彬（国华）周岁时抓周，一手拿武器，一手拿礼器，最后还拿了印章。后来，曹彬先后任职节度使、枢密使和宰相。

唐朝卢仝（tóng）的儿子添丁幼时很顽皮，卢仝曾写下"忽来案上翻墨汁，涂抹诗书如老鸦”的诗句。

【原文】

细侯竹马，宗孟银鱼。

【译文】

汉代郭伋（细侯）为官清廉，他去并州上任的时候，百姓夹道欢迎，几百个骑着竹马的孩童前来迎接。

蒲宗孟任翰林时，宋神宗曾说：“翰林职清地近，而官仪未备，自今宜佩鱼。”

【原文】

管宁割席，和峤专车。

【译文】

管宁和华歆是同窗好友，后因华歆爱慕虚荣，管宁便割断席子，以示断交。

晋朝时期，中书监和中书令应乘坐同一辆车入朝。但中书令和峤因瞧不起中书监荀勖（xù），便自己乘坐专车，而不理荀勖。

【原文】

渭阳袁湛，宅相魏舒。

【译文】

谢绚对自己的舅舅袁湛无礼，袁湛便说，他们二人之间已经没有甥舅情谊了。

魏舒幼时住在外婆家，相术的人来看风水，便说：“这个宅子，会出一个做大官的外甥。”果然，魏舒后来官拜司徒。

【原文】

永和拥卷，次道藏书。

【译文】

魏国人李谧拥书万卷，而他也常说：“大丈夫拥书万卷，没有心思再去做官了。”

晋代宋敏求（次道）有很多校对精准的藏书，很多人为了向他借书，都争着租住他附近的房子，以致他周围的房租要比其他地方高上很多。

【原文】

镇周赠帛，宓子驱车。

【译文】

唐代张镇周前往老家舒州担任都督。刚到家乡，张镇周便设宴款待亲朋好友，并赠送给他们礼物，并说让他们不要干扰自己治理政事。

宓子前往单父上任，当地的权贵前来迎接。宓子不愿接见他们，便命人不要停车，继续前进。

【原文】

廷尉罗雀，学士焚鱼。

【译文】

汉代翟方进任职廷尉时，宾客满门；被罢黜后，门可罗雀，冷冷清清。

南北朝时期，张褒被人参劾，张褒烧掉随身佩戴的银鱼，辞官而去。

【原文】

冥鉴季达，预识卢储。

【译文】

宋代杨仲希（字季达）曾经拒绝了一位有夫之妇的调情，第二年他便高中榜首，人们认为这是神明在奖励他。

唐代卢储科举时，曾经将自己的文章送给尚书李翱观看。李翱的女儿看后说："这个人一定可以考中状元。"于是，李翱便将女儿嫁给卢储。第二年，卢储果然考中了状元。

【原文】

宋均渡虎，李白乘驴。

【译文】

汉代宋均任职九江太守，这里老虎很多，频繁伤人。宋均认为这是贪官污吏造成的。所以便整顿吏治，惩戒残暴。最后老虎被感化，东渡过江而去。

唐朝大诗人李白醉酒时，骑驴路过县令府。县令命人将他抓起来，李白说："想知县莫尊于天子，料此地莫大于皇都，天子殿前尚容吾走马，华容县里不许我骑驴？"县令大惊，连忙向其谢罪赔礼。

【原文】

仓颉造字，虞卿著书。

【译文】

相传，黄帝的史官仓颉创造了汉字。

战国时期，虞卿著书八篇，名为《虞氏春秋》。

【原文】

班姬辞辇，冯诞同舆。

【译文】

汉成帝曾让自己的宠妃班婕妤同乘一辆马车，班婕妤认为这不合礼数，便拒绝了。

冯诞和魏孝文帝是好友，又娶了孝文帝的妹妹乐安公主。二人同乘一辆车，同坐一张席，感情非常要好。

七虞

【原文】

西山精卫，东海麻姑。

【译文】

《山海经》中记载，炎帝的女儿溺死在东海，死后化作一只精卫鸟，每日将衔来的树枝、石块扔进海中，想要将东海填平。

《神仙传》记载，麻姑是东海里的神仙，曾多次见到东海变为陆地的场景。

【原文】

楚英信佛，秦政坑儒。

【译文】

汉光武帝的儿子楚王刘英信奉佛教，平日里也会吃斋念佛。

秦始皇下令焚烧诸子百家著作，并活埋四百六十名儒生。

【原文】

曹公多智，颜子非愚。

【译文】

曹操与敌军对阵时曾说："我的长相和一般人没什么两样，只是更加有智慧罢了。"

孔子曾评价弟子颜回："吾与回言终日，不违如愚。退而省其私，亦足以发，回也不愚。"

【原文】

伍员覆楚，勾践灭吴。

【译文】

伍子胥的父亲和兄长被楚平王杀害，后伍子胥投奔吴国，做了吴国大夫。在伍子胥的策划下，吴国攻打楚国，楚国几近灭亡。

吴王夫差灭掉越国，越王勾践卧薪尝胆，奋发图强，最后勾践率军灭掉了吴国。

【原文】

君谟龙片，王肃酪奴。

【译文】

北宋书法家蔡襄（字君谟）任职福建转运使时，为皇帝制作了名为“小龙团”的茶饼，深受皇帝喜爱。

北魏大臣王肃认为，茶是不能给酪浆做奴隶的，于是人们又将茶称为酪奴。

【原文】

蔡衡辨凤，义府题乌。

【译文】

东汉光武帝时期，出现了一只以青色羽毛为主的五彩大鸟。所有人都认为这是只凤，只有蔡衡说：“红色羽毛多的是凤，青色羽毛多的是鸾。这只鸟是鸾而不是凤。”

李义府拜见唐太宗时，唐太宗让其以“乌”字为题作诗，李义府道：“日里扬朝彩，琴中伴夜啼。上林多少树，不借一枝栖。”唐太宗很满意他的诗，便提拔他为御史。

【原文】

苏秦刺股，李勣焚须。

【译文】

苏秦少时为了摆脱窘境，奋发读书，困了的时候，便用锥子刺自己的大腿，以让自己继续读书。后成六国之相。

有一次，年迈的李勣（jì）为生病的姐姐煮粥，不小心烧掉了自己的胡须。

【原文】

介诚狂直，端不糊涂。

【译文】

宋代文学家石介为人耿直，直言敢谏，当时的人们都评价他为“狂直”。

宋太宗评价宰相吕端说：“吕端小事糊涂，大事不糊涂。”

【原文】

关西孔子，江左夷吾。

【译文】

东汉大臣杨震博览群书，人称“关西孔子”。

东晋初迁都江南时，大臣王导主持大局，足智多谋，人称“江左夷吾（管仲）”。

【原文】

赵抃携鹤，张翰思鲈。

【译文】

北宋大臣赵抃（biàn）前往蜀地任职时，只带了一只鹤和一把琴。

张翰做官时，因想念家乡的鲈鱼菜，便辞官回乡了。

【原文】

李佳国士，聂悯田夫。

【译文】

李膺任职司隶校尉时，曾和同乡聂季宝谈话，李膺说：“这个人以后肯定能入朝为官。”最后果然如李膺所说。

晚唐诗人聂夷中怜悯农民生活，写了一首最为著名的《伤田诗》。

【原文】

善讴王豹，直笔董狐。

【译文】

卫国人王豹擅长唱歌。

晋国史官董狐不畏强暴，敢于如实记载历史。

【原文】

赵鼎倔强，朱穆专愚。

【译文】

宋代抗金名将赵鼎极力反对和金人议和，最后遭到贬谪。秦桧曾说他“倔强”。

汉代人朱穆读书很是认真，却经常忽略了生活小节，他的父亲便担心他是个愚笨之人。

【原文】

张侯化石，孟守还珠。

【译文】

汉代人张颢做地方官时，有人给他一块圆石头，打开之后，里面有一枚金印，上面写着“忠孝侯印”。

孟守做合浦太守时，当地盛产珍珠，却因捕捞不当，珍珠日益稀少。孟守便革除弊政，禁止过度捕捞，一年之后，海中的珠蚌又多了起来。

【原文】

毛遂脱颖，终军弃繻。

【译文】

战国时期，平原君门下有一个叫毛遂的门客。平原君出使楚国，毛遂想要跟随，并说：“如果有机会，我的才能早就显现出来了。”

汉代人终军出关时，小吏给了他返回的凭证。谁知他把凭证丢弃在地上，并说：“大丈夫西游，不会再回来了。”

【原文】

佐卿化鹤，次仲为乌。

【译文】

唐玄宗打猎时，射中了一只鹤，鹤中箭之后，飞向西南方。原来，那只鹤为蜀中道士徐佐倾所化。

秦国人王次仲创造了隶书，秦始皇宣他入朝，他不肯，便化作乌鸦飞走了。

【原文】

韦述杞梓，卢植楷模。

【译文】

唐玄宗史官韦述兄弟几人都很有建树，在当时有“韦家兄弟，人之杞梓”的说法。

东汉学者卢植为当世大儒，曹操称其为“学为儒宗，士之楷模”。

【原文】

士衡黄耳，子寿飞奴。

【译文】

西晋文学家陆机（字士衡）曾经养过一条名为“黄耳”的狗，可以帮陆机往吴中老家送信。黄耳死后，陆机为其立坟为“黄耳冢”。

唐代政治家张九龄（字子寿）曾喂养过信鸽，并取名为“飞奴”。

【原文】

直笔吴竞，公议袁枢。

【译文】

吴竞是唐朝史官，曾记载张说受张昌宗诱使而诬陷魏元忠的事情，张说当上宰相后，曾多次请求吴竞更改史料，吴竞不肯答应。世人称其为当世董狐，有直笔之风。

宋代史官袁枢记载了同乡章子厚的恶行，并说："宁愿对不起同乡，也不可对不起后世的评论。"

【原文】

陈胜辍锸，介子弃觚。

【译文】

秦末时期农民起义领导者陈胜少时曾给人帮工，在田间歇息时，他将锸（chā）子放在田垄上，并对周围人说："苟富贵勿相忘。"当时的人还都嘲笑他，没想到他后来会称王。

西汉傅介子幼时好学，十四岁时，他扔掉手中的觚，弃笔从戎，最后被封为义阳侯。

【原文】

谢名蝴蝶，郑号鹧鸪。

【译文】

宋代诗人谢逸作了三百首关于蝴蝶的诗，人们称其为"谢蝴蝶"。

唐代诗人郑谷以《鹧鸪诗》出名，人们又称"郑鹧鸪"。

【原文】

戴和书简，郑侠呈图。

【译文】

戴和每结交一个朋友，就将他的名字写入竹简，并焚香祭拜祖先，以示郑重。

宋神宗时期，北方大旱，宋代进士郑侠让人画了一幅《流民图》，呈递给皇帝。

【原文】

瑕丘卖药，邺令投巫。

【译文】

瑕丘卖了一百多年的药，后死于地震之中，人们将其尸体扔进河里。不久，瑕丘起死回生，人们认为他是神仙。

春秋时期，西门豹（邺令）是邺地的父母官。当时有一个“河伯娶妻”的迷信说法，让百姓受苦不少。于是西门豹便将巫婆、长老投入水中，破除了迷信，让百信恢复正常生活。

【原文】

冰山右相，铜臭司徒。

【译文】

唐玄宗时期，杨国忠为右丞相，为人高傲无礼。进士张彖说：“杨国忠就好比冰块，太阳一出来就融化。”

东汉末期，皇帝公开买卖官职。崔烈花五百万钱买了司徒一职，所以人们都说他的官职带有铜臭味。

【原文】

武陵渔父，闽越樵夫。

【译文】

武陵一个渔夫顺着溪水捕鱼，最后闯入一个与世隔绝的小村庄，这便是晋代陶渊明笔下的《桃花源记》。

唐朝有一个樵夫误入一个村庄，村里人请樵夫在此生存，但他因想念家人，便辞别离去，后来就再也找不到了。

【原文】

渔人鹬蚌，田父魏卢。

【译文】

鹬鸟咬住了河蚌的肉，河蚌夹住了鹬鸟的嘴，两个相持不下，谁也不愿意松开，最后被渔人捕获。这就是我们常说的“鹬蚌相争渔翁得利”。

天下跑得最快的狗是韩子卢，天下最狡猾的兔子是东郭魏，韩子卢追赶东郭魏，最后两者都累死了，被一个农夫捡了回去。

【原文】

郑家诗婢，郗氏文奴。

【译文】

东汉学者郑玄家的奴婢都读书背诗，大都读过《诗经》。

东晋太守郗愔家中有一个能读书能写文的奴仆，深得王羲之的欣赏。

卷二

八齐

【原文】

子晋牧豕，仙翁祝鸡。

【译文】

据说，汉代商丘人子晋以放猪为生，终生未娶，每天只吃菖蒲根、喝清水，也不见衰老。

晋朝有个人养了上千只鸡，每一只鸡都有自己的名字，呼唤哪一只鸡，哪只鸡就会主动入笼，所以人们称其为“祝鸡翁”。

【原文】

武王归马，裴度还犀。

【译文】

周武王姬发灭掉殷商后，便将战马放归华山南边，表示不再兴起战事。

据说，唐代名相裴度命该饿死，但因他将捡到的一条犀带还给失主，上天奖励他，让他就此大富大贵，官拜宰相。

【原文】

重耳霸晋，小白兴齐。

【译文】

晋文公重耳回国后，励精图治，任用贤人，晋国由此称霸中原。

齐桓公小白在管仲的帮助下，振兴齐国，使齐国成为第一个霸主国，齐桓公也成为春秋霸主。

【原文】

景公禳慧，窦俨占奎。

【译文】

齐景公二十二年，天空出现彗星，齐景公认为这是不祥之兆，便想要用祭祀祈祷的方式来消除灾祸。

窦俨曾说：“丁卯年，五星将相聚在奎星，奎星代表文明，天下必将太平。”

之后果然如他所说。

【原文】

卓敬冯虎，西巴释麑。

【译文】

明朝人卓敬下学回家遇雨，有隐士赠给他一头牛，让他骑着回家。牛回到家后，变为虎跑掉了。

战国时期，秦国孟孙曾捉到过一头小麑（ní），他的仆人西巴看小麑可怜，便私自将它放走了。孟孙认为西巴有仁德之心，便让他教导自己的儿子。

【原文】

信陵捕鹞，祖逖闻鸡。

【译文】

魏国公子信陵君曾经想要救助一只被鹞追赶的斑鸠，无奈没有成功。于是，信陵君便命人捕抓鹞，并杀掉了吃掉斑鸠的那只，其他的都给放走了。

东晋名将祖逖（tì）自幼便有报国之心，他担任司州主簿时，半夜听到鸡鸣声，便会起来舞剑。

【原文】

赵苞弃母，吴起杀妻。

【译文】

东汉人赵苞任职辽西太守时，鲜卑人劫持了他的母亲以威胁赵苞。赵苞为了国家社稷，不受胁迫，出兵杀敌。他的母亲因此被杀，赵苞最后也悲痛而死。

周威烈王十四年，齐国攻打鲁国，鲁国君主想要任用吴起为帅，但又因吴起妻子为齐国人而担忧。于是吴起便杀掉了自己的妻子，以表忠心，并获得了领军杀敌的机会。

【原文】

陈平多辙，李广成蹊。

【译文】

陈平是西汉开国功臣。他幼时家境贫寒，但门前留下了很多长者尊者的车辙印，同乡张负便认为他不是一般人，并且还把孙女嫁给他为妻。

西汉大将李广为人忠厚诚信，深受天下人的仰慕，司马迁曾经将李广喻为桃树和李树，正所谓“桃李不言，下自成蹊”。

【原文】

烈裔刻虎，温峤燃犀。

【译文】

秦代雕刻家烈裔雕刻了两只玉虎，但却没有给他们点上眼睛。烈裔说："老虎点上眼睛就要活了。"秦始皇不信，命烈裔点上眼睛。于是两只玉虎腾空飞走了。

东晋时期，都督江州军事温峤路过牛渚桥时，听人说桥下有怪物，他便点燃犀牛角朝桥下张望，果然看到了很多怪物。

【原文】

梁公训雀，茅容割鸡。

【译文】

唐朝狄仁杰母亲去世时，有白雀飞来吊唁，非常温驯。人们便认为狄仁杰日后必会大有出息。后来，狄仁杰被封为梁国公。

东汉人茅容一大早起来杀鸡，将煮好的鸡肉端给母亲吃，而他和家中的客人一起吃粗茶淡饭。客人们都认为他非常的孝顺。

九佳

【原文】

禹钧五桂，王佑三槐。

【译文】

古时候人们将考中进士称之为"折桂"，而五代人窦禹钧的五个儿子都考上了进士，所以说"禹钧五桂"。

北宋大臣王佑遭到贬谪后，在家种了三棵槐树，并说："我的子孙中必有位列三公的。"后来，他的儿子王旦官拜宰相。

【原文】

同心向秀，肖貌伯偕。

【译文】

东晋文学家向秀和嵇康、山涛、吕安关系亲密，志同道合。

唐朝时期，张伯偕和张仲偕是双胞胎，二人容貌极其相似，就连他们的妻子有时都无法分辨他们。

【原文】

袁闳土室，羊侃水斋。

【译文】

东汉人袁闳因不满世道混乱，在家中盖起一座土屋，隐居十八年，除却早晚的妻儿请安外，一律不见来人。最后病死在土屋里。

梁末大将羊侃生活奢侈无度，曾经在两条船上建造了三座房子，称为“水斋”。装修豪华，惹围观者赞叹。

【原文】

敬之说好，郭讷言佳。

【译文】

唐代诗人项斯曾将自己的作品寄给杨敬之看，杨敬之对其非常欣赏，逢人便夸赞项斯，项斯的名声也由此大增。

晋人郭讷在洛阳听曲，曲声悠扬，郭讷连连称好。同行的人问他曲名，他却说不知道。有人便说：“连曲名都不知道，又为何说它好呢？”郭讷回答：“见到西施，也不一定非要知道她的名字才夸奖她美丽啊。”

【原文】

陈瓘责己，阮籍咏怀。

【译文】

宋人陈瓘少时不知当时的大学者程颐，听人讲解后，他还专门写了一篇文章，责备自己的孤陋寡闻。

阮籍曾作了八十多首《咏怀诗》，表达了他不得志的苦闷心情。

十灰

【原文】

初平起石，左慈掷杯。

【译文】

相传，东晋道家神仙黄初平曾经在石头堆里大喝一声，石头变成了羊，纷纷从地上站起来。

东汉术士左慈精通占星术，曹操想要以设宴的方式，趁机将他杀掉。宴会上，左慈将空杯扔向房梁，杯子像长了翅膀一样飘在空中，引得宾客争相观看。趁着这个间隙，左慈逃走了。

【原文】

名高麟阁，功显云台。

【译文】

汉宣帝将以大司马霍光为首的十一位名臣的画像悬挂在麒麟阁中，以此来表彰他们的功绩。

汉明帝时期，将二十八位开国功臣的画像悬挂在南宫云台上，又称“云台二十八将”。

【原文】

朱熹正学，苏轼奇才。

【译文】

朱熹是宋代理学的集大成者，他所发扬的理学学派，被人认为是孔孟之道的正统传承。

相传，宋神宗每次阅读苏轼的文章时，都连夸他是个奇才。

【原文】

渊明赏菊，和靖观梅。

【译文】

东晋诗人陶渊明隐居在栗里，喜好菊花，曾作诗句“采菊东篱下，悠然见南山”。

北宋著名隐士林逋喜好梅花，在其院子周围种了很多的梅花，每天流连忘返，赏玩尽兴才会踏入屋里。人们都说他“以梅为妻”。

【原文】

鸡黍张范，胶漆陈雷。

【译文】

张劭和范氏是同窗，分别时，二人约定好第二年来张家做客的日期。日期将近时，张劭让他的母亲杀鸡煮米等待范氏，张劭的母亲担心范氏会爽约，张劭却认为范氏是守信之人，一定如期到来。最后，范氏果然如期而至。

陈重和雷义是至交好友，二人一同入朝做官，又同时被提拔，世人比喻他们：“胶漆自谓坚，不如雷和陈。”

【原文】

耿弇北道，僧孺西台。

【译文】

汉光武帝北征，军队行至邯郸时，耿弇力荐北上，不过跟随刘秀的很多官员都反对北上，刘秀却指着耿弇说：“这是我的北道主人。”意思是耿弇是汉光武帝北方的接待人。

唐代牛僧孺做县令时，当地出现了鸂鶒（xī chì）鸟，有人说此地要有官员升任御史。不久后，牛僧孺便被提拔为监察御史。唐朝时期，长安为西京，而长安的官府机构就称之为西台。

【原文】

准题华岳，绰赋天台。

【译文】

寇准为宋代名相。寇准八岁时作了一首《吟华山诗》，他的老师听后说："寇准聪慧过人，是将相之才。"

孙绰为自己寻找归隐之处，听人说天台山风景秀丽，是个归隐的好地方，便命人画下天台山的风景，还亲自作了一篇《天台山赋》。

【原文】

穆生决去，贾郁重来。

【译文】

西汉学者穆生在楚国为官，楚元王对其以礼相待，知道穆生不喝酒，每次宴会前都会为他准备甜酒。楚元王死后，他的孙子即位，不再给穆生准备甜酒了。于是穆生感觉自己不受重视，便辞官回乡。

贾郁任期满时，他属下有一个小吏喝醉了酒，贾郁很是生气地说："等我再次任职的时候，我一定要重重惩罚你。"小吏对此嗤之以鼻。几年后，贾郁果然又回来任职，拿到了小吏贪污的证据，将其判了刑。

【原文】

台乌成兆，屏雀为媒。

【译文】

汉代御史台的柏树上经常会聚集大量的乌鸦，所以人们便称之为"台乌"。唐代谏议大夫柳仲郢每一次升迁的时候，家中就会聚集很多的乌鸦，人们又将其看作是升迁之兆。

隋朝大夫窦毅为女儿挑选夫婿时，命人在屏风上画了两个孔雀，谁能射中孔雀的眼睛，就把女儿嫁给谁。唐高祖李渊射中孔雀的眼睛，于是迎娶窦毅之女为妻。

【原文】

平仲无术，安道多才。

【译文】

北宋名相寇准的好友张咏曾经评价他说："寇公奇才，可惜学术不足。"

北宋大臣张方平很是聪慧，有过目不忘的本领，写文章也是一气呵成，不打草稿。

【原文】

杨亿鹤蜕，窦武蛇胎。

【译文】

相传，北宋文学家杨亿出生的时候，为鹤形。经过三个月的时间，才慢慢蜕变成婴儿的模样。

东汉大臣窦武出生时，还伴有一条蛇出生，窦武的家人将蛇放归森林。窦武的母亲去世后，一条大蛇从森林中窜出，以头撞击棺木，很是哀戚。

【原文】

湘妃泣竹，鉏麑触槐。

【译文】

娥皇、女英为舜帝的两个妃子，舜帝病逝于南巡的途中。娥皇、女英沿途奔丧，最后来到了洞庭湖君山，泪水浸入竹子，形成了竹斑，这就是后来我们所说的湘妃竹。娥皇、女英也死在了湘水。

春秋时期，晋灵公派遣鉏（chú）麑刺杀赵盾，鉏麑得知赵盾是个忠臣，不忍下杀手，又不可违抗君命，最后触槐而死。

【原文】

阳雍五璧，温峤一台。

【译文】

相传，汉代阳雍能用种子种出玉石，并且用种出来的五双玉璧迎娶了自己的妻子。

东晋大臣温峤用一枚玉镜台迎娶了妻子。

十一真

【原文】

孔门十哲，殷室三仁。

【译文】

孔子有十个比较优秀的学生，合称为"十哲"。闵损、宰我、子贡、颜渊、冉耕、冉有、子路、子夏、仲弓、子游。

商纣王时期，朝中有三位比较忠良的大臣：比干、箕子、微子。

【原文】

晏能处己，鸿耻因人。

【译文】

东汉何晏随母改嫁，但却一直坚持自己是何家的子孙，人们认为他能够摆正自己的位置。

东汉梁鸿自幼孤苦无依，家境贫寒，但却不愿接受他人的帮助，并以依靠他人为耻。

【原文】

文翁教士，朱邑爱民。

【译文】

汉景帝时期，蜀郡太守文翁主张礼学教化，广设官学，培养出很多士子。

西汉朱邑为官时爱民如子，深得百姓的爱戴。

【原文】

太公钓渭，伊尹耕莘。

【译文】

姜子牙江边垂钓，后被周文王请入朝中，官拜太公望，辅佐周武王，建立赫赫功勋。

商朝宰相伊尹起初在莘地以耕种为生，后被商汤请入朝中，辅佐商汤灭掉夏朝。

【原文】

皋惟团力，泌仅献身。

【译文】

唐太宗时期，江西节度使李皋采用“团力法”来教习部队。

唐代宗时期，京兆尹李泌在节日期间没有向皇帝献礼，皇帝问其由，李泌说：“我全身上下所有穿的用的都是受皇帝恩赐，仅剩的也只是一个赤条条的身体。”唐代宗回答说：“你能把身心奉献给朝廷，我是求之不得的。”

母亲，此时他们母子已经分别五十年。

董永父亲死后，无钱安葬，便将自己卖到邻家为奴，以此换得安葬的费用。

【原文】

建安七子，大历十人。

【译文】

建安年间，有七位比较著名的才子，称之为建安七子。王粲、刘祯、孔融、阮瑀、应瑒、徐干、陈琳。

大历年间，有十位比较有名的士人，称之为大历十人。卢纶、李端、崔峒、夏侯审、耿湋（wéi）、苗发、钱起、吉中孚、韩翊（yì）、司空曙。

【原文】

香山诗价，孙济酤缗（mín）。

【译文】

相传，唐代诗人白居易（香山居士）的诗作价格很高，每篇能够卖到一两黄金。

东汉人孙济嗜酒如命，经常欠人酒钱。

【原文】

令严孙武，法变张巡。

【译文】

春秋时期军事家孙武治军严明，曾受吴王所托训练宫女。宫女不听命令，孙武便斩杀两名宠姬以示警戒。

唐代军事家张巡用兵不走古法，用兵灵活，阵法多变。

【原文】

更衣范冉，广被孟仁。

【译文】

范冉年轻时很穷，和老友共用一件像样的衣服。去拜访别人的时候，两人只能轮番换装、轮番拜见。

东汉孟仁求学时，他的母亲缝制了一床很大的被子，希望他能够和贫苦之人共用，并以此结交那些有才能的人。

【原文】

笔床茶灶，羽扇纶巾。

【译文】

唐朝诗人陆龟不喜见客，经常带着笔盒、书籍、茶具、钓具，泛舟于湖上，很是悠闲。

三国时期诸葛亮头戴纶巾，手持羽扇，指挥若定，大展名士风采。

【原文】

灌夫使酒，刘四骂人。

【译文】

灌夫为西汉武将，性情刚直，曾多次借酒辱骂丞相田蚡，最后引来灭族之灾。

唐初文人刘子翼排行第四，又称刘四。刘四敢当面指出朋友有误之处，但却从不在背后议论他人，他的好友李百药曾说："刘四虽骂人，人都不恨他。"

【原文】

以牛易马，改氏为民。

【译文】

相传司马懿曾看到一句"牛继马后"的谶语，所以对牛姓异常忌讳。于是便杀掉了将军牛金。不料，恭王妃却和一牛姓小厮私通，生下了司马睿，后为晋元帝，正应验了"牛继马后"这句话。

东汉民仪，原本姓氏，孔融称："氏是民无上，可改为民。"到了唐朝时期，为了避讳唐太宗李世民的称号，又改为氏。

【原文】

圹先表圣，灯候沈彬。

【译文】

唐朝诗人司空图（字表圣）活着的时候就为自己建好了墓穴。

五代沈彬去世后，家人为其建造墓穴，挖出了石灯和铜碑，上面有小诗云："佳城今已开，虽开不葬埋。漆灯犹未灭，留待沈君来。"

十二文

【原文】

谢敷处士，宋景贤君。

【译文】

东晋隐士谢敷淡泊名利，隐居不仕。

宋国司星子韦对君主宋景公说："君主有灾祸了，请将祸患转移到别人身上。"

宋景公不肯，人们称其为贤君。

【原文】

景宗险韵，刘辉奇文。

【译文】

南北朝时期，梁郢州都督曹景宗在朝堂作诗，押了“竞”“病”两个险韵。只见他提笔便写道：“去时儿女悲，归来鼓笳竞；借问行路人，何如霍去病？”深受梁武帝的赞赏。

北宋刘辉作文时喜欢用奇词险句，句法有些也不合常理。欧阳修对此很是反感。科考时，欧阳修判了一个第一的卷子，拆封一看是刘辉，欧阳修对此惊愕不已。

【原文】

袁安卧雪，仁杰望云。

【译文】

东汉大臣袁安少时贫寒，大雪天无以御寒，宁愿僵卧在地上，也不愿麻烦别人，后被举荐为孝廉。

唐朝狄仁杰因做官而远离家乡。曾看着远处的一片云，喃喃自语：“双亲就在这片云之下。”久久伫立，直到云散开而去。

【原文】

貌疏宰相，腹负将军。

【译文】

北宋大臣王钦若相貌丑陋，后却官拜宰相。

北宋将军党进胸无墨水，曾被人讥笑说：“将军从未辜负过肚子，肚子却辜负了您，从不肯给您出一点好主意。”

【原文】

梁亭窃灌，曾圃误耘。

【译文】

楚国、梁国为邻国。楚国人经常糟践梁国人的瓜田，梁国人却以德报怨，为楚国人的瓜地浇水。楚国人得知后，羞愧难当。

孔子的弟子曾参误将秧苗锄掉，因而被父亲责打。孔子却认为，曾参看到父亲要打人时应该逃跑，这样才不会让父亲陷于不义之中。

【原文】

张巡军令，陈琳檄文。

【译文】

唐朝大将张巡军令严明，他的手下雷万春曾面部中数箭，都未躲闪半步。

东汉文学家陈琳擅长写檄文，曹操曾称，陈琳的檄文能够治疗头痛。

【原文】

羊殖益上，宁越弥勤。

【译文】

晋国大夫羊殖为官清廉，力求上进，每几年都会有很大的进步。

战国时期，宁越不辞辛苦，日夜学习，用了十五年的时间，成了齐威王的老师。

【原文】

蔡邕倒屣，卫瓘披云。

【译文】

东汉文学家蔡邕听说王粲来访，连鞋子都没来得及穿好，便出门迎接。

西晋名人乐广深受西晋大臣卫瓘的欣赏，卫瓘称："见到乐广，就如同拨云见日一般。"

【原文】

巨山龟息，遵彦龙文。

【译文】

唐代诗人李峤（字巨山）睡觉时用耳朵呼吸，人称龟息，认为是吉祥之兆。

北朝杨愔（字遵彦）聪颖异常，家人称其为"如龙文一样的骏马"。

十三元

【原文】

傲倪昭谏，茂异简言。

【译文】

唐代诗人罗隐（字昭谏）性情孤傲，目空一切。

宋代吴简言曾中"茂异"科（为才华尤为出众的人设置）。

【原文】

金书梦珏，纱护卜藩。

【译文】

唐朝宰相李珏梦到了神仙洞，神仙洞的墙壁上有两个金色的大字“李珏”，李珏尤为高兴，旁边的仙童则说：“这是广陵的百姓李珏，只是同名罢了。”

唐代大臣李藩曾被人说是“纱笼中人”。意为：凡是做宰相的，名字都会被纱笼笼罩，以防妖怪杀害他的性命。

【原文】

童恢捕虎，古冶持鼋。

【译文】

相传，东汉即墨令童恢任职时，有老虎伤人事件发生。童恢抓到两只老虎，便说：“伤人的低头，无辜的吼叫。”果然一只老虎低头，一只老虎吼叫。最后，童恢处死了低头的老虎，放走了吼叫的老虎。

相传，齐景公过河的时候，他的马被河中的大鼋（yuán）拉下水，勇士古冶子手拿长矛跳入水中，杀死了大鼋，一手拿着鼋头，一手挟着马匹，从河里出来。

【原文】

何奇韩信，香化陈元。

【译文】

西汉大将萧何认为韩信是个不可多得的奇才，便向刘邦举荐。在萧何的几次举荐下，刘邦任命韩信为大将军，为西汉立下汗马功劳。

东汉时期，仇览任职蒲亭长，他听说当地有一个叫陈元的人很不孝顺，便亲自上门说教，最终陈元成为孝子。

【原文】

徐干《中论》，扬雄《法言》。

【译文】

东汉文学家徐干写了《中论》一书。

西汉学者扬雄著有《法言》一书。

【原文】

力称乌获，勇尚孟贲。

【译文】

战国大力士乌获，相传力能扛鼎，值得称道。

战国时期，齐国大力士孟贲也是难得的勇士，能够拔掉活牛之角。

【原文】

八龙荀氏，五豸唐门。

【译文】

东汉荀淑有八个儿子，八个儿子都非常的有才华，人称荀氏八龙。

北宋时期，江陵唐门一家出了五位御史，古时候人们将獬豸（xiè zhì）当作御史的象征，所以说是唐门五豸。

【原文】

张瞻炊臼，庄周鼓盆。

【译文】

张瞻梦到用石臼做饭，有人说："石臼就是没有釜的意思。无釜即为无妇。你是无法见到你的妻子了。"果然，张瞻回到家后，妻子已经去世了。

庄周的妻子离世后，庄周敲着盆唱歌，以此来表达对妻子的特殊纪念。

【原文】

疏脱士简，博奥文元。

【译文】

南朝梁国人张率（字士简）生性洒脱不羁，性情疏狂。

唐代萧颖士（谥号文元）博学多才。

【原文】

敏修未娶，陈峤初婚。

【译文】

南宋人陈敏修七十三岁中进士，皇帝见其未娶，便将宫女施氏赐予他做妻子。

陈峤年近六十才考中进士，当地一个书香之家将女儿嫁给他为妻，这是陈峤第一次娶亲。

【原文】

长公思过，定国平冤。

【译文】

汉宣帝时期，士大夫韩延寿（字长公）为官清廉，见有人争家产，便认为是自己教化不当的结果，并自行闭门思过。

汉宣帝时期，西平侯于定国为官恭谨，给人判定罪行时异常的谨慎。当时的人说："被于定国判定的罪行，都没有冤枉的。"

【原文】

陈遵投辖，魏勃扫门。

【译文】

西汉陈遵很是好客，每次都命人取下客人车子上的辖并扔到井里，不让客人提前离开。

西汉魏勃想要求见宰相曹参，但苦于家贫无路。于是魏勃便每日为曹参舍人清扫门口，舍人得知魏勃用意后，便将其引荐给曹参。

【原文】

孙琏织屦，阮咸曝裈。

【译文】

孙琏是宋代有名的隐士，不愿入朝为官，以种田和织草鞋为生。

晋代阮咸家境贫困，七月七日是传统的晒衣服节日。他家北面的亲戚晒的都是华贵的衣服，阮咸晒得仅有一条裈（kūn）（短裤），但他并没有因此自卑。

【原文】

晦堂无隐，沩山不言。

【译文】

宋代高僧晦堂以桂花香来解释黄庭坚所提出的“吾无隐乎尔”的问题。

唐代高僧沩山禅师为弟子提问题时，弟子答不上来，沩山也不会解释，让弟子自己思考，以便拥有独到的见解。

十四寒

【原文】

庄生蝴蝶，吕祖邯郸。

【译文】

战国思想家庄子梦到自己化成蝴蝶。醒来之后说：“不知道是我变成了蝴蝶，还是蝴蝶变成了我。”

相传，邯郸的一个失意卢生遇到了一个道人，便告诉那个道人自己仕途不顺。这个道人便让他沉入梦中，梦到官场沉浮五十年。卢生醒来后，发现五十年的浮沉只用了煮熟黄粱米饭的片刻时间。又因为这个道士姓吕，所以人们通常将其和吕洞宾（吕祖）认为一人。

【原文】

谢安折屐，贡禹弹冠。

【译文】

太元八年，谢安弟弟谢石、侄子谢玄打败前秦苻坚，谢安得知消息后非常高兴，走路时竟然忘记了门槛，折断了木鞋的齿。

王阳和贡禹是至交好友，后来王阳成了谏议大夫。人们便说："王阳做了官，贡禹也该弹弹帽子做官了。"果不其然，没多久贡禹也当上了谏议大夫。

【原文】

顗容王导，浚杀曲端。

【译文】

东晋时期，王导堂兄王敦起兵造反，王导受到了牵连。负责此案的官员周顗（yǐ）私下里照顾王导的家人，并极力向皇帝证明王导的清白。

南宋名相张浚和抗金名将曲端不合，在吴玠等人的诬陷下，张浚将曲端毒死。

【原文】

休那题碣，叔邵凭棺。

【译文】

明末名人姚康（字休那）在事先修好的墓碑上题字，以表自己终生隐居，不愿出仕的决心。

明朝人方叔邵临终前，整理好衣服坐在棺材内，并在棺中写下一首诗，以作和家人的告别。

【原文】

如龙诸葛，似鬼曹瞒。

【译文】

三国时期，诸葛亮才能出众，徐庶曾评价他说："诸葛孔明者，卧龙也。"

曹操被视为奸雄。阳节潘氏曾评价他说："平生奸伪，见死真性，操之所以如鬼也。"

【原文】

爽欣御李，白愿识韩。

【译文】

东汉名士李膺性情孤僻，不喜好与人交往。东汉人荀爽曾经为他驾驶过马车，并以此为荣耀。

唐代大诗人李白曾经给韩朝宗写过一封信：“生不愿封万户侯，但愿一识韩荆州。”

【原文】

黔娄布被，优孟衣冠。

【译文】

齐国隐士黔娄去世后，因家境贫寒，只能以被子覆盖。只是被子太短，头脚不能两顾。有人出主意说：“斜着盖可以盖全。”但黔娄的妻子认为，黔娄生前正直不阿，死后宁愿盖不全头脚，也不能斜着盖被。

楚国大夫孙叔敖去世后，家中儿子衣食无着，优伶优孟便模仿孙叔敖的一言一行，以此来提醒楚王，最后让孙叔敖的儿子得到了一块封地。

【原文】

长歌宁戚，鼾睡陈抟。

【译文】

春秋隐士宁戚怀才不遇，经常敲着牛角唱歌。歌声恰巧被路过的齐桓公听到，认为他不是一般人，于是便任用了他。

五代时期有一位道士，名为陈抟（tuán），一睡便是百日，人们认为他是得道的神仙。

【原文】

曾参务益，庞德遗安。

【译文】

曾参是孔子的弟子，他临终之前，教导自己的儿子要务求上进。

汉末名士庞德公不愿入仕，并声称他给后代子孙留下的是平安。

【原文】

穆亲杵臼，商化芝兰。

【译文】

东汉人公沙穆家境贫寒，少年读书时，交不起学费，只能以杵臼来赚取上学的银两。

孔子曾评价自己的弟子卜商说：“卜商愿意和贤良之人做朋友，就好比进了种有兰芝的房间，时间久了，身上也便有了兰芝的香味。”

【原文】

葛洪负笈，高凤持竿。

【译文】

东晋葛洪的藏书被火灾烧毁，自此他便背着书箱四处借书抄录，即便是千里之外的人家，只要有他需要的书，也会不辞辛苦地前去。

西汉人高凤一手拿着书，一手拿着竹竿赶鸡，最后只顾着读书，却连麦子被大雨冲走了都不知道。

【原文】

释之结袜，子夏更冠。

【译文】

西汉法学家张释之和隐士王生交好，张释之不顾自己的权势而肯屈身为王生系袜带，世人也更为爱戴他。

西汉时期，杜钦、杜邺都字子夏，为区分开来，杜钦自己做了一顶小帽子。自此，人们称杜钦为“小冠杜子夏”，称杜邺为“大冠杜子夏”。

【原文】

直言唐介，雅量刘宽。

【译文】

宋仁宗时期，唐介任职御史，敢于直言进谏，朝臣赞其为：“真御史必曰唐子方。”

东汉人刘宽为人宽厚，有雅量。

【原文】

捋须何点，捉鼻谢安。

【译文】

梁武帝征召南朝人何点为侍中，何点捋着胡子说：“这是让我当你的臣子吗？”没过多久，何点便称病辞官了。

东晋政治家谢安少时不愿做官，他的妻子说：“要像你弟弟们那样显赫，才是大丈夫所为啊。”谢安捂住鼻子说：“恐怕也免不了如此了。”

【原文】

张华龙鲊，闵贡猪肝。

【译文】

有人送给西晋文学家张华一些鲊（zhǎ）（腌鱼），张华用酒泡起来，腌鱼发出五彩颜色，张华感叹说：“这是龙肉啊。”

东汉人闵贡家境贫寒，每天买一片猪肝充当荤菜。当地县令得知后，便让人给他送来猪肝。闵贡为了不麻烦官府，便搬到外县去了。

【原文】

渊材五恨，郭奕三叹。

【译文】

宋代学者彭渊材说自己有五件恨事：恨鲥鱼多骨，恨金橘带酸，恨莼菜性冷，恨海棠无香，恨曾子固不能诗。

西晋人郭奕每一次和羊叔子见面都会发出感叹：第一次感叹羊叔子不比自己差，第二次感叹羊叔子比一般人要强很多，第三次感叹羊叔子不比孔子的弟子颜渊差。

【原文】

弘景作相，延祖弃官。

【译文】

梁武帝即位后，经常征召弘景入朝为相，弘景都婉拒了。不过，每逢大事，梁武帝都会派人向弘景请教，由此有“山中宰相”一说。

元延祖的志向并不在做官上，四十多岁了，还要辞官离去。

【原文】

二疏供帐，四皓衣冠。

【译文】

西汉疏广、疏受二人为叔侄关系，二人功成名就后，便上疏皇帝请求辞官。皇帝设帐为他们送行。

西汉初年，有四位比较著名的学者，称为“商山四皓”，出山时已经八十多岁了，眉毛胡须都已花白。

【原文】

曼卿豪饮，廉颇雄餐。

【译文】

宋代文学家石延年性情豪放，酒量惊人。

战国时期赵国军事家廉颇饭量惊人，一顿饭可以吃下一斗米、十斤肉。

【原文】

长康三绝，元方二难。

【译文】

东晋诗人顾恺之博学多才，有“三绝”之称。三绝为才绝、画绝、痴绝。

陈纪和陈谌兄弟二人都很有声望，不分高下。他们的父亲陈寔说：“两人难分高下，一样的出色。”

【原文】

曾辞温饱，城忍饥寒。

【译文】

咸平年间，王曾中了进士，有人说他从此衣食无忧，王曾却说他的志向并不在于温饱。

唐朝人阳城家境贫寒，但又不愿受人施舍。遇到灾年，他便和弟弟隐居山中，忍饿挨冻的过日子。

【原文】

买臣怀绶，逄萌挂冠。

【译文】

东汉朱买臣家境贫瘠，妻子因此离他而去。后来朱买臣官居会稽太守，上任时怀中揣着官印，身上披着旧衣服，守门的官吏都不予理睬。

王莽祸乱时，东汉人逄（páng）萌将帽子挂在东郭城门上，带着家眷渡到辽东居住。

【原文】

循良伏湛，儒雅兒宽。

【译文】

更始年间，平原太守伏湛爱民如子，秉公守法，后汉光武帝刘秀即位后，官拜大司徒。

西汉大臣倪宽博学多才，风度儒雅。

【原文】

欧母画荻，柳母和丸。

【译文】

欧阳修幼时丧父，跟着母亲长大。因家境贫困，欧阳修的母亲只能以芦柴梗为笔，教授欧阳修学习。

唐代大臣柳仲郢的母亲持家严谨，曾将苦参、黄连等研成细末，和成丸，让柳仲郢夜间读书时，含在嘴里，以此让他发奋读书。

【原文】

韩屏题叶，燕姞梦兰。

【译文】

唐僖宗时期，宫女韩翠屏在红叶上作了一首诗，并让红叶顺水流出宫外。韩翠屏出宫后，所嫁之人正是捡到红叶的学士于祐。

燕姞梦中有人送给她一朵兰花，并说这是她的儿子。后燕姞产下郑穆公，取名为兰。

【原文】

漂母进食，浣妇分餐。

【译文】

西汉开国功臣韩信，幼年时期家中贫寒。有一次，韩信在河边垂钓，一位洗衣服的老妇人看他可怜，便分给他一些饭食。韩信被封为淮阴侯后，又让人找到了这个老妇人，并给她千金来酬谢。

伍子胥逃亡时，在水边遇到了一个洗衣服的妇女，这个妇女给了伍子胥一些吃的。伍子胥临行前，叮嘱这个妇女不要泄露自己的行踪，妇人认为伍子胥怀疑她，便投河而死了。后来，伍子胥被重用后，命人向河中投下黄金百两，以示对妇人的报答。

十五删

【原文】

令威华表，杜宇西山。

【译文】

汉代人丁令威学道学成之后，便化作一只鹤飞回自己的故乡辽东，落在华表柱上，并高唱："有鸟有鸟丁令威，去家千年今始归。城郭如故人民非，何不学仙冢累累。"

上古时期，蜀国发生了洪水，国君杜宇派遣鳖灵治理水患。水患平息后，杜宇便将君主之位让给鳖灵，自己则隐居西山。

【原文】

范增举玦，羊祜探环。

【译文】

楚汉相争时，项羽设宴款待刘邦，项羽的谋士范增在席间曾多次举起手中的玉玦，提醒项羽将刘邦杀掉。但是项羽不听，最后放虎归山。

晋代人羊祜幼时让乳母去邻居家的桑树下取出一枚金环，这枚金环是邻居已故的儿子丢的。于是人们便认为羊祜是邻居的儿子转世。

【原文】

沈昭狂瘦，冯道痴顽。

【译文】

晋代人沈昭醉酒后，嘲笑一个人又胖又傻，这个人便反讥沈昭又瘦又狂。沈昭却答道："瘦比胖好，狂比傻强。"

五代人冯道曾经担任后晋司徒，晋国被辽灭亡后，辽国君主耶律德光问冯道说："你是个什么样的人？"冯道回答："我是个无才无德的痴顽老头。"

【原文】

陈蕃下榻，郅恽拒关。

【译文】

东汉大臣陈蕃任职豫章太守时，为人高风亮节，除了贤士徐稚外，谁都不见。陈蕃还专门为徐稚安置了一个床榻，平时挂在墙上，只有徐稚来时，才会将其放下。

有一次，汉光武帝出城打猎归来时已经是深夜，守城人郅恽（yùn）拒不开门。第二天还上奏劝谏，汉光武帝认为他说的有道理，便嘉奖了他。

【原文】

雪夜擒蔡，灯夕平蛮。

【译文】

唐朝大将李愬奉命征讨蔡州叛军，李愬带领少数精兵突袭蔡州城，一举将这股叛军歼灭。

北宋名将狄青奉命讨伐侬智高叛军，时逢元宵之夜。狄青便命人在营中举行元宵灯会，以此麻痹敌军，而自己则趁机率领精兵强将突袭昆仑关，夺得关城。

【原文】

郭家金穴，邓氏铜山。

【译文】

东汉光武帝的皇后郭氏一族深受皇帝的宠爱，常常受到赏赐，家中黄金无数，有人又将郭家称为“金穴”。

汉文帝时期，邓通从汉文帝那里得到了一座铜山，并有烧铜铸钱的权利。于是一时间，邓氏钱币遍布于天下。

【原文】

比干受策，杨宝掌环。

【译文】

相传，西汉人何比干为官清廉，平反了很多冤假错案。有一位老妇人曾送给他九十九枚简册，并说：“你后代做官的人和这简册一样多。”

东汉人杨宝救了一只黄雀，黄雀化身为黄衣小童，送给杨宝四枚玉环，并说：“你的后代可以凭借玉环位列三公。”

【原文】

晏婴能俭，苏轼为悭。

【译文】

齐国上卿晏婴生活很是节俭，吃饭只吃一道荤菜，一件狐皮袄穿了三十年，自己的俸禄也都接济了贫苦百姓。

北宋大文豪苏轼说：“我快五十岁的时候，才知道要悭（qiān）吝一些。”自此，苏轼待客从不超过三个菜。

【原文】

堂开洛水，社结香山。

【译文】

北宋大臣文彦博年老退休后，居住在洛阳。和老臣富弼、司马光等人建造了一座耆英堂，并将他们的画像挂在堂上，成为当地一大盛事。

唐代大诗人白居易晚年居住在洛阳，和好友一起组建了香山社，共有九个人参加，且都是老人，所以也称为“香山九老”。

【原文】

腊花齐放，春桂同攀。

【译文】

相传，武则天曾下令让花园中的腊梅连夜开花，第二天凌晨，腊梅果然都开花了。

明代蒋南金、王大用二人一起参加科举考试，考前，二人分别摘了一枝桂花。一孩童唱道："一布政，一知府，掇高魁，花到手。"后来，蒋南金官居知府，王大用担任布政司。

卷三

一先

【原文】

飞凫叶令，驾鹤缑仙。

【译文】

东汉时期，叶县县令王乔时常进京拜见皇帝，可却无人知道他怎么到达京城的。有一次，人们抓住了两只凫（fú），这两只凫化成了王乔的鞋子，于是当世人认为王乔是神仙所变。

相传，周灵王太子跟着一个道士修行，修道成仙后再次出现在众人眼前，并订好和家人在缑（gōu）山见面的日期。到了约定时期，太子驾着白鹤而来。由此被称为"缑仙"。

【原文】

刘晨采药，茂叔观莲。

【译文】

相传，东汉人刘晨采药迷了路，遇到一仙女，刘晨和仙女结为夫妻。半年后，刘晨下山回家，才得知人间已经过了十世的时间。

北宋哲学家周敦颐喜好观赏莲花，并有一首咏莲的名篇，为《爱莲说》。

【原文】

阳公麾日，武乙射天。

【译文】

相传，战国时期，楚国和韩国作战。到了傍晚时分，战争还难见分晓，楚国贵族鲁阳公用矛头挥向太阳，太阳当即退后了九十里。

相传，商王武乙在位时，巫教势力大增，对国家安定带来了极大的隐患。于是，武乙便让人制作了一个皮袋，并在皮袋中装满兽血，高挂在树上，武乙亲自拉弓射箭，箭中皮袋，兽血喷涌而出，武乙将此称为“射天”，以此来表示打击巫术的信心。

【原文】

唐宗三鉴，刘宠一钱。

【译文】

公元643年，谏臣魏征去世，唐太宗悲痛万分，说：“以铜为鉴，可正衣冠；以古为鉴，可知兴替；以人为鉴，可明得失。朕常保此三鉴，今魏征逝，吾亡一鉴矣！”

东汉大臣刘宠为官清廉，离任时，当地的几位百姓前来送行，并每人赠送他一百钱。刘宠不肯，只收取了一枚钱。而在出地界时，他又将这一枚钱投入江中。人们便将这个江称为钱清江，又称刘宠为“一钱太守”。

【原文】

叔武守国，李牧备边。

【译文】

春秋时期，晋文公重耳流亡到卫国时，卫成公拒绝接见他。重耳即位后，率军攻打卫国，卫成公出逃，由卫成公的弟弟叔武守卫国家。

战国时期，赵国大将李牧守卫北疆，团结上下将士，勤于训练，大败匈奴，保证了赵国边境十多年的安全。

【原文】

少翁致鬼，栾大求仙。

【译文】

相传，汉武帝时期，道士少翁为汉武帝招来了已逝宠妃的魂魄，由此被汉武帝封为文成将军。

汉武帝时期，栾大告诉汉武帝，自己曾经见到过传说中的神仙。汉武帝便赐给他很多财物，让其为自己求取仙丹灵药。后来，栾大的阴谋被识破，汉武帝将其腰斩。

【原文】

彧臣曹操，猛相苻坚。

【译文】

东汉时期，荀彧是曹操的谋士，深受曹操的信任。

东晋时期，王猛投奔到前秦苻坚的帐下，苻坚对其很是重用，让王猛的才华得以施展，前秦也由此强盛起来。

【原文】

汉家三杰，晋室七贤。

【译文】

汉高祖刘邦时期，当世有三位杰出的人才：运筹帷幄如张良，镇抚百姓如萧何，统帅军队如韩信。

魏末晋初，有七位贤士：嵇康、向秀、阮咸、山涛、王戎、刘伶、阮籍，七人为至交好友，经常在竹林对酒吟诗，又称为“竹林七贤”。

【原文】

居易识字，童乌预玄。

【译文】

相传，白居易出生七个月后，就能够识得简单的字眼了。

汉代扬雄的儿子扬信（字子乌）聪颖无比，扬雄曾说：“子乌在九岁的时候，就能够读懂我写的《太玄》了。”

【原文】

黄琬对日，秦宓论天。

【译文】

东汉黄琼的孙子黄琬机智过人。当时，魏郡出现了日食的情况，黄琼想要上报朝廷，但又苦于无法形容日食，七岁的黄琬却在旁边说道：“日食之余，如若月亮初升。”

蜀汉文人秦宓曾和东吴大臣张温谈论“天”的问题。张温提出了许多稀奇古怪的问题，秦宓都一一作答，张温很是折服。

【原文】

元龙湖海，司马山川。

【译文】

东汉名士许汜曾评价陈登（元龙）说：“湖海之士，豪气未除。”

西汉史学家司马迁曾经遍游名山大川、古城遗迹，并将这些资料写入《史记》一书。

【原文】

操诛吕布，膑杀庞涓。

【译文】

曹操采纳荀攸和郭嘉的谋略，擒住了吕布并将其处死。

孙膑和庞涓是同窗，庞涓嫉妒孙膑的才华，便设计陷害，使得孙膑受了膑刑。后来孙膑逃到齐国。齐国魏国交战时，孙膑使计诱使庞涓，将其乱箭射死于马陵道之上。

【原文】

羽救巨鹿，准策澶渊。

【译文】

秦末时期，秦国攻打赵国，楚国大将宋义、项羽奉命带兵营救。宋义畏缩不前，项羽便斩杀宋义，并将船只沉入江中，打破铁锅，带着三天的饭食，以"破釜沉舟"之势攻打秦军，致使秦军大败。

景德元年，辽军侵入北宋，北宋名相寇准提议宋真宗渡河亲征，士气大增，最后打败了辽军，并订立盟约，这就是史上的"澶（chuán）渊之盟"。

【原文】

应融丸药，阎敞还钱。

【译文】

东汉时期，汲县县令应融得知祝恬病倒在自己的管辖地界时，便派人安顿好祝恬，还亲自为其调制药丸，祝恬康复后，又派人送他离开。

东汉时期，任职郡守的第五常和阎敞交往密切。第五常调任时，曾将一百三十万钱交阎敞保管。不料，第五常到京后不久，京城爆发瘟疫。第五常离世之前，告诉孙子在阎敞那里寄存了三十万钱。等第五常的孙子来取钱时，阎敞拿出全部的一百三十万钱，并对第五常的孙子说："你祖父在我这里寄存了一百三十万钱，他一定是病糊涂了，才告诉你是三十万钱。"

【原文】

范居让水，吴饮贪泉。

【译文】

南朝宋国人范柏年拜见宋明帝时，宋明帝问："梁州有没有喝了就让人变得贪婪的泉水。"范柏年回答道："梁州只有文川、武乡、廉泉、让水。"宋明帝又问道："那你是在哪里居住呢？"范柏年回答："我自然是居住在廉、让之间了。"

东晋时期，吴隐之前往广州上任时，路遇一眼山泉，当地人说喝了这个山泉的水，就会变得贪婪。吴隐之却认为只要心中没有贪欲，便不会见钱眼开。当即便舀来一瓢喝掉。吴隐之上任后，两袖清风，勤政爱民。

【原文】

薛逢羸马，刘胜寒蝉。

【译文】

唐代诗人薛逢晚年时期仕途多舛，曾骑着一匹很瘦弱的马上朝。路遇新科进士，进士的随从上前呵斥他，薛逢回答说："不要轻视于我，我年轻的时候，也这么风光过。"

东汉大臣刘胜辞官回乡后，不参与当地政事，不和达官贵人相交，以"寒蝉"自居。

【原文】

捉刀曹操，拂矢贾坚。

【译文】

东汉末期，曹操接见匈奴使者，但又因自己相貌丑陋，便让部下崔琰假扮自己，而自己则扮成大刀侍卫站在崔琰左右。匈奴使者回去时说："魏王固然英武，但他旁边的捉刀侍卫才称得上是真豪杰啊。"

北朝贾坚擅长射箭，能够让箭紧贴牛肚而过，又不伤牛分毫。

【原文】

晦肯负国，质愿亲贤。

【译文】

唐朝时期，徐晦得杨凭举荐为官。杨凭被贬后，只有徐晦一人前来送行。御史中丞李夷简得知后，便举荐徐晦为监察御史，并说："徐晦连杨凭都不辜负，又怎么会辜负国家呢？"

景祐三年，范仲淹被贬饶州，只有王质带病前来送行，并说："范仲淹是贤能之士，如若我能够成为范公的同党，就是荣幸至极了。"

【原文】

罗友逢鬼，潘谷称仙。

【译文】

东晋时期，桓温为好友送行，罗友来迟，桓温责问他原因。罗友说："路上遇到了一只鬼，嘲笑我说：'只见我为别人送行，却不见别人为我送行。'"桓温便举荐罗友为襄阳太守。

宋元时期，潘谷不仅会制墨，也善于辨墨，人称“墨仙”。

【原文】

茂弘練服，子敬青毡。

【译文】

东晋成帝即位时，国库空虚。王导便让朝臣穿綀（shū）（葛布）制的衣服，不久后，葛布衣服流行起来，葛布的价钱也是日益见长。之后，王导将库存中的葛布全部卖出，充实了国库。

东晋书法家王羲之家里来了小偷，王羲之说：“青毡是我的祖传之物，这个你留下，其他的都拿去吧。”

【原文】

王奇雁字，韩浦鸾笺。

【译文】

宋代王奇曾任县吏，县令当时在屏风上题了关于雁的两句诗：“只只衔芦背晓霜，昼随鸳鹭入寒塘。”王奇随后续了两句：“晚来渔棹惊飞去，书破遥天字一行。”县令看后，很是高兴，便鼓励他多读书写文，最后王奇中了进士，官拜侍御史。

五代时期，韩浦和弟弟韩洎的文学造诣都非常高。韩洎曾说：“哥哥的文章像茅草房，只能躲避风雨，我的文章像五凤楼。”韩浦听后并未生气，还将蜀地出产的鸾笺送给弟弟。

【原文】

安之画地，德裕筹边。

【译文】

唐代大臣严安之治政严明，曾经在朝廷举办的君民同乐集会上，为了维持纪律，画地为界，并说：“越界者死。”三天内，竟然没有一个人敢越界。

唐朝宰相李德裕在成都驻守时，建筑了一座筹边楼，并让人将川南、川西的险要之地画在楼壁上。

【原文】

平原十日，苏章二天。

【译文】

战国时期，赵国大臣平原君受秦王邀请，前去秦国做客。平原君刚到秦国，便被秦王扣留，并要求平原君交出秦国相国范雎的仇人魏齐。平原君被扣十日后，魏齐自杀身亡。

东汉时期，冀州刺史苏章的朋友犯了罪，苏章设宴款待这位朋友。这位朋友说："别人头顶一片天，我有两片天。"谁知，第二天，苏章便处置了这位朋友。

【原文】

徐勉风月，弃疾云烟。

【译文】

徐勉是南朝梁名相。有一次，有人趁着宴会之名，想要谋取功名。徐勉回答道："今夜只谈风月，不论朝事。"

南宋词人辛弃疾作了一首词："万事云烟忽过，百年蒲柳先衰。而今何事最相宜？宜醉宜游宜睡。早趁催科了纳，更量出入收支。乃翁依旧管些儿，管竹管山管水。"表达了自己年事已高，万事如过眼云烟。

【原文】

舜钦斗酒，法主蒲鞯。

【译文】

北宋诗人苏舜钦每日喝酒都要以斗计量，其岳父杜衍想要知道其中缘由，便私下里去偷窥。原来，苏舜钦一边看《汉书》一边饮酒，遇到精彩之处，还会饮一大杯。

唐代人李密（字法主）经常以黄牛代步，黄牛背上铺着蒲草编织的坐垫，牛角上挂着《汉书》。李密坐在牛背上，一手拉着缰绳，一手拿着《汉书》阅读。

【原文】

绕朝赠策，苻虏投鞭。

【译文】

晋国大夫士会出逃到秦国后，又想要离开。秦国大夫绕朝反对秦国君主放走士会，秦君不听。士会临行前，绕朝送给他一根策，说："不要认为秦国没有聪慧的人啊！"

前秦君主苻坚要攻打东晋，朝中大臣纷纷反对，但苻坚不肯听从。最后中了东晋大军的圈套，惨败而归，这便是历史上著名的"淝水之战"。

【原文】

豫让吞炭，苏武餐毡。

【译文】

智伯被赵襄子杀害，智伯的家臣豫让为了报答智伯的知遇之恩，便一心想要为智伯报仇。他吞下烧着的木炭，烧坏了自己的声带，又故意让自己的皮肤生疮，变得面目全非，让人对其放松警惕。

苏武为西汉大臣，被扣留在匈奴。苏武靠着吃毛毡和雪才得以生存下来，后来又被流放放羊，十九年之后才得以回国。

【原文】

金台招士，玉署贮贤。

【译文】

战国时期，齐国攻打燕国，燕国几近灭国，燕昭王即位后，在金台广招贤士，很快，燕国便富强起来。

古时，翰林学士院又称之为“玉堂”或者是“玉堂之署”。做翰林学士的人，有很大的机会能够成为朝廷重臣甚至是一国宰相，所以翰林学士院被称之为贮存贤人的地方。

【原文】

宋臣宗泽，汉使张骞。

【译文】

宋代抗金大臣宗泽，英勇无比，几次将金人打败，可惜朝廷未能对他大力支持，让其抱憾而死。

汉武帝时期，张骞出使西域，开通了现今到中亚、西亚的路线。

【原文】

胡姬人种，名妓书仙。

【译文】

阮咸曾和姑姑家的一个鲜卑族婢女私通，婢女怀了他的孩子。姑姑搬家时，阮咸将婢女要了过来，并说：“人种不可失。”

唐代名妓曹文姬擅长书法，有“书仙”之称。

二萧

【原文】

腾王蛱蝶，摩诘芭蕉。

【译文】

太宗李世民的弟弟李元婴擅长画蝴蝶，又因李元婴被封为滕王，所以人称“滕王蛱（jiá）蝶”。

唐代诗人王维画雪景的时候，在雪地中也画了一棵芭蕉树。人们认为他的想法很有特色。

【原文】

却衣师道，投笔班超。

【译文】

北宋诗人陈师道家境贫寒，但因看不惯姐夫赵挺之的处事方法，陈师道宁愿挨冻，也不愿接受姐夫赠送的皮袄。

东汉军事家班超少时以抄书为生，有一次，班超将抄书的笔扔在地上，并说：“大丈夫应该建功立业，不能这样过生活。”

【原文】

冯官五代，季相三朝。

【译文】

五代时期，冯道曾先后在后唐、后晋、契丹、后汉、后周五朝为官，还自称是“长乐老”。

春秋时期，鲁国正卿季文子辅佐了三代君王：鲁宣公、鲁成公、鲁襄公，三代均为宰相。

【原文】

刘蕡下第，卢肇夺标。

【译文】

唐朝人刘蕡（fén）科考时并未被录取。

卢肇中举，太守却没有理会，第二年，卢肇再次高中状元，太守邀他共赏龙舟，卢肇作诗婉拒了。

【原文】

陵甘降虏，蠋耻臣昭。

【译文】

汉武帝时期，大将李陵奉命攻打匈奴，最后兵败而降，李陵在汉朝的家人被全部处死。

齐国退隐大夫王蠋（zhú）是个心怀大志之人，燕国乐毅率军攻打齐国时，曾几次派人招降，王蠋不肯投降敌国，便自杀而亡。

【原文】

隆贫晒腹，潜懒折腰。

【译文】

东晋人郝隆饱读诗书，却家境贫寒。七月七日这一天，当别家都晒衣服的时候，他自己躺在太阳底下，美其名曰：“晒书。”

晋代诗人陶渊明做县令的时候，耻于向同乡后辈弯腰施礼，便辞官回乡了。

【原文】

韦绶蜀锦，元载鲛绡。

【译文】

唐朝人韦绶做翰林时，唐德宗前往翰林院巡视，碰巧韦绶正在睡觉，唐德宗便亲自给他披上了一件棉袍。

元载为唐代宰相，家中有一种鲛绡（jiāo xiāo）做的帐子，重量轻巧，冬暖夏凉。

【原文】

捧檄毛义，绝裾温峤。

【译文】

东汉人毛义被任命为安阳县令时，高兴地捧着檄文前去禀告母亲，前来探访的人看此现象，认为毛义是个重利之人，很是失望。不久，毛义的母亲离世，毛义也辞官回乡，这时才知道，毛义当初高兴是因为可以用俸禄来赡养母亲。

东晋政治家温峤是一个忠臣，他奉命从太原前往建康时，时值建康内乱，他的母亲很是担心，拉着他的衣裾不让其离开，温峤割断衣裾，以表示自己对朝廷的忠心。

【原文】

郑虔贮柿，怀素种蕉。

【译文】

郑虔是唐代书法家，少时家贫，常常将柿子树的叶子储藏起来，用作练字的纸。

唐代怀素精通草书，但又因买不起写字的纸，便种植了很多芭蕉树，用芭蕉树的叶子当作纸。

【原文】

延祖鹤立，茂弘龙超。

【译文】

西晋大臣嵇绍（字延祖）样貌出众，站在人群里，如同鹤立鸡群一般。

东晋大臣王导（字茂弘，小名为超龙）任职宰相时，有人感慨道："都说阿龙出众，果然是超群啊。"

【原文】

悬鱼羊续，留犊时苗。

【译文】

东汉时期，庐江太守羊续奉公职守，为官清廉。有人给他送了活鱼，羊续便把鱼挂在庭院，以此告诫他人。

时苗做地方官时，他带去的一头牛产下一个牛犊，离任时，时苗认为牛犊为公家所有，便将它留在了任地。

【原文】

贵妃捧砚，弄玉吹箫。

【译文】

唐玄宗命令李白创作《清平调》，杨贵妃亲自为其捧砚台，方便李白创作。

弄玉是秦穆公的女儿，她从丈夫萧史那里学得吹箫，能够模仿凤凰的叫声。最后弄玉化作凤，萧史化龙，升天而去。

三肴

【原文】

栾巴救火，许逊除蛟。

【译文】

栾巴为东汉大臣，在参加宫廷宴会的时候，将皇帝赐予的美酒喷向西南方向，灭了西南方向的大火。

东晋道士许逊制服了一条蛟龙，并将其困在城南的井中。

【原文】

《诗》穷五际，《易》布三爻。

【译文】

汉朝研究《诗经》的学者，将卯、酉、午、戌、亥称之为"五际"。

《易经》中每三爻为一卦，能够组成八卦，两卦相重为六十四卦，又称为别卦。

【原文】

清时安石，奇计居鄛。

【译文】

谢安为东晋宰相，喜好清净，适合在太平盛世中生存，人称“风流宰相”。

范增是居鄛（cháo）人，好用奇计。秦末时期，范增投奔项羽，并为其出谋划策。

【原文】

湖循莺脰，泉访虎跑。

【译文】

太湖的西南方向有一个小湖，状似黄莺的脖子，所以又名为莺脰（dòu）湖。

相传，性空是唐代僧人，居住在杭州大慈山上。山上缺水，有神仙为其送来两只老虎，老虎不停地刨（跑）地，最后刨出泉水。所以这个泉眼又称之为“虎跑泉”。

【原文】

近游束皙，诡术尸佼。

【译文】

西晋人束皙写了一首《近游赋》。

战国政治家尸佼以诡术出名。

【原文】

翱狂晞发，嵇懒转胞。

【译文】

宋末道士谢翱曾是抗元义军，义军失败后，才做了道士，自称是晞发子。

文学家嵇康是出了名的懒人，即便是小便，也是等膀胱受不了时才去。

【原文】

西溪晏咏，北陇孔嘲。

【译文】

北宋词人晏殊曾在西溪做盐官，他在此地种了一棵牡丹，并题了一首诗，这里便成了旅游胜地。

周颙（yóng）先在钟山隐居，后又出山入仕，孔稚珪便做了一首《北山移文》，讥讽周颙无法坚定自己的志向。北陇和北山都是钟山的别称。

【原文】

民皆字郑，羌愿姓包。

【译文】

郑浑为地方官时，勤政爱民，帮助百姓发展农业，很多百姓都给子女起为

“郑”姓，以此来表示对郑浑的感激。

北宋时期，归降首领俞龙珂请求皇帝能够赐予“包”姓，以表示对宋代清官包拯的崇敬之情。

【原文】

骑鹏沈晦，射鸭孟郊。

【译文】

沈晦为宋代大臣，他还没考科举前，梦到自己乘着大鹏飞翔，醒后作了一篇《大鹏赋》，不久之后便高中榜首。

孟郊为唐代诗人，他做平陵县尉时曾建筑了一座射鸭堂，以射鸭为乐趣。

【原文】

戴颙鼓吹，贾岛推敲。

【译文】

戴颙是南宋著名的隐士，曾说黄鹂的叫声能够“鼓吹诗肠”。

唐代著名诗人贾岛喜好推敲字眼。有一次，他骑驴的时候正在思考“敲”字和“推”字的用法，无意中闯入了韩愈的仪仗。

四豪

【原文】

禹承虞舜，说相殷高。

【译文】

夏禹治水有功，虞舜帝将皇位传给了他。

殷高宗时，梦到了一位贤人，梦醒后，派人按照自己梦中的样子寻找，便找到了傅说，殷高宗任命其为宰相。

【原文】

韩侯敝裤，张禄绨袍。

【译文】

战国时期，韩国君主韩昭侯赏罚分明，即使是一条穿旧了的裤子，也不会随便赏赐给他人。

战国时期，须贾出使秦国，秦国宰相张禄扮成乞丐去见他，须贾看其可怜，便送给他一件绨（tí）袍。但他却不知，正是这一举动，保住了自己的性命。原来，张禄便是和须贾有仇的范雎，须贾送给他一件绨袍，范雎念其有良善之举，便放过了他。

【原文】

相如题柱，韩愈焚膏。

【译文】

西汉文学家司马相如曾在升仙桥的桥柱上题字："不做高官，绝不再过此桥。"后来，司马相如官拜中郎将。

唐代文学家韩愈晚上读书的时候，便点上油膏照明。

【原文】

捐生纪信，争死孔褒。

【译文】

纪信是汉高祖刘邦的下属。楚汉争霸时，项羽包围刘邦，纪信假扮刘邦投降，为刘邦赢得了逃跑的时间。最后纪信被项羽处死。

东汉名士张俭被追杀时，投靠在好友孔褒家中，孔褒不在，孔褒的弟弟孔融将其藏了起来，事情暴露后，孔褒主动认罪，替弟弟承担罪责。

【原文】

孔璋文伯，梦得诗豪。

【译文】

陈琳（字孔璋），东汉文学家，博学多才，曾在袁绍帐下谋职，被尊为文坛霸主。

唐代诗人刘禹锡文采飞扬，白居易称其为当世诗豪。

【原文】

马援矍铄，巢父清高。

【译文】

东汉大将马援六十多岁依然能够披甲上阵，皇帝赞叹："矍（jué）铄哉，是翁也。"

相传，巢父曾指责隐士许由，不愿隐居在深山，故意暴露在外，谋取功名。人们称巢父比许由还要清高。

【原文】

伯伦鸡肋，超宗凤毛。

【译文】

刘伶（字伯伦）为西晋名士。有一次，刘伶和他人发生了冲突，几乎打起架来。刘伶说："我这一身的鸡肋，根本就禁不住你的拳头。"

南朝人谢朝宗文采出众，皇帝夸赞他"有凤毛"。

【原文】

服虔赁作，车胤重劳。

【译文】

服虔是东汉学者，他曾经隐瞒身份为崔烈的学生做饭，为的就是可以趁机旁听崔烈讲课。

东晋大臣曾经听过谢安、谢万讲课，心中有疑问却又不好再重劳两位老师。他的好友袁羊得知后说："明镜不会因影像多便觉疲劳，清泉更不会担心和风的叨扰。"

【原文】

张仪折竹，任末燃蒿。

【译文】

战国政治家张仪少时为人抄书，遇到有用的文字，便抄写在身上，回到家再抄写在竹简上。

任末家境贫苦，夜晚读书的时候，只能点燃蒿草照明。

【原文】

贺循冰玉，公瑾醇醪。

【译文】

东晋大臣贺循为官清廉，皇帝赞扬他如冰、玉般洁净。

周公瑾（周瑜）为吴国军事家，有人说和周公瑾交往，就如同喝了醇香浓郁的美酒一样。

【原文】

庞公休畅，刘子高操。

【译文】

东汉时期，庞德公和司马徽隔河而住，二人出入彼此家中好比在自家一般畅快。

南朝人刘訏（yū）和堂兄刘歊（xiāo）为人清高，刘訏如空中彩霞，刘歊如云中白鹤。

【原文】

季札挂剑，吕虔赠刀。

【译文】

吴国公子季札一直想将宝剑送给徐国君主，可直到徐国君主去世，季札都没有送出宝剑。季札便将宝剑挂在徐国君主的墓前，以表心意。

吕虔是魏国官员，他有一把只有三公一级才能佩戴的佩刀。吕虔认为下属王祥有三公之才，便将佩刀赠送给他。

【原文】

来护卓荦，梁竦矜高。

【译文】

来护儿是隋朝将领，自幼志向不凡，举止卓越。

梁竦性格自负，被罢官后，表现得很是高傲，之后再也不愿意踏入仕途了。

【原文】

壮心处仲，操行陈陶。

【译文】

东晋时期，荆州刺史王敦（字处仲），经常会唱曹操的名句："老骥伏枥，志在千里；烈士暮年，壮心不已。"

陈陶为唐代隐居诗人，因不受女色诱惑，而被刺史严宇大为赞赏。

【原文】

字荆爽迈，孝伯清操。

【译文】

西晋人孙楚（字子荆）为人直爽豪迈，不愿和权势同流合污。

王恭（字孝伯）辞官时，只带走了一张席子，人们赞他操行清廉。

【原文】

李订六逸，石与三豪。

【译文】

唐代诗人李白和韩准、孔巢父、裴政、张叔明、陶沔（miǎn）等隐居在徂（cú）徕山，俗称"竹溪六逸"。

北宋时期，有人将"诗豪"石延年，"文豪"欧阳修，"歌豪"杜默三人称为"三豪"。

【原文】

郑弘还箭，元性成刀。

【译文】

郑弘砍柴时捡到山神的箭，并还给了山神。山神为了报答他，便让当地早上刮南风，晚上刮北风，为郑弘运柴提供便利。

蜀汉有个铸刀人，名为蒲元（作者误记成元性），铸造的刀能够斩断铁珠，有“神刀”之称。

【原文】

刘殷七业，何点三高。

【译文】

刘殷有七个儿子，七个儿子各专一门经史学问，人称“七业俱兴”。

南朝人何点，兄长何求，弟弟何胤，都是当时著名的隐士，人称“何氏三高”。

五歌

【原文】

二使入蜀，五老游河。

【译文】

东汉时期，汉中李郃通过观天象得知有两位使者到来。没过多久，京城果然来了两位使者。

相传，上古时期，尧帝舜帝从河边经过，看到五位老人在河边游玩，老人对尧帝说将有河图出现。没多久，一条龙衔着河图飞来，老人化作星星，飞走了。

【原文】

孙登坐啸，谭峭行歌。

【译文】

阮籍曾经上云门山拜访孙登，孙登不见，阮籍只好下山。走到半山腰时，阮籍听到了一阵凤鸣声，原来这是孙登在用啸声为阮籍送行。

谭峭是五代隐士，经常一边走一边歌唱：“线作长江扇作天，靸鞋抛向海东边。蓬莱信道无多路，只在谭生拄杖前。”

【原文】

汉王封齿，齐主烹阿。

【译文】

雍齿曾经背叛过汉高祖刘邦，刘邦即位后，为了表现自己赏罚分明，便不计前嫌，封雍齿为什方侯。

战国时期，齐威王烹杀了阿谀奉承的阿大夫。

【原文】

丁兰刻木，王质烂柯。

【译文】

汉代人丁兰是出名的孝子，母亲死后，按照母亲的样子，他雕刻了一个木头。每日像侍奉母亲一样侍奉着木头人。

晋代人王质上山砍柴，因看两小童下棋而耽误了时间。等回神过来时，斧头柄都已经烂了，而山下已经过了几百年。

【原文】

霍光忠厚，黄霸宽和。

【译文】

西汉大将霍光忠厚谨慎。

西汉大臣黄霸宽和仁慈。

【原文】

桓谭非谶，王商止讹。

【译文】

汉武帝询问桓谭，要不要推行谶（chèn）语，桓谭极力反对，差点因此引来杀身之祸。

西汉成帝时期，京城传言要发洪水。王商认为纯属空穴来风，不应就此惊扰百姓，最后洪水果然未发。

【原文】

隐翁龚胜，刺客荆轲。

【译文】

王莽篡位后，请已经隐居的西汉大儒龚胜再次入仕为官，龚胜不从，绝食而亡。

战国时期，燕国太子丹派遣荆轲以使者的身份接近秦王，伺机刺杀。最后荆轲失败而亡。

【原文】

老人结草，饿夫倒戈。

【译文】

春秋时期，晋国大夫魏武子想要让自己的爱妾陪葬，儿子魏颗没有遵从。后来，秦晋交战，一个老人用打结的草绊住了秦军，救了魏颗一命。老人自称是魏武子爱妾的父亲。

晋国大夫赵盾曾救援过将要饿死的灵辄。后来，灵辄成为晋国君主的武夫。赵盾落难时，灵辄反戈和同伴交战，保住了赵盾的性命。

【原文】

奕宽李讷，碑赚孙何。

【译文】

唐代大臣李讷性情急躁，唯有下棋能够宽和他的脾气。所以当他发脾气的时候，家人就会将棋盘放在他面前。

北宋大臣孙何为人严肃，但生平爱好古文。如若有人送给他古代碑文，他就无暇发脾气了。

【原文】

子猷啸咏，斯立吟哦。

【译文】

东晋大臣王徽之（字子猷）痴迷竹子，不管住在哪里，都要种上一些才行，并常说："我一天也离不开它。"

唐代时期，崔立之（字斯立）在自家庭院中种了两棵松树，每日都在树下吟诵，并将其称为自家的公务。

【原文】

奕世貂珥，闾里鸣珂。

【译文】

金日磾（dī）深受皇帝宠信，世代蒙阴，七代子孙都官拜侍中。那个时候，侍中的官帽会插貂尾。所以人们说金家为"奕世貂珥"，意为世代插貂尾。

唐代大臣张嘉贞和弟弟张嘉佑同为朝中重臣，二人上朝时的仪仗连接起来，阵势很大。唐朝时期的服饰又称"珂佩"，所以人们也将他们的住处称为"鸣珂里"。

【原文】

昙辍丝竹，裒废《蓼莪》。

【译文】

羊昙和舅舅谢安的感情很深，谢安去世后，羊昙便不再听乐曲，以免想起喜好音乐的舅舅。

西晋人王裒（póu）的父亲被司马昭杀害。每当王裒读《诗经·蓼莪（liǎo é）》篇中的“哀哀父母，生我劬（qú）劳”时，便异常的伤感。由此，他的学生也就不再读《诗经·蓼莪》了。

【原文】

箕陈五福，华祝三多。

【译文】

商朝灭亡后，周武王曾向箕子询问治国之道，箕子回答以“五福”：长寿、富有、健康安宁、仁慈忠厚、善终。

相传，尧帝前往华地，华地人祝福他“三多”：多福、多寿、多子孙。

六麻

【原文】

万石秦氏，三戟崔家。

【译文】

西汉大臣秦袭和他的四个兄弟都官居要职，享有两千石俸禄，人们将其五人的俸禄称为“万石”。

唐代大臣崔琳和两个兄弟都在朝中为官，可以在门庭摆放戟（代表身份），人称“三戟崔家”。

【原文】

退之驱鳄，叔敖埋蛇。

【译文】

唐代诗人韩愈曾任职潮州刺史，当地鳄鱼泛滥。韩愈作了一篇《祭鳄鱼文》。第二天，鳄鱼退至几十里外。

春秋时期，楚国大夫孙叔敖看到了两头蛇，不想让它继续危害人间，便将它杀掉埋了。

【原文】

虞诩易服，道济量沙。

【译文】

羌人围攻武都城，武都太守虞诩命令城内三千守军从东门而出，从西门而进。之后再换装出城进城，几次循环下来，羌人认为城中有几万守军，便撤军了。

南朝宋大将檀道济带军攻打北魏，不料军队粮食短缺的消息被泄露。于是檀道济便下令称粮报数。见此举动，北魏便认为南朝宋军队粮食充足，未敢轻举妄动。实际上，檀道济命人称的并不是粮食，而是沙子。

【原文】

伋辞馈肉，琼却饷瓜。

【译文】

孔子的孙子孔伋深得鲁穆公的喜欢，鲁穆公经常派人给他送去肉菜。但在孔伋看来，自己无功无德，不该受此优待，便一一婉拒了。

北宋大臣苏琼为官清廉，从不接受他人的赠礼。有一次，一个人强行将一对瓜送给他。无奈之下，苏琼只能将瓜放在房梁上，再次表明自己不接受礼物的意思。

【原文】

祭遵俎豆，柴绍琵琶。

【译文】

蔡遵是东汉开国功臣，尊崇儒家学说。即便是在行军的路上，也不忘进行俎豆之礼。

吐谷浑入侵唐朝，唐朝大将柴绍派遣两名美女在阵前跳舞，还命人演奏琵琶。趁着敌人松懈时发动攻击，将吐谷浑大军一举击破。

【原文】

法常评酒，鸿渐论茶。

【译文】

唐代僧人法常曾说："酒没有贵贱之别，没有利益之争，没有刑罚之说，只有乐趣和安宁。"

唐代诗人陆羽（字鸿渐）著有《茶经》一书，里面记载了茶的各种知识，有人称其为"茶圣"。

【原文】

陶怡松菊，田乐烟霞。

【译文】

陶渊明辞官回乡后，曾作《归去来兮辞》，里面有"三径就荒，松菊犹存"

的句子。

唐高宗几次征召田游岩，田游岩都以自己有“烟霞痼疾”推辞掉了。

【原文】

孟邺九穗，郑珏一麻。

【译文】

北齐大臣孟业（邺为业之误）做东郡地方官时，郡内的麦子收获颇丰，人们认为这是孟业治理有方的结果。

五代翰林学士郑珏的楼下长出一棵麻。那个时候，封宰相的诏书用的就是麻纸。于是有人预测郑珏会做宰相。不久之后，郑珏果然被任命为宰相。

【原文】

颜回练马，乐广杯蛇。

【译文】

相传，颜回登泰山时，看到阊门外有一匹白马。不过，阊门在苏州，泰山在山东，两者相距甚远，对此有些神化。

西晋大臣乐广宴客时，有一个客人在杯中看到了蛇的影子，因而生病。后来，乐广发现了“蛇影”实际上就是弓影，于是便解释给客人听，客人的病才算是好了。

【原文】

罗珦持节，王播笼纱。

【译文】

罗珦少时曾在寺庙里居住，后来当了官，便持节回到了家乡。

唐朝宰相王播幼时贫困，曾借宿在木兰寺，寺里的僧人都非常讨厌他。王播只能离开。后来，王播做了宰相，再回到木兰寺时发现，他之前做的诗已经被碧纱罩起来了。

【原文】

能言李泌，敢谏香车。

【译文】

安史之乱后，李泌辞官回乡，并告诫唐肃宗，一定要谨慎理政，不可再错杀功臣。

战国时期，齐宣王要建筑宫殿，大臣香车直言进谏，让齐宣王停了这项工程。

【原文】

韩愈辟佛，傅奕除邪。

【译文】

唐朝时期，韩愈阻止皇帝前往法门寺拜佛，并认为佛并非灵验之物，最后被贬为潮州刺史。

唐代大臣傅奕通过亲自实践，破除了胡僧“咒语救人，咒语杀人”的迷信。

【原文】

春藏足垢，邕嗜疮痂。

【译文】

阴子春很少洗脚，自称洗脚之后就会发生不好的事情。

刘宋大臣刘邕爱好吃疮口结成的痂。

【原文】

薛笺成彩，江笔生花。

【译文】

薛涛为唐代名妓，她用浣花溪的水作原料，发明了十色彩笺，又称“薛涛笺”。

相传，南朝文学家江淹梦到五色笔，之后文才一步千里。这里有作者的笔误，“梦笔生花”原指李白，被作者误写为江淹。

【原文】

班昭汉史，蔡琰胡笳。

【译文】

东汉史学家班固去世时，《汉书》并没有写完。班固的妹妹班昭继续兄长的工作，直至完成。

东汉女诗人蔡琰不幸被匈奴掳走，历经二十年才又回到家乡。之后，蔡琰将自己的经历写成《胡笳十八拍》。

【原文】

凤凰律吕，鹦鹉琵琶。

【译文】

“六律六吕”是我国古时音乐的十二个音调，相传是根据凤凰的叫声而定的。

琵琶是北宋宰相蔡确家中的婢女，蔡确的鹦鹉都会叫琵琶的名字。琵琶去世后，鹦鹉还在叫琵琶的名字，蔡确闻之伤感不已。

【原文】

渡传桃叶，村名杏花。

【译文】

相传，桃叶是王献之的爱妾，王献之经常在秦淮河口等待桃叶渡河过来，所以这渡口也被称为“桃叶渡”。

唐代诗人杜牧做池州刺史时曾作：“借问酒家何处有，牧童遥指杏花村。”相传，杏花村就在池州城外。

七阳

【原文】

君起盘古，人始亚当。

【译文】

相传，最初天地处于混沌状态，自盘古开天辟地之后，天地才明朗起来。

在基督教中，上帝创造的第一个人就是亚当。

【原文】

明皇化萼，灵运池塘。

【译文】

唐明皇建筑了一座“花萼相辉之楼”，经常和兄弟在楼上寻欢作乐。

谢灵运做梦梦到了堂弟谢惠连，便写下了“池塘生春草”的名句。

【原文】

神威翼德，义勇云长。

【译文】

蜀汉大将张飞（字翼德）威猛无比，势不可挡。

蜀汉大将关云长赤胆忠义，勇敢无比。

【原文】

羿雄射日，衍愤飞霜。

【译文】

相传，上古时期，天上有十个太阳，后羿射下来九个，才让百姓生存下来。

战国时期，邹衍蒙冤入狱，上天五月降下霜冻，以此来警告君王。

【原文】

王祥求鲤，叔向埋羊。

【译文】

曹魏大臣王祥是个忠孝之人，为了让母亲吃到鱼，冬天也要坚持凿冰捕鱼。上天被王祥感动，给他送来两条鲤鱼。

有人给晋国大夫叔向送了一个羊头。叔向不好推却也不好接受，只能把羊头埋入地下。

【原文】

亮方管乐，勒比高光。

【译文】

诸葛亮少时，曾将自己比喻成管仲和乐毅。

后赵君主石勒曾说："如果遇上了汉高祖，我甘愿做他的臣子；如果遇上了汉光武帝，我就要和他争斗一番。"

【原文】

世南书监，晁错智囊。

【译文】

唐朝时期，虞世南官拜秘书监，管理国库藏书。

西汉时期，大臣晁错能言善辩，计谋颇多，当时的太子汉景帝称其为"智囊"。

【原文】

昌囚羑里，收遁首阳。

【译文】

周文王姬昌曾被商纣王囚禁在羑（yǒu）里。

薛收听到唐高祖李渊起兵的消息后，逃到首阳，准备响应义军。

【原文】

轼攻正叔，浚沮李纲。

【译文】

宋哲宗时期，苏轼和程颐（字正叔）二人经常相互攻击，程颐因此而被贬洛阳，士人团体分裂。

宋高宗时期，张浚抨击李纲独揽朝政大权，致使李纲被贬，阻碍了抗金进程。

【原文】

降金刘豫，顺虏邦昌。

【译文】

金军攻打南宋，南宋官员刘豫投靠金国，并建立伪齐政权。

北宋末期，金人掳走了宋朝的皇帝，并立张邦昌为帝，扶持傀儡政府。

【原文】

瑜烧赤壁，轼谪黄冈。

【译文】

赤壁之战中，蜀国大将周瑜使计烧掉曹操的战船，曹军战败。

北宋时期，苏轼被贬黄州（今黄冈），就是在这个地方，苏轼写下了《赤壁赋》这一名篇。

【原文】

马融绛帐，李贺锦囊。

【译文】

马融为东汉经学大师，他授课的时候，经常在堂上挂一绛色的帘子，帘子后面是歌女表演，帘子前面是马融讲课。

唐代诗人李贺每次出门前，都会让一个仆人背着一个锦囊跟随在侧，每当有了灵感，李贺就将其写下来放到锦囊里。

【原文】

昙迁营葬，脂习临丧。

【译文】

史学家范晔因罪被杀后，无人敢接近范家，只有高僧昙迁愿意现身为范晔操持葬礼。

东汉末期，曹操处死孔融，只有脂习敢于到刑场哭泣。

【原文】

仁裕诗窖，刘式墨庄。

【译文】

王仁裕为后蜀诗人，一生作了一万多首诗，人们称其为“诗窖子”。

刘式去世后，只留下了几千卷书籍，刘式的妻子对儿子说：“这就是你父亲留下的‘墨庄’”。

【原文】

刘琨啸月，伯奇履霜。

【译文】

西晋时期，匈奴围困晋阳，晋阳守将刘琨月夜登楼长啸，感动了敌军；随后刘琨又吹奏胡笳，引起了敌军的思乡之情。第二日，匈奴撤军。

尹吉甫妻子死后，他又娶了一任妻子。这任妻子经常说前妻儿子伯奇的坏话，尹吉甫听后，便将伯奇赶出了家门。伯奇愤怒之下，作了《履霜操》。

【原文】

塞翁失马，臧谷亡羊。

【译文】

塞翁家中丢失了马匹，邻居都前来慰问，塞翁却说："不一定不是好事。"没几天，塞翁家的马回来了，还带回来一匹马。

以前，有名为臧、谷的两个孩童，一起放羊。最后臧因看书丢了羊，谷因贪玩丢了羊。虽然丢羊的原因不同，但结果却是一样的。

【原文】

寇公枯竹，召伯甘棠。

【译文】

名相寇准被贬雷州，临行前，他将一个枯竹插在神祠前，并说："如果我没有罪，请让枯竹重生。"最后，枯竹再生。

西周大臣召伯经常坐在一棵棠树下处理政务，召伯死后，百姓出于对召伯的敬重，不忍心将棠树砍伐。

【原文】

匡衡凿壁，孙敬悬梁。

【译文】

西汉大臣匡衡幼时家贫，晚上没有灯光照明读书。后来，他偷偷在墙上凿了一个洞，借着邻居家的烛光看书。

孙敬担心自己读书时睡觉，便将自己的头发拴在房梁上。

【原文】

衣芦闵损，扇枕黄香。

【译文】

闵损的后母对其极为苛刻，甚至用芦花给他制作冬衣。闵损的父亲得知后，想要将后妻赶走，闵损却为后母求了情。

东汉大臣黄香是个孝顺之人，夏天用扇子扇凉父亲的枕席，冬天则亲自将父亲的被子暖热。

【原文】

婴扶赵武，籍杀怀王。

【译文】

春秋时期，晋国赵氏被满门抄斩，赵氏门客程婴救了赵氏遗孤，并将其抚养成人，最后报了赵氏之仇。

秦朝灭亡后，项羽使计将楚怀王迁往边疆的郴县，并授意跟随的诸侯半路杀掉楚怀王。

【原文】

魏征妩媚，阮籍猖狂。

【译文】

谏臣魏征曾被唐太宗誉为“妩媚”，意为他敢于谏言的行为和唐太宗的心思相吻合。

魏末文人阮籍为人不拘小节，行为狂放不羁。

【原文】

雕龙刘勰，愍骥应玚。

【译文】

刘勰为南朝文学家，著有《文心雕龙》一书。

东汉文学家应玚（yáng）曾著《愍（mǐn）骥赋》。

【原文】

御车泰豆，习射纪昌。

【译文】

相传，泰豆为古时驾车的高手，造父都曾向他学习。

相传，纪昌曾拜在飞卫门下学习射箭，在飞卫的帮助下，纪昌的箭术增进许多。

【原文】

异人彦博，男子天祥。

【译文】

北宋大臣文彦博年过八十，依然身体健康、头脑清晰，人称“当世异人”。

南宋爱国将领文天祥被俘后，誓死不投降，元世祖都赞其为真正的男子汉。

【原文】

忠贞古弼，奇节任棠。

【译文】

古弼为北魏大臣，忠诚正直，敢于直言进谏。

隐士任棠不愿入仕为官，人称奇节之士。

【原文】

何晏谈《易》，郭象注《庄》。

【译文】

何晏为晋初学者，精通《易经》，还曾为《易经》写过注。

晋初学者向秀去世后，学者郭象继续向秀未完成的《庄子》注，并作了适当修改，人们称郭象注。

【原文】

卧游宗子，坐隐王郎。

【译文】

刘宋时期，隐士宗炳擅长绘画，常将看到的山水画在墙上，以便晚年时期观赏，并自称为“卧游”。

东晋大臣王坦之爱好下棋，并将下棋称之为“坐隐”。意为下棋应聚精会神，要像隐士一样，不受外物干扰。

【原文】

盗酒毕卓，割肉东方。

【译文】

晋朝大臣毕卓嗜酒如命，曾上邻居家偷酒，被人抓住后，关了一夜才将他放出来。

东方朔未等汉武帝分配，便自行从赏赐的酒肉中割掉一块。

【原文】

李膺破柱，卫瓘抚床。

【译文】

东汉时期，李膺任职司隶校尉。宦官张让的弟弟犯了罪，躲藏在张让家的空心柱里。李膺打破柱子，处死了张让的弟弟。

晋武帝时期，太子司马衷智力不全，大臣卫瓘跪在晋武帝的床前，抚摸着床说：“这个位置可惜啊。”晋武帝听懂了他的话，却没有理会。

【原文】

营军细柳，校猎长杨。

【译文】

汉文帝时期，大将周亚夫驻守细柳。周亚夫治军严明，恪守军法，即便是汉文帝亲临，也是不允许违背军法行事。

汉成帝时期，皇帝经常命人将捕获的野兽送到长杨宫以供其玩乐，扬雄写了一篇《长杨赋》呈递给皇帝，以此劝谏。

【原文】

忠武具奠，德玉居丧。

【译文】

宋朝大将岳飞（谥号忠武）曾拜周同为师，学习射箭。周同死后，岳飞每年都会前去祭奠，还会在周同的墓前舞剑，当作向周同汇报。

顾德玉的老师去世后，顾德玉接回老师的遗体，操办老师的丧事，最后将老师妥善安葬。人们都称赞他道德高尚。

【原文】

敖曹雄异，元发疏狂。

【译文】

高敖曹为东魏大将，相貌雄伟，喜好武术。他的父亲曾说：“高敖曹要么会让我家业兴旺，要么会引来灭门之灾。”

北宋大臣滕元发不拘小节，行为狂放，自比汉高祖刘邦。

【原文】

寇却例簿，吕置夹囊。

【译文】

有一次，小吏将例簿呈递给名相寇准查阅，寇准说："宰相的职责就是选拔人才，不一定要按先例行事。"

北宋宰相吕蒙的夹囊里有一个小册子，每当听到贤人的名字和长处时，都会一一记在册子上。用人的时候，他便从这些人中挑选合适的人任用。

【原文】

彦升白简，元鲁青箱。

【译文】

梁朝御史中丞任昉为官清廉，在他弹劾不法官员的奏折中，末尾都有"臣谨奉白简以闻"一句。

王元鲁是东晋大臣王彪之的孙子。王彪之给他留下了一个记载朝廷礼仪制度以及史事的青色箱子。王元鲁很好地学习继承下来，人称"元鲁青箱业"。

【原文】

孔融了了，黄宪汪汪。

【译文】

孔融幼时很聪明，有人说："小时候聪明，长大了就未必聪明。"孔融反讥道："看来您小时候一定是非常聪明的。"

黄宪是东汉名士，有人评价他："黄宪汪汪如千顷波，让人看不透他有多么伟大。"

【原文】

僧岩不测，赵壹非常。

【译文】

赵僧岩为南朝隐士，行为无常，很难让人揣测。有一天，赵僧岩突然对弟子说，自己快要死了，让弟子准备棺材和蜡烛。果不其然，赵僧岩当天晚上便离世了。

东汉人赵壹因没有获得羊陟接见，便闯进羊陟的堂上大哭不已。羊陟认为其不一般，便出堂和他谈话。

【原文】

沈思好客，颜驷为郎。

【译文】

相传，一个道士在沈思那里喝到了美酒，便写诗道："白酒酿成缘好客，黄金散尽为收书。”

颜驷为官多年，依然做着最低级的官员。皇帝问其缘由，颜驷说这是自己没有迎合皇帝的缘故。由此，皇帝提拔他为都尉。

【原文】

申屠松屋，魏野草堂。

【译文】

东汉时期，申屠蟠不愿做官，便紧挨着松树给自己建造了一间小屋，自此隐居起来。

北宋时期，隐士魏野不愿入朝为官，皇帝派人前往他的小草屋召见时，魏野便从后墙逃跑了。

【原文】

戴渊西洛，祖逖南塘。

【译文】

西晋大臣戴渊曾是一名盗贼，后在西洛遇到名士陆机，受陆机的熏陶，戴渊改过自新，最后入朝为官。

西晋末年，社会动荡不安，人们忙于奔命。祖逖却命人在南塘趁火打劫，因此家中聚集了众多财宝。

【原文】

倾城妲己，嫁虏王嫱。

【译文】

商纣王时，宠妃妲己容貌倾城，商纣王沉迷女色，对她过于宠爱，不理朝政，最后招致灭国。

汉元帝时期，匈奴向汉朝请求和亲。宫女王嫱（王昭君）主动请缨，嫁往匈奴。古时，汉人蔑称匈奴为“胡虏”，所以称之为“嫁虏”。

【原文】

贵妃桃髻，公主梅妆。

【译文】

相传，唐玄宗曾经摘下一朵千叶桃花，插在杨贵妃的发髻上，以此作为装饰。

传说，寿阳公主在宫殿屋檐下休息时，有梅花落在眉间，很是好看。后来便仿照这个样子，做成了梅花妆，又称“寿阳妆”。

【原文】

吉了思汉，供奉忠唐。

【译文】

相传，有个少数民族的首领想要买下汉人手中的秦吉了（一种鸟类），秦吉了说："我属于汉地，不愿前往他地。"于是便绝食而亡。

唐昭宗时期，有一只会行跪拜礼的猴子，名为孙供奉。后来，朱温篡唐，让猴子为其行礼。不料，猴子竟然扑过去想要抓朱温，最后被朱温杀死。

卷四

八庚

【原文】

萧收图籍，孔惜繁缨。

【译文】

萧何是西汉开国功臣，刘邦进入汉中后，很多将士忙着搜刮财物，只有萧何收集了很多秦朝法律、文件、地图等，为刘邦称帝做好了万全的准备。

春秋时期，卫国仲叔于奚立下赫赫功劳，仲叔于奚不要封地，只要繁缨（诸侯用的马饰），卫国人答应了他的要求。可在孔子看来，卫国宁可给他更多的封地，也不能仅以繁缨作为赏赐品。

【原文】

卞庄刺虎，李白骑鲸。

【译文】

相传，鲁国出现了两只老虎，勇士卞庄子想要将它们杀掉。有人建议说："你可以先让两只老虎争斗一场，一只死了，另一只也就好抓捕了。"卞庄子听了这个建议，等一只老虎死后，才又杀了另一只老虎，从而得到了"杀虎勇士"的美名。

据说，李白死后，在当涂县的采石矶骑着长鲸成仙了。

【原文】

王戎支骨，李密陈情。

【译文】

西晋大臣王戎的亲人去世后，王戎茶不思饭不想，已经到了“鸡骨支床”的地步。

晋武帝征召西晋文学家李密入朝为官，李密写了一篇《陈情表》，表示自己只想要侍奉母亲，不想要做官。晋武帝被其感动，答应了他的要求。

【原文】

相如完璧，廉颇负荆。

【译文】

战国时期，秦国称愿意以十五座城池来换赵国的和氏璧。赵国蔺相如带着和氏璧出使秦国，才发现秦国并没有交换的诚意，蔺相如便使计将和氏璧又送回了赵国，史称“完璧归赵”。

蔺相如和廉颇同朝为官，廉颇不服蔺相如，便处处为难。蔺相如为了大臣间的和气，多次避让。廉颇得知后，便上门负荆请罪，二人同归于好。

【原文】

从龙介子，飞雁苏卿。

【译文】

晋文公重耳即位后，跟随他流亡的大臣介子推并没有得到应有的赏赐，于是便退隐辞官。有人便将晋文公比作龙，将其部下比作蛇，说：“余有一蛇，弃于草莽。”

西汉时期，苏武出使匈奴时，被匈奴人扣留。十九年后，汉朝使臣谎称收到了苏武的飞雁传书，匈奴人才放回了苏武。

【原文】

忠臣洪皓，义士田横。

【译文】

南宋时期，大臣洪皓出使金国，金国想让他归降，他誓死不从，被扣留了十五年后，才回到家乡。

秦末时期，秦朝政权混乱，政治暴虐，田横起兵反秦，失败后逃往海岛。汉高祖刘邦即位后，要征召田横，田横担心给部下惹来麻烦，便在前往京城的路上自杀而亡。他的部下听到消息后，也都自杀身亡。后人将他们称之为义士。

【原文】

李平鳞甲，荀变干城。

【译文】

李平为蜀国大臣，性情狡诈，阴晴不定。陈震评价其“肚子里有鳞甲”。

孔伋曾将苟变举荐给卫侯，卫侯说：“他曾经偷吃了百姓家的两个鸡蛋。”孔伋说：“您为了两个鸡蛋，就要放弃一个干城之才吗？”

【原文】

景文饮鸩，茅焦伏烹。

【译文】

王彧（字景文）是南朝刘宋大臣，他在和宾客下棋的时候，皇帝下了一纸诏书，被赐鸩酒。王彧不慌不忙地下完棋，饮鸩酒而亡。

秦始皇杀掉了和母亲私通的人，又将母亲流放外地，很多人都因此丢掉了性命。茅焦谏言说：“您一直想要统一天下，可您现在的做法，只会让天下人远离你。”说完，茅焦趴在地上等待烹杀。秦始皇这才醒悟过来。

【原文】

许丞耳重，丁掾目盲。

【译文】

西汉时期，有人向大臣黄霸提议，罢免耳聋的许丞。黄霸回答：“许丞为官清廉，只是有些耳聋，并没有什么大碍。”

东汉末期，曹操原想将女儿嫁给丁仪，但曹丕听说丁仪有一只眼睛看不到，于是便作罢。后来，丁仪在曹操帐下做了掾属，才能全部显露出来。这时，曹操又后悔没有把女儿嫁给丁仪了。

【原文】

佣书德润，卖卜君平。

【译文】

三国时期，大臣阚（kàn）泽少时家贫，无钱买书，便找了一个为人抄书的活儿。每抄一遍书，就等于他自己通读了一遍。

西汉时期，蜀地有一个叫严君平的卜卦先生，每天赚够一百钱后，便收工回家。剩下的时间便去为人讲授《老子》，在蜀地有很高的声望。

【原文】

马当王勃，牛渚袁宏。

【译文】

相传，唐代诗人王勃去马当山看望自己的父亲，当地一个神仙给他提供了一臂之力，让他的船一日行七百里，到达南昌，并在那里写下了《滕王阁序》。

袁宏是东晋文学家，幼时家贫，靠给人运货为生。有一次，袁宏经过牛渚，半夜作诗打发时间，正巧被大臣谢尚听到，获得提拔，名声大噪。

【原文】

谈天邹衍，稽古桓荣。

【译文】

战国时期，齐国学者邹衍擅长天道，被称为“谈天衍”。

桓荣为东汉学者，熟识《尚书》，曾做太子的老师，又深受皇帝的赏识。桓荣曾说：“我能够得到今天的地位，都是稽古之力。”

【原文】

岐曾贩饼，平得分羹。

【译文】

东汉隐士赵岐，曾以贩饼为生。

相传，唐代人郑平的岳父曾经将皇帝赏赐的甘露羹平分给他吃，一夜之后，郑平原本花白的头发和胡须变得乌黑起来。

【原文】

卧床逸少，升座延明。

【译文】

东晋大臣郗鉴曾去王导家里为自己的女儿说亲，并选中了一个卧在床上、衣衫不整的年轻人，这个人便是王羲之（字逸少）。

学者郭瑀将自己的学生全部招来，并指着一个席位说：“谁坐到这里，我就让谁做我的女婿。”学生刘昞坐到那里，于是郭瑀便将女儿嫁给他。

【原文】

王勃心织，贾逵舌耕。

【译文】

很多人都以金银布帛请王勃作诗，于是便有人称王勃“心织笔耕”，意思是王勃将写诗当作了耕织事业。

贾逵为东汉学者，以为人授课为生。学生送来的米已经积满了仓库。有人便说：“贾逵家里的米，都是舌耕而来的。”

【原文】

悬河郭子，缓颊郦生。

【译文】

郭象为西晋学者，能言善辩，有人说郭象说话如悬河一般，滔滔不绝。

秦朝灭亡后，刘邦下属魏豹投靠项羽，刘邦让辩士郦生前去缓颊（用语言开导）魏豹，但没有成功。

【原文】

书成凤尾，画点龙睛。

【译文】

南齐人王萧锋五岁的时候就能够画凤尾，他的父亲由此赏给他一枚玉麒麟，并说：“麒麟赏凤尾。”

张僧繇为梁朝著名画家，他曾经在家里的墙壁上画了两条龙，但因为怕龙飞走，所以没有画眼睛。有人不信，要让他画上眼睛，龙果然飞走了。

【原文】

功臣图阁，学士登瀛。

【译文】

唐太宗晚年时，命人为开国二十四位功臣画像，并将它们陈放在凌烟阁。

唐太宗还是秦王的时候，曾经挑选了十八位文人组成文学馆学士，被称为“十八学士登瀛洲”。

【原文】

卢携貌丑，卫玠神清。

【译文】

卢携为唐代大臣，长相丑陋，但文笔却很好，最后官拜宰相。

卫玠（jiè）（字叔宝）是西晋名士，刘惔曾评价他说：“叔宝神清。”

【原文】

非熊再世，圆泽三生。

【译文】

唐代诗人顾况晚年丧子，异常悲痛。冥间官吏便让他的儿子重新投胎到他家。这个后投胎的儿子，便是著名诗人顾非熊。

相传，唐朝僧人圆泽和李源为好友。在出游的路上，圆泽去世。后又投胎到农家，不久便夭折。之后又重新投胎。再次和李源相遇时，已经是圆泽的第三世了。

【原文】

安期东渡，潘岳西征。

【译文】

西晋末年，战乱频发，很多人都纷纷逃往建康。在逃亡的路上，周围人都惶恐不安，只有王承（安期）神色泰然，丝毫没有慌张。

潘岳为西晋文学家，他任职长安令时，曾作《西征赋》。

【原文】

志和耽钓，宗仪辍耕。

【译文】

唐朝隐士张志和以烟波钓徒自居，人们也称其为“耽钓”。

元代学者陶宗仪在耕地的时候，喜欢带着笔砚纸墨，还在田边放置一个瓮。每当想到一些好的句子，就会记录在纸上，并放入瓮中。等瓮放满后，陶宗仪收集成书，起名为《南村辍耕录》。

【原文】

卫鞅行诈，羊祜推诚。

【译文】

战国时期，大臣卫鞅率军攻打魏国，骗的魏国大将子卯前来赴宴。最后卫鞅俘虏了子卯，大败魏军。

西晋初期，晋吴两国交战。晋国一时间无法将吴军打败，于是晋国大将羊祜便以诚意感化吴国人，以此来保持两国间的尊重和信任。

【原文】

林宗倾粥，文季争羹。

【译文】

名士郭泰（字林宗）曾经以做粥的方式考验东汉人魏昭。郭泰几次将魏昭熬好的粥倒掉，魏昭都没有任何怨言。郭泰便认为魏昭是个诚挚的人。

南齐大臣沈文季曾经和崔祖思争论羹是南方菜还是北方菜的问题，最后沈文季的“南方菜”说法得到了皇帝的认同。

【原文】

茂贞苛税，阳城缓征。

【译文】

五代时期，李茂贞不允许百姓买卖柴火，怕担心灯油税的征收，由此可见，灯油税是非常苛刻的。

阳城为地方官时，爱民如子，不忍心向百姓征收赋税，由此经常得到上级的批评。阳城写道："有治民苦心，没有催税才能，考评极差。"

【原文】

北山学士，南郭先生。

【译文】

北宋人徐大正在北山建筑了一座房子，秦观为他作记，苏轼为他题诗，人们称徐大正为"北山学士"。

雍存隐居在滁州城南，人称"南郭先生"。

【原文】

文人鹏举，名士道衡。

【译文】

温子升（字鹏举）为北魏文人，才华横溢，文章清丽，有人把他看成和颜延之一样的人物。

薛道衡为北周名士，出使陈朝时，曾作《人日》诗，备受陈朝人的推崇。

【原文】

灌园陈定，为圃苏卿。

【译文】

战国时期，隐士陈定放弃了为官的机会，带着家眷隐居在他乡，以灌园为生。

南宋隐士苏云卿自己开辟了一片菜园，以卖菜为生。

【原文】

融赋沧海，祖咏彭城。

【译文】

张融是南齐文人，曾作《海赋》。

北魏文人祖莹作了一首《悲彭城》，深受元勰和王肃的赞赏。

【原文】

温公万卷，沈约四声。

【译文】

司马光有万卷藏书，有的书看了几十年，还犹如新书一般。

沈约是梁朝文学家，将语音分为四声：阴平、阳平、上声和去声，对后世有很大的影响。

【原文】

许询胜具，谢客游情。

【译文】

东晋隐士许询情趣高雅，喜欢游山玩水。有人说："许询不仅有高情，而且有胜具。"

谢灵运（小名客儿）喜欢游玩，喜欢体会山中趣味，曾带着几百人从南山伐木开道，一路来到了临海郡。曾几度被当作山贼。

【原文】

不齐宰单，子推相荆。

【译文】

单父的地方官不齐是孔子的弟子，他任职期间，曾向当地的五位贤人学习处世之道，并以礼乐治理政务，单父得到了很好的治理。

相传，介子推在荆国（楚国）做宰相时，任用二十五位年轻的贤人为自己做事，又挑选了二十五位年老的智者为自己出谋划策。

【原文】

仲淹复姓，潘阆藏名。

【译文】

范仲淹幼时丧父，跟随母亲改嫁到朱家，范仲淹也改为朱姓。后来，范仲淹中了进士后，又改回范姓。

潘阆逃难过程中，曾在钟楼上题诗："顽童趁暖贪春睡，忘却登楼打晓钟。"追捕他的官员认出是潘阆的风格，便命钟楼的人将他叫来，谁知潘阆早就逃走了。

【原文】

烹茶秀实，漉酒渊明。

【译文】

陶谷（字秀实）是北宋大臣，生活讲究情调，曾命婢女收集雪水，用来烹茶。

东晋诗人陶渊明在邻居家喝酒的时候，用头巾漉（过滤）酒中的渣滓。

【原文】

善酿白堕，纵饮公荣。

【译文】

相传，北魏有一个善于酿酒的人，名为白堕。据说，盗贼喝了他的酒，便不会反抗官府的逮捕。

西晋人刘昶（字公荣）喜好喝酒，酒友各色各样。他曾说："比我强的人，要和他一起喝酒；比我差的人，要和他一起喝酒；和我差不多的人，也要和他喝酒。"

【原文】

仪狄造酒，德裕调羹。

【译文】

相传，上古时期的仪狄是第一个造酒的人。仪狄将造出来的酒呈献给夏禹，夏禹很是喜欢。

唐代宰相李德裕对食物很是挑剔，曾经用珠宝、美玉、雄黄、朱砂熬羹，这些上好的东西，只用三次便被丢掉，很是浪费。

【原文】

印屏王氏，前席贾生。

【译文】

唐玄宗的妃子王氏曾梦到有人让她去喝酒，后来，王氏又梦到这个场景时，便在喝酒处的屏风上按下手印，醒后便派人追查。最后，在一家道观中找到了有王氏手印的屏风。

贾谊曾经为汉文帝讲解鬼神之事，汉文帝听得入迷，连自己的坐席向前移动了一下都不知道。

九青

【原文】

经传御史，偈赠提刑。

【译文】

《三字经》为我国儿童启蒙读物之一，据说明朝御史傅光宅为其作序之后，才流传开来。

宋代提点刑狱郭祥去拜访白云端禅师时，白云端禅师作了一首偈送给他。

【原文】

士安正字，次仲谈经。

【译文】

有一次，唐玄宗询问太子正字刘晏（字士安）："做了正字之后，你正了几个字？"刘晏回答："所有的字都正了，唯有朋字。"意为朝中大臣结党营私现象比较严重。

戴凭（字次仲）为东汉学者，曾和很多人一起辩论经义。失败的一方要将自己的席位让给胜利者。那一次，戴凭赢得了五十多个坐席。

【原文】

咸遵祖腊，宽识天星。

【译文】

王莽篡权后，更改了年终祭祖日的日子。陈咸却还是按照旧时规定祭祖，并说："我是汉朝人，不会听从王氏的腊日。"

相传，汉武帝时期，张宽曾看到一个在渭水洗澡的女人，并认出她是主管祭祀的天上星宿。

【原文】

景焕垂戒，班固勒铭。

【译文】

景焕曾经将蜀国君主孟昶告诫官员的文章记录下来，里面有"尔俸尔禄，民脂民膏，下民易虐，上苍难欺"四句。后来，宋太宗便将这四句当作告诫官员的戒律。

东汉文学家班固曾奉大将窦宪之命，在燕然山上建碑刻文，这便是著名的《燕然山铭》。

【原文】

能诗杜甫，嗜酒刘伶。

【译文】

唐代诗人杜甫，人称"诗圣"。

刘伶是魏晋名士，嗜酒如命，曾吃掉祭神的酒肉。

【原文】

张绰剪蝶，车胤囊萤。

【译文】

相传，唐朝有一个会法术的人，名为张绰。他剪成一个纸蝴蝶，对着蝴蝶吹口气，蝴蝶就能够飞舞。

晋代大臣车胤幼时家贫，无钱买灯读书。车胤便抓来很多萤火虫放在瓶子里，到了晚上，用萤火虫照明读书。

【原文】

鸜鹆学语，鹦鹉诵经。

【译文】

东晋时期，有一个擅长模仿人说话的鸜鹆（qú yù），不管模仿何人，都模仿得惟妙惟肖，很是生动。

唐朝时期，有一个高僧养了一只鹦鹉，能够背诵经书。

十蒸

【原文】

公远玩月，法善观灯。

【译文】

唐玄宗曾和仙人罗公远一起赏月，罗公远化手杖为仙桥，带着唐玄宗进入月宫玩耍。

有一个叫叶法善的贤人，用仙术建造了一座虹桥，将唐玄宗从长安带到扬州上空，一起观赏花灯。

【原文】

燕投张说，凤集徐陵。

【译文】

据说，张说出生之前，张说的母亲曾经梦到了一只玉燕投入怀中，之后张说出生。

南朝文学家徐陵出生之前，他的母亲梦到了五彩凤凰。

【原文】

献之书练，夏竦题绫。

【译文】

有一个叫羊欣的孩子深受东晋书法家王献之的喜欢。有一次，王献之看到羊欣穿着练裙睡觉，便在他的练裙上题了一首诗。羊欣醒后，模仿王献之的笔迹练字，功力大增。

宋代大臣杨凝之曾请夏竦题字，夏竦写道：“殿上衮衣明日月砚中旌影动龙蛇。”杨凝之大赞其为将相之才。

【原文】

安石执拗，味道模棱。

【译文】

王安石主持的变法遭到朝中很多人的反对，并有人说他是奸臣。不过，在司马光看来，王安石只是比寻常人执拗了一些而已。

唐代宰相苏味道为人谨慎，回答问题也是模棱两可，人称“模棱人”。

【原文】

韩仇良复，汉纪备存。

【译文】

战国末期，韩国被秦国所灭，韩国贵族张良复仇失败后，投靠刘邦帐下，为刘邦出谋划策，灭掉秦国。

刘备自称是汉朝皇室后裔，曹氏篡夺大汉政权后，刘备便被人视为是汉朝唯一的正统继承者。

【原文】

存鲁端木，救赵信陵。

【译文】

春秋时期，齐国攻打鲁国，端木赐（字子贡）游说吴国救援鲁国，鲁国由此得以幸存下来。

战国时期，赵国受秦国围困，魏国公子信陵君偷取魏王的兵符，假传命令，让魏国救援赵国，赵国得救。

【原文】

邵雍识乱，陵母知兴。

【译文】

邵雍是北宋隐士，曾在洛阳听到了杜鹃（属于南方，不应该出现在洛阳）的叫声，便预知天下即将大乱。

秦朝末期，王陵率领部队归附刘邦，项羽抓了他的母亲加以威胁。他的母亲心知刘邦会获胜，便自杀身亡。

十一尤

【原文】

琴高赤鲤，李耳青牛。

【译文】

据《列仙传》记载，宋康王舍人琴高来到涿水，并说要带出龙的儿子。没过多久，琴高乘着红鲤鱼从涿水出来。

老子（李耳）是春秋时期的思想家，他原本在周朝为官，周朝衰败后，李耳骑着青色的牛从函谷关出发，不知去往了何处。

【原文】

明皇羯鼓，炀帝龙舟。

【译文】

唐玄宗（唐明皇）爱好羯鼓，并因此打断了几柜鼓槌。

大运河开通后，隋炀帝曾乘龙舟前往扬州，据说船只浩浩荡荡的有二百里长。

【原文】

羲叔正夏，宋玉悲秋。

【译文】

上古时期，羲叔奉尧帝之名，居住在南方交趾一带，校正仲夏时间，核定夏至日影的长短。

楚国爱国诗人屈原被流放后，宋玉曾写《九辩》，为其打抱不平。

【原文】

才压元白，气吞曹刘。

【译文】

杨汝士是唐代著名的诗人，连元稹和白居易都称自愧不如。

元稹曾评价杜甫，说他的气概要大过曹操和刘祯。

【原文】

信擒梦泽，翻徙交州。

【译文】

汉高祖刘邦怀疑楚王韩信意图谋反，便假借前去云梦泽游玩之名，将韩信逮捕。

吴国大臣虞翻因说话直爽，得罪了孙权，被贬交州。等孙权后悔时，虞翻已经去世了。

【原文】

曹参辅汉，周勃安刘。

【译文】

西汉初期，曹参做丞相时，按照前丞相萧何在任时的规矩政策处事，将汉朝治理的井井有条，人称“萧规曹随”。

西汉初期，刘邦、吕后去世后，吕氏家族想要趁机谋反，太尉周勃联合大臣陈平等铲除了吕氏，保住了刘家江山。

【原文】

太初日月，季野春秋。

【译文】

曹魏大臣夏侯玄（字太初）文采出众，人称如日月般光彩照人。

东晋名士褚裒（字季野）生平不爱说人长短，但内心却如《春秋》一般，自有一套鉴人的标准。

【原文】

公超成市，长孺为楼。

【译文】

东汉时期，很多人都向精通经学的张楷（字公超）求教，张楷搬到哪里，那些人就跟去哪里。在张楷住处的周围，前来求教的人之多，宛若一个集市的模样。

唐朝时期，县令孙长儒的后代子孙都以务农为生，但家中却有一栋专门收藏古书典籍的楼房，被称为“书楼孙氏”。

【原文】

楚邱始壮，田豫乞休。

【译文】

楚邱年迈时，曾拜见孟尝君说：“从体力上来说，我是老了；但从谋事而言，我还正当年。”

曹魏时期，田豫请求辞官回乡，并说：“年过七十还在做官，就好比夜间走路般不妥。”

【原文】

向长损益，韩愈斗牛。

【译文】

隐士向长曾就《损》《益》两卦有感而发："我知道富有不如贫穷，尊贵不如低贱，就不知道生与死又是怎样的呢？"

韩愈出生的时候，月亮正位于斗宿星间，斗宿之间又是牛宿，后为箕宿。所以，有人说，斗宿、牛宿、箕宿决定了韩愈一生的命运。

【原文】

琎除酿部，玄拜隐侯。

【译文】

李琎（jīn）是唐玄宗的侄子，很喜欢喝酒，自称"酿王兼曲部尚书"。

汉景帝时期，想要召隐士王玄入朝为官，王玄不答应，汉景帝便将王玄隐居的山作为封地，封王玄为侯，世人又称其"隐侯"。

【原文】

公孙东阁，庞统南州。

【译文】

西汉时期，宰相公孙弘将宾客中的贤士都安置在相府的东阁。

东汉人庞统足智多谋，被称为"南州士之冠冕"。

【原文】

袁耽掷帽，仁杰携裘。

【译文】

东晋有一个很擅长赌博的人，名为袁耽。有一次，正在服丧的袁耽受朋友所托，帮他赢回赌输的钱。袁耽穿着丧服走进赌场，有人讥笑他说："你以为自己是袁耽吗？"赌赢后，袁耽将帽子扔在地上说："这一次你认识袁耽了吗？"

张昌宗和狄仁杰赌博，输掉了武则天赏赐的翠裘。狄仁杰携着翠裘便出宫了。

【原文】

子将月旦，安国阳秋。

【译文】

每月的第一天，东汉名士许劭（字子将）都会将家乡名士评论一番，并称之为"月旦评"。

东晋史学家孙盛（字安国）曾著《晋阳秋》，里面有关权臣桓温打败仗的记载，孙盛的儿子担心会有祸端，便修改了相关的记载。

【原文】

德舆西掖，庾亮南楼。

【译文】

唐代大臣权德舆曾在西掖任职八年，负责诏书的起草工作。

东晋时期，大臣庾亮驻守武昌，曾和王胡之等人在南楼彻夜长谈。

【原文】

梁吟傀儡，庄梦髑髅。

【译文】

唐代人李锽曾作《傀儡吟》。

相传，庄子曾经遇到一个髑（dú）髅（人的头骨），便询问他是什么人。当天晚上，髑髅就进入庄子的梦中，和他交谈起来。

【原文】

孟称清发，殷号风流。

【译文】

唐代诗人孟浩然诗风高雅，为人清高，有人说他“清发”。

东晋名士殷浩见识渊博，备受风流清谈者敬重。

【原文】

见讥子敬，犯忌杨修。

【译文】

王献之（字子敬）幼时看人游戏，南面的人一直输，便出口说：“南风不竞。”谁知有人立刻回答说：“此郎于管中窥豹，特见一斑。”由此讥讽王献之看问题不全面。

杨修在曹操帐下为官，自恃清高，屡次猜中曹操心事，最终引来杀身之祸。

【原文】

荀息累卵，王基载舟。

【译文】

春秋时期，晋灵公想要修筑高台，荀子进谏说：“我可以摞起十二个棋子，上面还能够放九个鸡蛋。”晋灵公回答：“这样太危险。”荀息说：“修筑高台而不让百姓耕种，比放鸡蛋要危险许多。”

魏文帝想要建筑宫殿，王基谏言说：“水能载舟亦能覆舟。”

【原文】

沙鸥可狎，蕉鹿难求。

【译文】

相传，有一对住在海边的父子，儿子每日都会和海边的海鸥玩耍。有一日，父亲让儿子捉一只海鸥回来，谁知海鸥却再也没有落地过。

相传，郑国有一个樵夫打死了一头鹿，并将鹿藏在了柴草中。因为藏得过于隐秘，连他自己都找不到了。

【原文】

黄联池上，杨咏楼头。

【译文】

黄鎰七岁时还不会说话。有一次，他跟随祖父在池边玩耍，祖父随口说道："水马池中走。"黄鎰张口接道："游鱼波上浮。"自此，黄鎰便开口说话了。

北宋文学家杨亿幼时也不说话。有一次，家人带他上楼时，杨亿不小心碰到了头，便随口吟道："危楼高百尺，手可摘星辰。不敢高声语，恐惊天上人。"

【原文】

曹兵迅速，李使迟留。

【译文】

曹操南征时，一天一夜的时间，行军三百多里，极为迅速。

东汉太守李郃在给窦宪送礼时，故意拖延时间。最后，李郃还没到达京城，窦宪便因罪入狱。和他交好的官员都获了罪，而李郃得以幸免。

【原文】

孔明流马，田单火牛。

【译文】

蜀汉大臣诸葛亮曾命人制作木牛、流马，以运送粮草。

齐国、燕国交战，齐国大将田单点燃牛尾，让牛冲向燕军阵营。燕军大乱，齐军大胜。

【原文】

五侯奇膳，九婢珍馐。

【译文】

汉元帝在同一天封王皇后的五个弟弟为侯，称之为"五侯"。据说，有一个名为楼护的人深得五侯的喜欢，每日都分别派人给楼护送去珍贵的膳食。

段文昌是唐代大臣，家中有善于烹饪的婢女。据说，前后有一百多个婢女来此学习，最后却只有九个婢女能够做出珍馐美味。

【原文】

光安耕钓，方慕巢由。

【译文】

隐士严光和汉光武帝刘秀是好友，但却安于耕种垂钓生活，不愿入朝为官。

王莽篡位后，请隐士薛方入仕。薛方回答说："君主您如尧舜那般仁德，就请允许我如巢父、许由那样隐居吧。"

【原文】

适嵇命驾，访戴操舟。

【译文】

嵇康和吕安的关系十分密切，二人想念对方时，即便相隔千里，也会命人驾车前去相会。

有一次，东晋名士王徽之十分想念隐士戴逵。于是便连夜乘舟前往。等他到达戴逵的住处时，却又失去了那般兴致，便转头回去了。

【原文】

篆推史籀，隶善钟繇。

【译文】

相传，周宣王的太史籀（zhòu）创造出大篆字体。

东汉末期，大臣钟繇擅长隶书，并从中演化出楷书，为后世楷书鼻祖。

【原文】

邵瓜五色，李橘千头。

【译文】

秦朝灭亡后，东陵侯邵平以种瓜为生。据说他种出来的瓜有五种颜色，又称之为东陵瓜。

三国时期，吴国大臣李衡在家中种了一千株橘树，自称是留下了"千头木奴"。

【原文】

芳留玉带，琳卜金瓯。

【译文】

明朝大学士李春芳将自己的玉带送给了当年读书的寺院，寺院建造了专门的楼宇供奉，称为“玉带楼”。

在任命宰相之前，唐玄宗喜欢把选中之人的名字盖在金瓯之下。有一次，唐玄宗问太子：“你觉得是谁呢？”太子回答：“崔琳、卢从愿。”唐玄宗点头认同。

【原文】

孙阳识马，丙吉问牛。

【译文】

孙阳是识马高手，能够一眼辨出马的好坏。

有人讥讽丙吉只顾牛喘息，却不顾人斗殴。丙吉却说：“人斗殴由官府治理，牛喘息可能是时令不正引起的，这才是我所关心的。”

【原文】

盖忘苏隙，聂报严仇。

【译文】

东汉末期，盖勋和苏正和有仇。但当梁鹄想要杀掉苏正和的时候，却被盖勋阻止了。

战国时期，聂政和严仲子是好友。聂政杀掉了严仲子的仇人侠累，最后聂政也自杀身亡。

【原文】

公艺百忍，孙昉四休。

【译文】

唐代大臣张公艺家九代都没有分家。唐高宗问其原因，张公艺在纸上写下一百多个忍字。意思是，维持和睦，就要时刻记得忍让。

北宋人孙昉自称“四休居士”，并说：“粗茶淡饭饱即休，补破遮寒暖即休，三平二满过即休，不贪不妒老即休。”

【原文】

钱塘驿邸，燕子楼头。

【译文】

北宋大臣陶谷出使南唐时，举止傲慢无礼。南唐人便让歌妓秦弱兰偷偷和他接触。陶谷给秦弱兰写下一首情诗，秦弱兰将它交给南唐大臣。陶谷便再也不敢傲慢了。

唐代大臣张愔去世后，他的宠妾关盼盼便经常呆坐在燕子楼上。诗人张仲素便以关盼盼的角度写了三首《燕子楼》，后来白居易又和了三首。

十二侵

【原文】

苏耽橘井，董奉杏林。

【译文】

苏耽升仙之前，在家中栽了一棵橘子树，挖了一口井。两年后，苏耽的家乡爆发瘟疫，乡邻便是靠着橘子和井水才活了下来。

吴国名医董奉给人看病的酬劳就是一棵杏树。几年后，杏树成林，董奉用杏交换谷子，又将换来的谷子赈济贫民。

【原文】

汉宣续令，夏禹惜阴。

【译文】

汉宣帝时期，大臣魏相提议采用汉高祖时的法令，任命四位知晓阴阳的儒者主管四季时令。

相传，夏禹对时间很是珍惜，即便是丢掉一尺长的玉璧，也不愿浪费一寸光阴。

【原文】

蒙恬造笔，太昊制琴。

【译文】

古时传说，蒙恬创造了毛笔。其实，在蒙恬之前，毛笔就已经出现了。

相传，古琴是由上古帝王伏羲（太昊）发明的。

【原文】

敬微谢馈，明善辞金。

【译文】

宗测（字敬微）是南齐的一个隐士，曾有官员给他送去厚礼，都被他婉言拒绝了。

元明善出使交趾，君主赠与他厚礼，被他婉言谢绝。

【原文】

睢阳嚼齿，金藏披心。

【译文】

唐朝大将张巡驻守睢（suī）阳，每次和敌军交战时，都恨得咬牙切齿。张巡被敌军杀害后，敌军发现，张巡的嘴巴里只剩下四颗牙齿。

武则天时期，太子遭人诬陷，乐工安金藏愿意剖心以证太子清白。安金藏的行为打动了武则天，便停止了对太子的调查。

【原文】

固言柳汁，玄德桑阴。

【译文】

唐代时期，李固言从柳树下经过，一个神仙对他说："我将你的衣服染成了蓝色（状元的衣服为蓝色）。"不久，李固言便中了状元。

刘备幼时的家紧挨着一棵大桑树，形状如伞盖。刘备说："我一定要乘坐羽毛装饰的伞盖车（皇帝的专车）。"果然，刘备成了一国君主。

【原文】

姜桂敦复，松柏世林。

【译文】

晏敦复是南宋大臣，敢于直言进谏，秦桧让人传话说："如若说话缓和一点，可以做宰相。"晏敦复说："姜和桂皮越久越辣，我不敢因为自己的前程而耽误国家的大事。"

曹操没有发达前，想和东汉名士宗承（字世林）做朋友，宗承不答应。后来，曹操执掌朝政大权，又想要和宗承做朋友。宗承回答："松柏之志犹存。"

【原文】

杜预《传》癖，刘峻书淫。

【译文】

晋武帝曾问大将杜预有什么癖好，杜预回答："臣有《左传》癖。"

刘峻是梁朝文学家，读起书来废寝忘食。一听说谁家有珍贵书籍，便立刻前去借阅。人们称他为"书淫"。

【原文】

钟会窃剑，不疑盗金。

【译文】

曹魏大臣钟会和舅舅荀勖的关系并不好，钟会曾经模仿荀勖的笔迹，从荀勖母亲那里骗来了荀勖的宝剑。

西汉大臣直不疑曾被人诬赖偷了金子。直不疑没有争辩，买来金子还给了失主。后来，真相大白后，人们都说直不疑忠厚老实。

【原文】

桓伊弄笛，子昂碎琴。

【译文】

东晋大臣桓伊擅长吹笛，王徽之曾请求他吹奏一曲。桓伊当即吹奏了三曲，三曲完毕后，桓伊没说一句话便离开了。

陈子昂为唐代诗人，他曾花重金买了一把胡琴，并对外宣称自己很擅长，还四处请人过来听曲。等到客人聚集多后，陈子昂当场摔坏胡琴，并拿出自己的诗文送给大家，自此名声大噪。

【原文】

琴张礼意，苏轼文心。

【译文】

琴张和孟之反在好友子桑户坟前弹琴唱歌，孔子的弟子子贡询问："这样做难道合乎礼仪吗？"二人回答道："你哪里真正明白礼的意思呢？"

大文豪苏轼曾说，自己最喜欢写文字，可以将内心的所思所想写入文中，文心婉转，笔力曲折。

【原文】

公权隐谏，蕴古详箴。

【译文】

唐代书法家柳公权的字写得非常好，唐穆宗曾向他取经，柳公权回答说："心正则笔正。"实际上是隐晦地劝谏唐穆宗要端正作风。

张蕴古曾将一篇《大宝箴》献给唐高祖，里面有"圣人以一人治天下，不以天下奉一人"。以此劝谏唐高祖要爱惜民力，不要盘剥百姓。

【原文】

广平作赋，何逊行吟。

【译文】

唐代大臣宋璟被封为广平公，为官清廉刚直，他所作的《梅花赋》清丽婉转，和他的人没有什么相似之处。

何逊是南朝文学家，在扬州任职时，经常在馆舍的梅花树下吟诗。后被调离后，因想念这棵梅花树，又申请调回了扬州。

【原文】

荆山泣玉，梦穴唾金。

【译文】

春秋时期，因为玉工不识玉，把进献璞玉之人卞和的双脚砍去。新楚王即位后，卞和带着璞玉在荆山脚下哭泣，新楚王得知缘由后，命人剖开璞玉，里面果然有一块美玉，并且是极其稀有的和氏璧。

相传，在南康郡的武都县内有一个梦穴洞。曾经有一个穿着黄色衣服的人乘船从此经过，此人在船上吐了一口唾沫，便走进洞中。等船家回过神时，船中的唾沫已经变成了黄金。

【原文】

孟嘉落帽，宋玉披襟。

【译文】

东晋文学家孟嘉曾在宴会上丢了帽子而不自知，有人专门作诗讥讽他，孟嘉得知后，也当场作诗回击。

楚王游览高台时，一阵风吹过，楚王感叹道："这风是我和百姓共享的。"随行大臣宋玉接口道："百姓都居住在巷子里，风刮来的都是尘土，哪能和您一起享用清风呢？"

【原文】

沫经三败，获被七擒。

【译文】

鲁国人曹沫曾经三次败在齐国人手上。但在一次会盟中，曹沫劫持了齐桓公，并从齐桓公那里收回了鲁国被占有的土地。

诸葛亮镇压叛军时，曾七擒七纵敌军孟获，最后孟获归于诸葛亮帐下。

【原文】

易牙调味，钟子聆音。

【译文】

齐桓公时期，大臣易牙擅长烹饪，经常以调味取悦君主。

春秋时期，俞伯牙和钟子期是至交好友，俞伯牙善于弹琴，钟子期善于听琴。钟子期死后，俞伯牙因为没有了知音，便再也不弹琴了。

【原文】

令狐冰语，司马琴心。

【译文】

令狐策曾梦到自己和冰下谈话，有人解梦说："冰上为阳，冰下为阴，阴阳事也。"阴阳事指婚事。后来，人们将媒人称为"冰人"。

西汉文学家司马相如在富人卓王孙的宴会上弹琴，打动了卓王孙之女卓文君的心。后来，卓文君和司马相如私奔了。

【原文】

灭明毁璧，庞蕴投金。

【译文】

孔子的弟子澹台灭明带着玉璧过河时，受到了河神的胁迫，想要让他交出玉璧。澹台灭明杀掉了河神派来的蛟龙，又毁掉了玉璧，以表示自己并不爱惜玉璧，而是不怕受人胁迫。

唐朝时期，有一个名为庞蕴的佛教徒，他将家财装入船中，并沉入水底，以此来表示自己不爱身外之物。

【原文】

左思三赋，程颐四箴。

【译文】

左思是西晋文学家，著有《三都赋》。这本书问世后，人们争相抄阅，影响极大。

北宋学者程颐曾写了四篇（《视》《听》《言》《动》）用以警示的短文，告诫自己要注意日常的言行举止。

十三覃

【原文】

陶母截发，姜后脱簪。

【译文】

东晋大臣陶侃少时家贫，他的母亲只能剪断头发拿去换些吃食。

有一次，周宣王起床晚了，姜皇后便把自己关押在牢房，以此来劝谏周宣王。从那之后，周宣王勤于朝政，国家也由此昌盛。

【原文】

达摩面壁，弥勒同龛。

【译文】

相传，印度僧人达摩曾经在中国的嵩山上面壁修行，这一次修行就是九年。

唐代大臣褚遂良曾经给一个僧人写信，说他“久弃尘滓，与弥勒同龛”，意思是没有尘俗的念想。

【原文】

龙逢极谏，王衍清谈。

【译文】

夏桀荒淫无道，大臣龙逢直言进谏，夏桀一怒之下，将他处死。

西晋大臣王衍擅长清谈，而且口才极佳，能够随时更改自己的主张。

【原文】

青威漠北，彬下江南。

【译文】

西汉名将卫青出身卑微，不过却深受汉武帝的重用，七次征讨匈奴，威震漠北。

北宋时期，大将曹彬带军南下，攻打南唐，并与部下约定，不能滥杀南唐无辜百姓。

【原文】

遐福郭令，上寿童参。

【译文】

郭子仪为唐代大将，因平定了安史之乱，被封为汾阳王，儿子女婿也都在朝中为官，人们便称他有“遐福”（福气很大的意思）。

北宋人童参长寿，宋仁宗赐予他承务郎的官衔，让其安心养老。

【原文】

郗愔启箧，殷羡投函。

【译文】

郗超去世前，担心年事已高的父亲郗愔过于伤心，便设计让人将自己和权臣桓温的书信放在一个箧里。郗愔打开后发现，里面全是篡位谋权之事，便不再为儿子悲伤了。

殷羡前往豫章上任时，有很多人托他给家乡带信。殷羡路过一条河，便将信全部扔进河里，还说："沉浮随意吧，我又不是信差。"

【原文】

禹偁敏赡，鲁直沉酣。

【译文】

宋代大臣禹偁（chēng）九岁能文能诗，敏锐博学。

黄庭坚对经史十分痴迷，曾说三日不读书，语言就无味了。

【原文】

师徒布算，姑妇手谈。

【译文】

唐朝时期，一行法师路过一座寺院。里面有人说："门口有人来拜师。"后来又说："溪水向西流，弟子便进门。"一行进入后，溪水果然向西流了。

相传，有一户农家，婆婆媳妇各居一间房。到了晚上，二人会以口述的方式下棋。古时候，人们称下围棋为"手谈"。

十四盐

【原文】

风仪李揆，骨相吕岩。

【译文】

李揆为唐代大臣，风采出众，仪表优美。

吕洞宾（吕岩）少时，有人评价他说："此人骨相不同凡人。"后来，吕洞宾化成神仙。

【原文】

魏牟尺縰，裴度千缣。

【译文】

魏牟曾对赵王说："你会找专门的工匠做帽子，可却只任用亲信做官。看来，国家的发展还不如一尺縰布啊。"

皇甫湜曾说："我的一个字应该值三匹缣。"后来，大臣裴度要请他写三千字的碑文，便给他送去九千匹缣。

【原文】

孺子磨镜，麟士织帘。

【译文】

徐稚前去参加大臣黄琼的葬礼，为了筹得路费，便一边走一边为人打磨铜镜赚钱。沈麟士家境贫寒，以织帘子为生，经常一边织帘子一边读书。

【原文】

华歆逃难，叔子避嫌。

【译文】

东汉末年，为了躲避动荡的局势，华歆和人一起逃难。遇到了一个想要搭船的人，华歆起初不想让他上船。上船后，因为盗贼的追赶，又有人想要将这个最后上船的人丢掉，但是华歆却始终不同意。

鲁国人颜叔子独自在一个屋子里居住。有一天晚上，一个女人想要在他家里避雨。为了避嫌，颜叔子一直让女子手持蜡烛照明，以此来证明两人的清白。

【原文】

盗知李涉，虏惧仲淹。

【译文】

唐代诗人李涉晚上赶路时遇到了盗贼。盗贼得知他的名字后，便让李涉为他们作了一首诗，就放他走了。

范仲淹在延州镇守时，西夏人入侵，得知是范仲淹在守城时，西夏人说："这个人诡计多端，不好欺负啊。"

【原文】

尾生岂信，仲子非廉。

【译文】

春秋时期尾生因在桥下等一个女子，而活活被洪水淹死。古人认为，尾生不懂得变通，过于迂腐，不能称之为守信。

陈仲子出生在战国时期的一个贵族家庭，兄长身居要职。陈仲子认为兄长的俸禄是不义之财，便搬离家舍。古时人们认为，陈仲子为了清廉而远离亲情，不能称之为廉洁。

【原文】

由餐藜藿，鬲贩鱼盐。

【译文】

仲由是孔子的弟子，少时家境贫寒，曾前往离家百里的地方背米给父母做饭，而自己则以藜藿类的野草为食。

殷商末期，周文王姬昌认为胶鬲是个人才，便将他举荐给殷纣王。殷朝灭亡后，胶鬲又做了周武王的大臣。

【原文】

五湖范蠡，三径陶潜。

【译文】

春秋时期，范蠡辅助越王勾践灭掉吴国后，便带着美人西施畅游于五湖之上，定居在定陶，改名为陶朱公。

东晋文学家陶渊明在其《归去来兮辞》中写了“三径就荒”一句，用以形容自己住处的凄凉，而接下来的一句“松菊犹存”，又写出了门前的松树和菊花依然和往昔一样可人，表达了自己高尚的情操和隐居的欲望。

【原文】

徐邈通介，崔郾宽严。

【译文】

三国时期，曹魏大臣徐邈官拜尚书郎，颇有些名望。有人说徐邈不拘小节，通达处世；也有人说徐邈雅尚若素，极为刚介。

崔郾（yǎn）是唐代大臣，治政宽容，但他在鄂州做官的时候，却一改之前的风气，变得异常严厉。有人问起缘由，他说：“虢州贫困，百姓劳苦，所以宽容；鄂州富裕，百姓强悍，所以严厉。”

【原文】

易操守剑，归罪遗缣。

【译文】

王烈是东汉名士。有一次，他听说有人偷了一头牛，他便送给那人一匹布，希望他能够改过自新。后来，偷牛的人捡到一把剑，因受王烈的熏陶，一直守在剑的旁边，直到失主的到来。

东汉末期，名士陈寔的家中来了贼人，小偷被陈寔发现后，伏地认罪。陈寔认为他态度很好，有自我改过的意识，便原谅了他，还送给他两匹缣。

十五咸

【原文】

深情子野，神识阮咸。

【译文】

桓伊（字子野）是东晋大臣，精通乐律，每次听到比较优美的乐曲时，桓伊都会很是感叹。有人评价他说：“桓伊真是深情之人。”

阮咸是西晋大臣，也是精通乐曲之人。他曾经批判朝廷的音律不和谐，后来找到了古时确定音律的玉尺，二者果然有所偏差。有人称赞阮咸有神见。

【原文】

公孙白纻，司马青衫。

【译文】

春秋时期，吴国公子季札和郑国正卿公孙侨（字子产）是好友。季札送给公孙侨一条腰带，公孙侨送给季札一件白纻衣服。

古时候，青衫在官服中是比较低级的颜色。唐代诗人白居易曾经在《琵琶行》中写道：“座中泣下谁最多，江州司马青衫湿。”以此来表示自己不得志的凄凉处境。

【原文】

狄梁被谮，杨亿蒙谗。

【译文】

唐代大臣狄仁杰在汝南为官时，有人向武则天诬陷他。后来，武则天对狄仁杰说：“有人在我这里诋毁你，你知道这件事情吗？”狄仁杰回答说：“陛下如果觉得臣有过错，那么臣就改正；陛下如果觉得臣没有过错，那我就是万幸了。向您诬陷我的人，我并不想知道。”狄仁杰死后，被封为梁国公，所以又称狄梁公。

北宋大臣杨亿性情耿直，说话直爽，因此遭到当朝宰相的妒恨。宰相联合朝中其他大臣，在皇帝面前诬陷杨亿，杨亿被贬他处，最后愤恨而终。

【原文】

布重一诺，金慎三缄。

【译文】

季布是西汉大臣，为人义气，重视承诺。有人说：“得黄金百斤，不如得季布一诺。”

相传，在周王室的祖庙里放置着一个小金人，小金人的嘴部贴了几层封条，后面刻着铭文：“古之慎言人也，无多言，多言多败；无多事，多事多患。”

【原文】

彦升非少，仲举不凡。

【译文】

梁武帝时期，黄门侍郎任昉（字彦升）为官清廉，擅长作诗。曾经有人对任昉的父亲说：“您的这个儿子非常的优秀，值得庆贺啊。像这样的儿子，有一百个都不嫌多。当然，有一个也不能算少了。”

陈蕃（字仲举）是东汉大臣，他十几岁的时候，曾经说过“大丈夫当扫除天下”的话，有人便认为他不是一个平凡的孩子。

【原文】

古人万亿，不尽兹函。

【译文】

值得提到的古时人物很多。

仅这一本书是无法写尽的。